Thomas Hanstein | Andreas Ken Lanig

Spirituelle Kompetenz in digitalen Lern- und Arbeitswelten

Thomas Hanstein | Andreas Ken Lanig

Spirituelle Kompetenz in digitalen Lern- und Arbeitswelten

Erfolgreich studieren und arbeiten mit Spirituellem Selbstmanagement 4.0

Tectum Verlag

Die vorliegende Arbeit beschränkt sich aus Gründen der besseren Lesbarkeit auf die männliche Form. An den entsprechenden Stellen sind selbstverständlich alle Geschlechter gemeint.

Thomas Hanstein / Andreas Ken Lanig
Spirituelle Kompetenz in digitalen Lern- und Arbeitswelten
Erfolgreich studieren und arbeiten mit Spirituellem Selbstmanagement 4.0

ISBN 978-3-8288-4349-3
ePDF 978-3-8288-7298-1
ePub 978-3-8288-7299-8

Umschlaggestaltung: Sylvia M. Ebner, Andreas K. Lanig
Wimmelbilder im Innenteil: Sylvia M. Ebner
Strichzeichnungen: Andreas K. Lanig
Korrektorat: Angelika Zink

Druck und Bindung: docupoint GmbH, Barleben
Printed in Germany

Besuchen Sie uns im Internet
www.tectum-verlag.de

Bibliografische Informationen der Deutschen Nationalbibliothek

Die Deutsche Nationalbibliothek verzeichnet diese Publikation
in der Deutschen Nationalbibliografie; detaillierte bibliografische
Angaben sind im Internet über http://dnb.d-nb.de abrufbar.

Inhalt

Aufbau des Buches

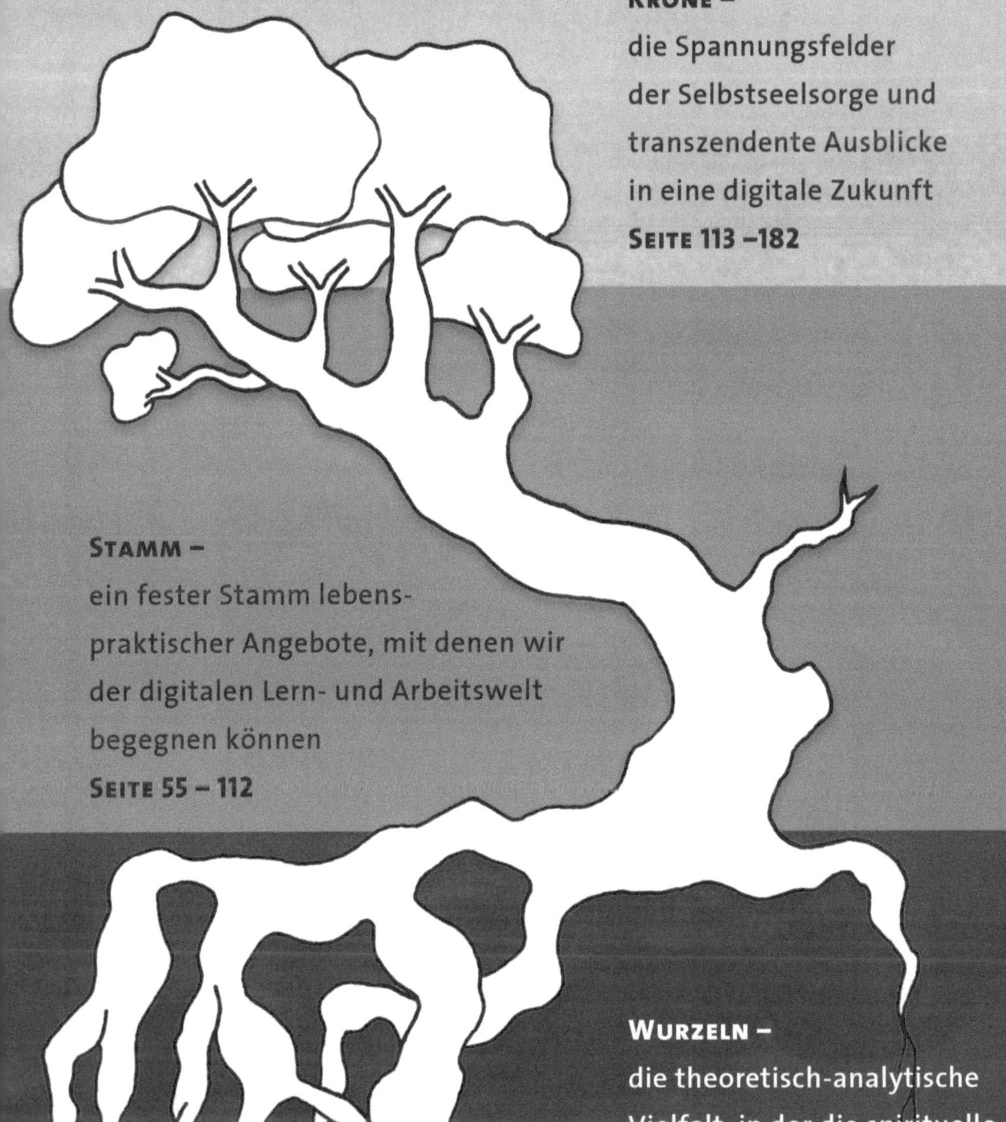

Krone –
die Spannungsfelder
der Selbstseelsorge und
transzendente Ausblicke
in eine digitale Zukunft
Seite 113 –182

Stamm –
ein fester Stamm lebenspraktischer Angebote, mit denen wir der digitalen Lern- und Arbeitswelt begegnen können
Seite 55 – 112

Wurzeln –
die theoretisch-analytische Vielfalt, in der die spirituelle Kompetenz wurzeln kann
Seite 9 – 53

Vorwort

Die Aussage, dass der Mensch ein biopsychosoziales Wesen sei, ist wissenschaftlich unbestritten. Doch der Mensch ist noch mehr, er ist darüber hinaus auch ein spirituelles Wesen. Erst wenn wir auch diese Dimension berücksichtigen, erfassen wir die Gesamtheit des Menschen. Doch zu seiner spirituellen Dimension vermag die Wissenschaft gegenwärtig noch wenig beizutragen. Die geringsten Erfolge hat die moderne Wissenschaft nämlich im Bereich der Bewusstseinsforschung zu verzeichnen. Studien zeigen uns zwar, dass sich eine spirituelle Praxis positiv auf die körperliche und seelische Gesundheit auswirkt; die Wiederentdeckung der Spiritualität, um mit einem Buchtitel von Rupert Sheldrake zu sprechen, befindet sich allerdings erst noch am Anfang.

Nachdem der Mensch in der Erforschung der äußeren Welt große Fortschritte gemacht hat, ist er nun aufgefordert, sich verstärkt seiner Innenwelterkundung zuzuwenden. Ein Treiber für diese Entwicklung ist nicht zuletzt die Digitalisierung. Wir erleben heute eine grundlegende Veränderung der Art, wie Wissen generiert und dargestellt wird. Als Digitalität verstehen wir die von digitalen Technologien geprägte Bedingung, wie wir etwas über die Welt erfahren, wie wir unsere Arbeits- und Lernprozesse gestalten und wie wir dabei mit der Welt verbunden sind. Auf diese Weise sind wir in der Lage, andere Beziehungen zu knüpfen, neue Muster zu finden und mit ihnen zu experimentieren. Die zentrale Herausforderung der Kultur der Digitalität ist dabei die Komplexitätszunahme.

Um mit den Herausforderungen der Komplexität bei gleichzeitiger Beschleunigung von disruptiven Veränderungen in der VUKA-Welt umgehen zu können, benötigen wir auf individueller, Team- und Führungsebene real und metaphorisch Räume für neues Denken. Hierzu gehören Räume für Ruhe und Rückzug, für Konzentration, für Ideengenerierung, für selbstorganisiertes Lernen und vor allem für Reflexion. Insbesondere Lern- und Bildungsprozesse sind hierauf unabdingbar angewiesen. Damit wir uns sowohl in den realen als auch digitalen Räumen angemessen bewegen können, benötigen wir auch die entsprechenden Kompetenzen.

Nachdem wir in den vergangenen Jahrzehnten erkannt haben, dass es nicht ausreicht, lediglich die kognitiven Kompetenzen zu fördern, sondern dass es auch erforderlich ist, die emotionalen Kompetenzen zu entwickeln, steht nun ein weiterer Schritt an, nämlich die Entwicklung spiritueller Kompetenzen. Virtuelle Lebens- und Arbeitswelten sind bereits metaphysische Räume. Die Forderung nach spiritueller Kompetenz, wie sie hier im Buch vorgetragen wird, ist deshalb nur folgerichtig. Doch wie kann es praktisch gelingen, spirituelle Kompetenzen zu erproben, zu entfalten und weiter zu entwickeln? Die Antwort hierauf ist ganz einfach und zugleich auch schwierig umzusetzen. Die Herausforderung besteht darin, in jedem Moment ganz bei sich, unserem Gegenüber und zugleich auch bei der Sache zu sein, über die wir gerade verbunden sind. Die Verbundenheit als der Kern von Spiritualität hat dabei wie der Psychotherapeut Bill O'Hanlon feststellt, drei Aspekte: erstens die Connection, sich mit anderen oder etwas verbunden zu fühlen, zweitens die Compassion, mit anderen mitzufühlen, ohne Mitleid zu haben, und drittens die Contribution, etwas Gutes für andere und die Welt zu tun. Mit dieser Haltung können die Voraussetzungen und Bedingungen dafür geschaffen werden, dass Kohärenz im Kontext pluraler Mehrdeutigkeiten entstehen kann. Die Übungen in diesem Buch sollen insbesondere den Fernstudierenden helfen, Sinnhaftigkeit in ihren Lernprozessen zu erfahren, um so u. a. ihre Resilienz bezüglich des Umgangs mit digital induzierten Stressoren zu fördern. Dies geschieht indem aufgezeigt wird, wie es gelingen kann, spirituelle Techniken in den professionellen Alltag zu integrieren.

Weitgehend selbstorganisierte Lernprozesse werden damit zugleich zu Transformationsprozessen. Es geht nicht nur um den Erwerb von Kompetenzen, sondern zugleich auch um die Arbeit am Selbst. Dies ist gemeint, wenn von „spirituellem Selbstmanagement 4.0" die Rede ist. Damit ändert sich auch die Rolle eines akademischen Lehrers, dessen didaktisches Verständnis dem eines Lernbegleiters im Sinne der Ermöglichungsdidaktik entspricht und der sich stärker darauf fokussiert, Lehr-Lern-Arrangements für selbstgesteuerte Lernprozesse zur Verfügung zu stellen, so wie dies in dem hier vorgelegten Ratgeber geschieht. Es werden allerdings keine Ratschläge im Sinne von Verhaltens- und Handlungsempfehlungen gegeben. Im Vordergrund stehen die Impulse für eigene Reflexionsprozesse; denn die Verantwortung für ihre eigenen Lernprozesse bleibt stets bei den Subjekten der Lernprozesse.

Lern- und Bildungsprozesse im Sinne der beschriebenen Transformationsprozesse erfordern Zeit, Muße, Selbstbestimmung und Metakommunikation. Auf dieser Basis entsteht die Offenheit und Bereitschaft, den Blick zu weiten, Systemgrenzen zu sprengen und sich inspirieren zu lassen von multi-, trans- und interdisziplinären Zugängen. Das Überschreiten von Grenzen eröffnet neue Perspektiven. Am Beispiel theologischer Zugänge und denen aus der Designtheorie wird dies hier eindrücklich exemplarisch vorgeführt. Auf diese Weise können produktive Irritationen entstehen, die neue Sichtweisen ermöglichen.

Wissenschaftliche Lernprozesse sind Expeditionen in eine terra incognita und ständig auch ein Wagnis, in das der ganze Mensch involviert ist. Wie die Wissenschaftstheorie aufzeigt, gibt es dabei einen Unterschied zwischen dem Entdeckungs- und dem Darstellungszusammenhang. In den meisten der wissenschaftlichen Publikationen begegnet uns leider nur der letztere; deshalb bereitet die Lektüre ihrer Erkenntnisse häufig weniger Freude. Über den Entdeckungszusammenhang etwas zu erfahren, wäre vielfach unendlich spannender, vollziehen sich hier doch die kreativen Prozesse, die später rationalisiert werden. Bereits Einstein wusste, dass es ein Wissen jenseits der Rationalität gibt. Der intuitive Geist ist ein heiliges Geschenk und der rationale Geist sein treuer Diener. Das Bewusste ist klug, das Unbewusste weise. Ein spiritueller Zugang, wie hier vorgenommen, vermag beide Aspekte zusammen zu bringen. Nur so ist innovatives wissenschaftliches Denken und Handeln im Zeitalter einer Digitalität möglich, die gesellschaftliche Teilhabe und persönliches Wachstum befördert.

Jena, im Januar 2020

Prof. Dr. Erich Schäfer
Ernst-Abbe-Hochschule Jena

Einleitung

Seit 20 Jahren betreibt die DIPLOMA Hochschule erfolgreich Fernstudiengänge, und dies in wachsender Zahl. Dabei wird größter Wert auf eine permanente Qualitätsentwicklung in der Lehre wie bei den Dozierenden gelegt. Seit Jahren bilden wir mit mehreren Kollegen ein methodisch-didaktisches Schulungsteam für (neue) Dozierende in der virtuellen Lehre und seit einem Jahr wurde dieses Programm um das Format Kollegiales Coaching erweitert. Neben der fachlichen und methodisch-didaktischen Weiterentwicklung ergeben sich jedoch weitere Bedarfe, wie eine aktuelle Befragung von 787 Studierenden (01.04. bis 20.09.2019) gezeigt hat, die wir an der DIPLOMA Hochschule im Sommersemester 2019 durchgeführt haben. Diese Bedarfe im speziellen Kontext der virtuellen Lehren sehen wir eingebunden in die generelle Metaebene digitaler Lern- und Arbeitswelten. Insofern reagieren wir nicht nur auf die Ergebnisse unserer Umfrage, sondern wir stellen diese Betrachtungen als zeitgeistige Schrift zur Diskussion:

Nach über 10 Jahren digitaler Revolution – sofern man die Veröffentlichung des ersten iPhones 2007 als Zäsur der mobilen Medien begreifen mag – beobachten wir Phänomene, die uns letztlich zu diesem Buch geführt haben. Denn seit Jahren fallen uns konkrete **Phänomene der Sinnsuche** im Digitalen auf. Das sind einerseits die zweifelsohne wichtigen Diskurse zum Glück (vgl. Schöler, 2016) als solches, aber auch Alltagshandlungen, die sich etwa in Apps zur Meditation zeigen. In diesen Handlungen und Verhaltensweisen zeigt sich eine spirituelle Sehnsucht. Und dies aus einem guten Grund: Die gesellschaftliche Wirklichkeit ist in vielen Bereichen auf einem Niveau angekommen, auf dem sich qualitative Fragen der Lebensführung und damit auch spirituelle Fragen stellen. Die Menschen haben eine Sehnsucht nach Sinn und Halt.

Zeitgeistig ist dieses Phänomen deswegen, da die Digitalisierung noch immer hauptsächlich als Marktfaktor interpretiert wird. Damit wird auch verständlich, weshalb der Angstfaktor in diesem Diskurs befeuert wird: Weil die Veränderungen auf dem Arbeitsmarkt nicht absehbar sind und wir Menschen auf etwas nicht absehbares Neues instinktiv mit Bedenken reagieren. Dennoch ist dieses Buch ein grundlegend optimistisches, gerade weil wir eine qualitative Stufe der digitalen Gesellschaft kommen sehen, die nunmehr auf mentale und spirituelle Fragen pocht. Darauf wollen wir – unsere – Antworten geben.

Wer sind „Wir"? Dieses Buch schreiben wir aus der Perspektive von Lehrern. Ausgehend von dieser Arbeit stellen wir zeitgeistige Phänomene bei Schüler/Innen und Studierenden fest. Damit haben wir Ausgangspunkte für eine tiefergehende Betrachtung. Wir selbst verstehen uns darin nicht als Kritiker der Märkte – als Designer und Coaches ist unsere Arbeit direkt und indirekt auf die Märkte ausgerichtet –, wir stellen jedoch einen Mangel darin fest, dass die eindimensionale, marktorientierte Logik zwar Werte im Wortsinn schafft. Aber in diesem Diskurs fehlt nach unserem Verständnis die im humanistischen Sinne verstandene Wertfrage. In diesem Buch wollen wir somit dem Sinn in der Digitalisierung nachspüren. Dieses Nachspüren fächern wir interdisziplinär auf: Aus philosophisch-theologischer und ästhetischer Perspektive wollen wir eine weltanschaulich übergeordnete Definition von **Spiritualität** erarbeiten. Ein Buch in einer gemeinsamen Autorenschaft von einem Designlehrer und einem theologischen Coach vereint damit diese beiden Perspektiven der klassischen theologischen Fragestellung und der Begleitung künstlerischer Prozesse;

beide Herangehensweisen haben die Entwicklung des Menschen im Blick und beschäftigen sich mit existenziellen Fragen. Gleichzeitig ist diesen Prozessen in virtualisierten Studiengängen und online-gestützten Coachingprozessen die prinzipielle Integration der digitalen Welt eigen. Damit wird eine sinnvolle Koexistenz der virtuell-digitalen Sphäre und der real-sinnlichen Welt gleichsam mitgesucht.

Wir denken aus der Perspektive der Wissenschaft. Gleichzeitig führen wir mit diesem Buch in den notwendigen theoretischen Diskurs ein; unser Buch will ein **Ratgeber** sein. Dieser theoretisch fundierte Ratgeber will konkrete Techniken im Umgang mit virtuellen Lern- und Arbeitswelten bieten. Um die Zielgruppe zum Einstieg dieses Buches zu beschreiben, möchten wir eine reale Fallschilderung voranstellen:

Die Studierende Frau D. ist 33 Jahre und hat nach ihrem beruflichen Einstieg eine Karriere im Betrieb gemacht. Das tröstet sie darüber hinweg, damals die Schule in der 11. Klasse „geschmissen" und eine Ausbildung angefangen zu haben. Dennoch ist ihr aufgrund des fehlenden Abiturs und dem damit – damals – nicht möglichen Studium der berufliche Weg zur Designerin mit einem akademischen Grad verwehrt geblieben. In der heute sehr gewandelten Hochschullandschaft haben sich zwischenzeitlich neue Wege im Hochschulzugang ergeben. Ihr Qualifikationswunsch, aber vor allem der Wunsch nach Veränderung existenzieller Art brachte Frau D. zum nebenberuflichen, virtuellen Fernstudium. Zwar ist sie ein „Digital native", hatte aber naturgemäß Vorbehalte gegenüber dieser hier bislang unbekannten Form der Bildung.

Ihr bislang nur vermutetes Entwicklungspotenzial auf intellektueller und schöpferischer Ebene entwickelt sich in diesem Rahmen zusehends – auch abseits klassischer Bildungsinstitutionen. Sie kann über die Digitalisierung außerhalb von den Mauern einer Institution ihrem akademischen Entwicklungswunsch zustreben.

Entwicklungen wie diese zeigen, wie Digitalisierung im Bildungsbereich klassische humanistische Tugenden ermöglicht: Ein virtuelles Fernstudium ist in erster Linie **Selbst**studium, das von **Selbs**torganisation geprägt ist. Daraus ergibt sich fast automatisch ein hohes Maß an **Selbst**vertrauen.

Gleichzeitig steht diesen Entwicklungen eine ganze Reihe von Krisen gegenüber. Diese sind einerseits klassische Komplexitäts- und Progressionskrisen, wie sie in den Studieneingangsphasen auch traditioneller Präsenzstudienformen empirisch nachgewiesen werden. Diese Techniken der Bewältigung im Rahmen eines digitalisierten Alltags sind indessen Ausgangspunkte für diesen Ratgeber:

> Die Studierende Frau D. gewann im Verlauf des zweiten Studienjahres immer mehr die aus der Krise entstandene Einsicht, die eigene gestalterische Entscheidung ins Zentrum ihres Handelns zu stellen. Nicht die Erwartungen anderer waren leitend, sondern ihre individuellen Wege produktiv und konstruktiv aus den Krisen hervorzugehen. Frau D. gelang es, ihren beruflichen und familiären Alltag neu zu ordnen: In ihrer Wohnung entstanden symbolische Orte des Schaffens. Es entstand einerseits eine symbiotische Beziehung zur digitalen Umwelt und gleichzeitig eine gestärkte Autarkie und Autonomie gegenüber den fallenden Raum- und Zeitgrenzen.

Beobachtungen wie diese inspirierten uns als Wissenschaftler, diese Bewältigungsstrategien genauer zu betrachten und zu *beforschen.* Als theoretisch unterfütterte, aber in erster Linie lebenspraktisch gedachte Empfehlungen bilden sie die Keimzelle unseres „Baumes“, der nun als Ratgeber vor Ihnen liegt.

Wir haben uns daher für einen induktiven Aufbau entschlossen: Ausgehend von dem Denken, Fühlen und Handeln unserer Studierenden ordnen wir diese Phänomene in den fachwissenschaftlichen Rahmen der Kulturtheorie ein. Darin befinden sich Philosophie und

Theologie ebenso wie die Designtheorie. Dieser Bezug auf den Lebenskontext ist uns sehr wichtig. Denn wir sind der Überzeugung, dass die **virtuelle Sozialisierung** in unserer Hochschule ein Ausblick in zukünftige Lebens- und Arbeitswelten ist.

Wir haben diesen konzeptionellen Grundaufbau in die Metapher des Baumes gefasst: Die Wurzeln stellen die aktuell erkennbaren Lebenswelten einer virtuellen Hochschule dar. Im Stamm des Baumes wachsen diese mit den klassischen traditionellen theoretischen Bezügen der Kulturtheorie, Sozialwissenschaft und Kunstpädagogik zusammen. Daraus erwachsen in einem dritten Kapitel die Äste und Früchte, die in unserem Fall die Themen des Ratgebers sind. Die Spiritualität als solche trägt als Kernfrage eine Transzendenz in sich: Diese wollten wir „über" unseren Baum als Krone platzieren. Im abschließenden Teil des Buches schaffen wir in einem Epilog Ausblicke in Themenbereiche, die als Mystik zu bezeichnen sind.

In diesem hierarchischen Aufbau und dem Aufstieg aus der weltlichen, konkreten Ebene hin in die Transzendenz ist es jedem/r Leser/in überlassen, wie weit wir gemeinsam den Baum erklimmen. Es ist ganz natürlich, dass der eine oder andere eine gewissen „Höhenangst" verspürt; das ist zu respektieren. Wir glauben aber auch, dass ein jeder den „Drang nach oben" hat.

ICH
Zellmembran
spirituelle Fitness
ICH
virtueller Jetlag
Seelenfünklein
YOUTUBE
Digitalisierung
Multitasking
CHAT
„Hallo..."
Energie
Stille
Di-Stress
Handlungskompetenz
Zentrum
ReAktion
Mentales Mindset

digitaler Schatten
delete
delete or not delete?
Rituale
Selbstreflektion
Wahrnehmung?
TEMPEL DES ALLTAGS
Nichtstun
ICH
Zeit und Raum
Intuition
lernen ohne
institutionellen oder ideologischen Rahmen
Geschmack der Ewigkeit
Achtsamkeitskompetenz
FOKUS
ICH
Intuition trainieren
Zelle
mein Schatz
Wandel
"seeing is believing"

DIE WURZELN

Die Ausgangslage dieses Ratgebers lautet daher: Die Digitalisierung der Arbeits- und Lebenswelten verlangt neue Kompetenzen. Diese betreffen Alltagshandlungen, etwa wie wir mit digitalen Geräten umgehen und wie Daten unseren Alltag prägen. Diese explizite Ebene ist jedoch nicht Schwerpunkt dieses Beitrags. Denn diese rationale Ebene scheint im Diskurs zur Digitalisierung bereits sehr gut thematisiert zu sein. In betrieblichen und familiären Gesprächen ist die Digitalisierung eine organisatorische Herausforderung. Wir wollen stärker die implizite Ebene diskutieren – konkret: Inwiefern müssen wir als Menschen unsere Wahrnehmung gegenüber einer digitalen Welt schärfen? Wie können wir dieses Menschsein neu begreifen? Inwiefern verändern virtuelle Welten und die **Digitalität** – als eben dieses Phänomen der Verschränkung des Analogen und Digitalen – unser Verständnis des Menschseins bzw. stellen sie bisherige Menschenbilder und auch unser Verständnis von menschlicher Kommunikation in Frage? Und schließlich: Wie können wir die Potenziale dieser Veränderungen sinnhaft und nachhaltig spirituell nutzen, insbesondere für die eigene Rekreation des lernenden Subjekts wie aber auch für die bewusste Fokussierung von systemischen Team- und Organisationsprozessen.

Ein Schlüsselmoment zu diesem Buch war ein Zitat im Rahmen einer empirischen Forschung zum virtuellen Lernen. Das Gespräch drehte sich um die Frage, an welchen Situationen die Probandin einen persönlichen Entwicklungsschritt feststelle. Sie erzählte: *„Ich merke das* *daran, dass meine eigentliche Erwerbstätigkeit im Gegensatz zu meinem Studium bedeutungslos geworden ist.*" Die anschließende Erörterung dieser starken Aussage hat gezeigt, dass das Studium einen Sinn „aufschließt", der über eine intellektuelle, aber eben vor allem sinnliche Arbeit zugänglich wird. Das Überraschende dabei ist, dass dieser Aufschluss von Sinn keines institutionellen Rahmens und keiner Hochschule „aus Stein und Beton" bedarf. Die geradezu – wörtlich verstandene – transzendente Erfahrung stammt aus eigenmächtig geschaffener Umwidmung von Zeit und Raum, über die die Probandin eine **neue Stufe des Weltzugangs** erreichte. Und dies eben ohne Beteiligung einer physischen Instanz, sondern über digitale Medien. Beobachtungen wie diese lassen uns immer wieder neu darüber nachdenken, inwiefern die digitalen Medien doch eine spirituell-transzendente Rolle einnehmen und sich diese Fragen von den physischen Institutionen lösen. Diese Beobachtung ist insofern nicht selbstverständlich, da die fachwissenschaftliche Befähigung zu beruflichen Kompetenzen im Hauptfokus der Hochschulen steht. Die argumentative Verbindung ist, dass die Ebene der Bedeutung notwendig ist, um eine thematische Aneignung der Inhalte zu bewerkstelligen. Ohne diese sich konturierende Bedeutsamkeit wäre ein Hochschulstudium – gerade im virtuellen Rahmen – kaum gelingend möglich.

Interessanterweise spielen sich diese spirituellen Fragen in einem Rahmen ab, der niemals dafür gedacht war: Nämlich in der vernetzten und hochgradig digitalisierten Lebenswelt junger Menschen. Dieser hybride Rahmen ist das Feld, auf dem sich Fragen stellen, die traditionell weltanschaulich konnotiert waren: „Welche Bedeutung hat meine eigene menschliche Entwicklung, ganz unabhängig vom Nutzen meines Einsatzes und der Nutzbarkeit meines Tuns? Welche mentalen und spirituellen Techniken gibt es, die ich für diese Entwicklung einsetzen kann?" Es sind damit keine großen philosophischen Fragen nach dem Sinn „an sich", sondern nach dem Sinn „an und für sich". Je vielschichtiger die Bewältigung der beruflichen und persönlichen Herausforderungen geworden ist, umso mehr lässt sich bei der sogenannten „Generation Y" auch der Drang zur Reflexion solcher Fragen feststellen – und nicht nur die Bereitschaft dazu, sondern auch die Fähigkeit. Und wen es wundert, dass sich zwei Männer dieses Themas stellen, der sei im Besonderen aufgefordert, seine bisherigen „Erfahrungs-Schubladen" neu zu sortieren. Impulse und auch – im wahrsten Sinn des Wortes – Irritationen liefert dieses Buch dazu hinreichend.

Ganz neu sind diese Phänomene der autonomen Bildungsprozesse freilich nicht. Auch ohne Beteiligung digitaler Medien gab es Phänomene der Selbstschulung und Selbsttherapie. In ergreifenden Biografien ist nachzulesen, wie Menschen in Krisensituationen eigenmächtig handeln und etwa über literarisches Schreiben oder andere künstlerische Ausdrucksformen die Krise wenden und in ein neues Gleichgewicht kommen. Wir behaupten aber, dass diese autonomen Bildungsprozesse über die digitalen Medien zu einem breiten gesellschaftlichen Potenzial geworden sind, über das Menschen sich eigenmächtig verändern. Und, dass diese epochale Entwicklung bislang kaum angemessen reflektiert worden ist. Diese **Neudefinition des Menschseins** über digitale Medien in den vielen kleinen Alltagshandlungen ist möglicherweise das, was in Zukunft mit einer neuen Stufe des Humanismus umschrieben werden könnte. Dieser Hypothese wollen wir weiter folgen.

Die Digitalisierung und die intensive Verdichtung der beruflichen wie privaten Kommunikation bewirkt eine tatsächliche Gleichzeitigkeit von Vorgängen. Das damit einhergehende „Multitasking" ist damit ein Stressfaktor, der stark auf die Konzentration wirkt. Das führt vor allem zu dem Gefühl, etwas zu verpassen oder dieser Gleichzeitigkeit nicht gerecht zu werden. Durch die verschiedenen Zeitrahmen ist es schlicht nicht möglich, angemessen und aus dem jeweiligen Kontext rechtzeitig zu reagieren: Eine moderne, dezentrale Institution hat jederzeit Kommunikationsanlässe, die kaum abgestimmt zu strukturieren sind. Das ist eine Herausforderung, das ist nicht unmöglich; dafür gibt es Beispiele (z. B. agile Arbeitsformen) globaler Unternehmen, die funktionsübergreifend Abstimmung und räumliche Trennung überwinden können und müssen. Nun ist dieser Zusammenhang aber nicht direkt auf die digitalen Medien an sich zu beziehen. Denn im ersten Studienjahr eines virtuellen Studiums schaffen sich die Studierenden Zeiträume, die sie für ihr Studium umwidmen. Diese Umwidmung geschieht über die existenzielle Bedeutung, die dieses Lernen für die Studierenden hat. Nur dann macht es „Sinn", sich auf eine digitales Lern- und Lebenswelt und deren Herausforderungen einzulassen. Das kommt in diesem Zitat zur Geltung: *„Das war (…) geschehen, weil privates, also soziales Leben, Hochschulleben und 40 Stunden Arbeit – das war zu viel. Dann erfüllt man gar keine Erwartungen mehr. Ich nehme mich so weit zurück, dass ich eigentlich (…) gar keine Erwartungen erfüllen außer die Erwartungen, die ich an mich selbst stelle. (…) Einfach dahingehend, diese Freiheit auch bewusst zu genießen (…).*" (Lanig, 2019, Anhangsband 3, S. 132) In dieser Entscheidung wird deutlich, wie das Bildungsprojekt des virtuellen Studiums eine Bedeutsamkeit gewonnen hat und deswegen das Leben neu organisiert.

Gleichzeitig ist es in den meisten Fällen auch nicht notwendig, direkt zu reagieren – oft wäre Kommunikation qualitativer, wenn die Akteure vor ihrer Reaktion eine Zeit der **spirituellen Nichtreaktion** einplanen würden. Denn Stille nicht als Nichtstun zu empfinden, sondern als aktiven Prozess der **Verdichtung und Sammlung**, wäre bereits eine konkrete spirituelle Lernaufgabe, die wir sehen. Im Zeitfaktor liegt im Lichte der Frage dieses Buches nach der spirituellen Kompetenz ein zentraler Zusammenhang. Die Gleichzeitigkeit – eben gerade als eine empfundene Unzulänglichkeit, rechtzeitig reagieren zu können – erzeugt eine Zerstreutheit, eine mentale

Zerfaserung, die dann als Di-Stress empfunden wird. Daher ist ein Nachdenken über den Umgang mit der Zeit aus unserer Sicht – als erster Schritt – zentral wichtig.

„Unsere" Studierenden müssen sich nolens volens für die „VUCA"-Generation rüsten, sind sie vielmehr bereits in diese „hineingeworfen" worden. Hier gilt vor allem eine Neo-Tugend, A: agil zu sein. Diese allseits erwartete Fähigkeit beginnt damit, V: zu jeder Zeit eine Vision zu haben, U: Understanding an den Tag zu legen, C: sich durch Clarity auszuzeichnen – und das alles natürlich blitzschnell. Die Digitalisierung hat diese Forderung zusehends und auf atemberaubende Art und Weise beschleunigt, mit entsprechenden Reaktionen auf diese Phänomene. Da ist der Vater, der am Morgen noch am Esstisch saß, seine Kinder in die Schule verabschiedete und ihnen am Abend – jedoch in einer anderen Zeitzone – über Skype einen „virtuellen Gute-Nacht-Kuss" gibt. Da sind die Kinder, die die Reise ihres Vaters über ihren Schultag bereits vergessen haben und sich nur wundern, wieso er seiner Arbeit von so weit weg aus nachgehen muss. Diese Eindrücke der beschleunigten Informationsverarbeitung hinterlassen Spuren. So hat der Philosoph Byung-Chul Han bereits vor 10 Jahren die „Müdigkeitsgesellschaft" als Folge der (post-)modernen Leistungsgesellschaft prognostiziert. So wird die Bezeichnung dieser Turbo-Generation heute bereits kritisch umgedeutet, als: Volatile – Uncertain – Complex und – Ambigious (vgl. Erlinghagen/Witzel, 2019).

Was ist vor diesem Hintergrund der Nutzen dieses Buches? Effizienz? Ja, diese vermeintlich widersprüchliche zweckrationale Logik geben wir unumwunden zu, um klare Kante zu zeigen gegen alle Formen von „Wellness-Pädagogik" und „Business-Mystik". Allerdings eine Effizienz, die an die Komponenten Sinn und Selbst gebunden ist. Durch eine spirituelle Kompetenz schaffen wir über Sinnfragen einen Fokus, über den wir die Endlichkeit unserer Existenz würdigen. Und damit all jene Dimensionen, die zur Endlichkeit gehören.

Wir alle haben nicht unendlich Zeit: In der seelsorglichen Arbeit ist die Zeitwahrnehmung von Sterbenden immer wieder auf neue Weise beeindruckend. Ohne jede theoretische Reflexion wird die eigene Endlichkeit im Bewusstsein des nahenden Todes mit einem glasklaren Fokus gewürdigt. Was zu sagen ist, wird gesagt. Nichts lenkt ab. Nicht der Schmerz, nicht die Trauer der Angehörigen und schon gar keine Unterhaltungssendung von den wirklich dringenden Fragen. Beachtlich ist, dass in diesen Momenten auch soziale Etikette fallen, schlichtweg eine nachgeordnete Bedeutung bekommen. Ebenso verhält es sich mit dem Schamgefühl, es z. B. unangenehm zu empfinden, in „diesem Zustand" von anderen gesehen zu werden. Vielmehr ist es dann so, dass durch diese – mitunter auch neu aufkommende Klarheit – des Sterbenden den Angehörigen die Organisation der anstehenden Beerdigung erst ermöglicht wird. Dieses Beispiel mag drastisch sein, zumal wir hier dem Gedanken der Effizienz nachgehen, es verdeutlicht aber, um was es uns geht: Einen effizienten Fokus auf das, was bedeutsam ist. Auf das was das Leben reich und intensiv macht. Ein Fokus, der alles ausblendet, was nicht wesentlich ist, was keine oder nur eine geringe **Bedeutsamkeit** genießt. Beispiele für eine derart effiziente **Fokussierung** kann die Seelsorge reichlich bieten. Im Übrigen war der „focus" der alten Römer die Feuerstelle eines Hauses. Hier geht es also darum, was – auf der persönlichen Ebene – innerlich „brennt" und – auf der sozialen – wozu man zusammenfindet. Seinen eigenen Fokus zu finden, wieder zu entdecken und sich darauf zu konzentrieren, kann folglich auch für beide Dimensionen öffnen.

In der gesellschaftlichen Zeitwahrnehmung ist festzustellen, dass die archaische Gleichzeitigkeit von Sonnenaufgang und Sonnenuntergang längst abgelöst ist durch eine asynchrone Überlagerung der unterschiedlichen Zeitsysteme und Zeitlogiken. Daher schließt dieses Buch indirekt an die Diskussion zur gesellschaftlichen Zeitwahrnehmung an. Denn die Digitalisierung schafft zum einen zwar eine

Zeitersparnis. Aber gleichzeitig auch ein Übermaß an Informationen, die – auf Kosten der Zeit – erarbeitet sein wollen. Damit geht paradoxerweise Zeitknappheit einher. Da mutet es unverständlich an, dass diese entstehende „Zeitersparnis" durch einen massiven Boom der Unterhaltungsmedien es notwendig macht, sich diese Zeit „zu vertreiben". Durch die Inhalte von Filmen wie „Matrix" kann man die Einschätzung gewinnen, in diesem Zeitvertreib liegt selbst eine Suche nach Sinn. Die sinnvoll erfahrene Zeit ist also Dreh- und Angelpunkt dieses Buches.

Die **Strukturierung der Zeit** selbst ist als eine gesellschaftliche Kraft zu lesen, die auf die Identität des Einzelnen wirkt. So ist der Bezug auf einen gemeinsamen Tagesstart, die Mittagspause und weitere zeitliche Fixpunkte ein Mittel, um Gruppen organisieren. Das „Stundengebet", das das Klosterleben im Abendland seit nahezu 2000 Jahren praktiziert, ist nur eine kulturell gewachsene konkrete Antwort darauf. Es verbindet Menschen an verschiedenen Orten zu verschiedenen Zeiten, gibt dem Einzelnen – in der klösterlichen Gemeinschaft wie als Eremit – Sicherheit und verbindet zusätzlich mit **Transzendenz**. In buddhistischen Klöstern zum Beispiel gibt es eine Räucherspirale, die den Tag über abbrennt und über den Tagesverlauf verteilt verschiedene Düfte entwickelt. Mit diesem „Duft der Zeit" werden unter Mönchen unterschiedliche spirituelle Übungen, aber auch alltägliche Verrichtungen organisiert. Byung-Chul Han konstatiert: „Die heutige Zeitkrise hängt nicht zuletzt mit der Verabsolutierung der vita activa zusammen. Sie führt zu einem Imperativ der Arbeit, der den Menschen zu einem arbeitenden Tier (animal laborans) degradiert. Die Hyperaktivität des Alltags nimmt dem menschlichen Leben jegliche Kraft zum Verweilen und zur Kontemplation. Dadurch wird die Erfahrung erfüllter Zeit unmöglich. Notwendig für die Überwindung der heutigen Zeitkrise sind die Revitalisierung der vita contemplativa und das Wiedererlernen der Kunst des Verweilens." (Han, 2014, S. 15)

Doch für den Großteil der modernen Bevölkerung scheinen derartige Formen der „vita contemplativa“ nicht (mehr) lebbar. Insofern ist es aus unserer Sicht nur sachlogisch, eine Zeitstruktur zu thematisieren, die immer stärker atomisiert ist und im Extremfall nur noch für eine einzelne Person relevant ist. Der Blick in vergangene Zeiten wie in aktuell auch noch gelegten Ritualen der Zeit kann aufzeigen, dass eine thematische Widmung der jeweiligen Zeiträume ein organisatorisches Instrument ist, den Tag zu ordnen und zu strukturieren. Es liegt auf der Hand, dass eine analoge Gleichzeitigkeit von virtuell verbundenen Personen völlig unmöglich ist. Das Prinzip der zeitlichen Widmung zeigt aber auch, dass es eine zentrale Praktik der Zeitorganisation ist, die eine Einheit von alltäglicher Arbeit und spiritueller Praxis sucht. Aus diesem Grund sind viele Beispiele in diesem Buch ganz eng an einen zeitlichen Tagesablauf gebunden.

Was in der christlichen Tradition zum Beispiel als Harmonie zwischen „vita activa“ und „vita contemplativa“ – einer Lebenszeit der Arbeit und einer der kontemplativen Sammlung – von allen geistlichen Gemeinschaften und Vordenkern gepflegt worden ist, hat in der Moderne und Postmoderne weitestgehend an Plausibilität verloren. Aus unserer Sicht jedoch nicht an Notwendigkeit, ganz im Gegenteil. Die – berufliche wie private – Welt ist schnelllebiger denn je. Virtuelle Räume und Prozesse führen zu zusätzlichen **Verdichtungsphänomenen**, die diese Dynamiken nochmals verstärken. Die mit den virtuellen Lern- und Arbeitsräumen einhergehende Entgrenzung der Zeit macht es zusätzlich schwer, die traditionell als Kon-Templation bezeichnete Grenzziehung zu praktizieren. In der Kunstpädagogik verläuft diese Grenze zwischen einem hoch individuellen, intimen Können und dem (noch nicht) Können. Im Konzept dieses Lernens ist das sich Zurückziehen hinter diese Grenze ein klassisches Konzept. In anderen Lernbereichen scheint es im Zuge der Bemühungen nach Optimierung verloren gegangen zu sein. Insofern besteht in den vorfindbaren Wegen und Tools der **Entschleunigung** eine Basis, die es gilt, auf heutige Realitäten und Ansprüche hin zu prüfen, auf die virtuelle Dimension hin zu adaptieren und auch ganz neu zu entwickeln. Darin besteht der praktische Anspruch unseres Buches.

Transzendenzerfahrungen verstehen wir dabei nicht als (rein) religiöse Phänomene. Wir alle kennen Erfahrungen des Glücks, tief im Inneren spürbarer Sinnhaftigkeit, wenn wir ganz und gar ergriffen sind, wenn alles stimmig ist. Immer dann erfahren – oder zumindest erahnen – wir Transzendenz: wir übersteigen (lat.: trans-cendere) Raum und Zeit, wir spüren gewissermaßen „mehr als alles". Wir sehen die heutige gesamtgesellschaftliche Herausforderung darin, dass dieses „Mehr" in aller Regel als quantitatives Mehr gesehen, angepriesen, vermarktet wird. Doch führt dieser Weg – darin dürften sich die meisten ökonomischen Wachstumsgurus im Jahr 2020 mittlerweile einig sein – nicht weiter. Er führt auch nicht ins Glück, schon gar nicht in die Transzendenz. Rausch und Sucht sind – an dieser Stelle nebenbei vermerkt – übrigens ebenso Indikatoren für die Suche nach Erfahrungen des Überstiegs. Gefahren, die in einer digitalisierten Gesellschaft nicht geringer geworden sind.

Den Zusammenhang zwischen Phasen der An- und Entspannung haben viele – namhafte – Unternehmen durch Gesundheitstage, mentale Trainingsseminare, Meditationsräume und ähnliche Angebote und Präventionsmaßnahmen schon seit geraumer Zeit erkannt. In Führungskursen wird dies als salutogenetische Führung angeboten und die verbindenden Linien zwischen **Leadership** und dem, was hier Spiritualität genannt wird, scheinen in Führungsetagen mehr und mehr wahrgenommen zu werden. Denn längst genügt in „Zeiten wie diesen" Selbstmanagement mit dem Fokus auf Zeit und Organisation nicht mehr. Das dahinter liegende Bedürfnis, seine wenige Zeit effizient zu organisieren, bedeutet nämlich noch nicht, dies auf der Ebene von Zeit, Raum und – äußerer – Struktur bewältigt zu bekommen.

Sondern die Digitalisierung 4.0 benötigt ein **spirituelles Selbstmanagement 4.0**, das die Stabilität des eigenen Selbst und des eigenen „inneren Teams" (Schulz-von Thun) nachhaltig garantiert. Denn ohne Selbstbezug keine Vision, ohne Sinn keine Leistung, ohne Selbstgespür keine Identität, ohne Selbstbestimmung keine Freiheit, und ohne innere Freiheit kein autonomes Handeln. Das Selbst zu spüren und im Kontakt mit dem eigenen Selbst zu bleiben, funktioniert jedoch (noch) nicht digital. Diese Beobachtung erklärt, warum Phänomene der Entfremdung im digitalen Zeitalter so selbstverständlich wie speziell sind. Eine digital beförderte Agilität kann Bedürfnisse überspielen, die tief im Menschen verwurzelt sind. Insofern ist ein erster Schritt die Bewusstmachung.

Mit ihrem bekannten Dreischichtenmodell hat die belgische Pädagogin Monique Boekaerts bereits vor über 20 Jahren veranschaulicht, dass die Wahl von Zielen und Ressourcen mit der Regulation des Selbst zusammenhängt (vgl. Boekaerts, 1999). Selbstregulation muss daher als dynamisches Wechselspiel zwischen kognitiven, metakognitiven, mentalen und motivationalen Aspekten des Lernens verstanden werden. Und vor über 10 Jahren hat der Schulforscher John Hattie die affektiven Bedingungen als für Lernmotivation und Lernerfolg entscheidende Faktoren herausgestellt (vgl. Hattie, 2008). Von besonderer Bedeutung für die negative Beeinflussung des Lernens waren hier Angst auslösende Situationen. Und was hierbei nicht vergessen werden darf: Jeder Mensch trägt seine eigene Lerngeschichte mit sich herum – unbewusst freilich, aber effektiv wirksam. Insofern ist die Anknüpfung an das schulische Lernen (und Lehren) kein rein stilistischer Prolog. Eine aktuelle Untersuchung zur Matheangst beispielsweise (vgl. Fritz/Herzog/Orbach, 2019) hat bestätigt, was klassische kognitive Appraisal-Theorien wie die transaktionale Stresstheorie nach Richard Lazarus (vgl. Lazarus, 1984/2001) bereits vor Jahren nachgewiesen haben: Die so genannte **state-Angst** bewertet eine (Lern-)

Situation als bedrohlich und evoziert umgehend die Erregung des vegetativen Nervensystems, mit den bekannten psychischen und physischen Reaktionen. Der wesentliche Faktor dabei besteht in „the fear for failure", denn diese stellt eine Gefahr für das fach- und aufgabenbezogene Selbstkonzept und damit letztlich den Selbstwert dar. Hierin besteht die zeitstabile Seite der Emotion Angst (vgl. Heckhausen/Heckhausen, 2010). Während nun das primäre Appraisal die Situation hinsichtlich der persönlichen Bedeutung für das Subjekt bewertet, fragt – im Fall, dass es sich rein um eine „state"-Angst und nicht um eine „traite"-Situation (die den Konnex mit Persönlichkeitsmerkmalen herstellen würde) handelt – das sekundäre Appraisal, ob **situative Bewältigungsmöglichkeiten** vorhanden sind und der Rückgriff auf **Ressourcen** möglich ist. Das Gespür für diese Innenwelt ist ein wesentlicher Aspekt spiritueller Kompetenz.

Spirituelle Kompetenz ist individuell. Ebenso, wie das Stressempfinden und die Bewältigung von Stress individuell sind. Die Persönlichkeits-System-Interaktionen-Theorie (PSI) von Julius Kuhl, welche die wichtigsten Theorien der Psychologie wie auch aktuelle Erkenntnisse aus der Motivations- und Persönlichkeitsforschung und den Neurowissenschaften integriert, arbeitet mit dem Konzept der **Handlungs- und Lageorientierung** (vgl. Storch/Kuhl, [2]2013). Kuhl geht davon aus, dass die Fähigkeit zur Selbststeuerung des Menschen von seinem Grad der Handlungs- bzw. Lageorientierung abhängig ist. Eine selbstgesteuerte Regulation der Affekte ist demnach nur in der Handlungsorientierung möglich. Menschen indes, die – in bestimmten Situationen – ihre Affekte nicht selbstgesteuert verändern können, verharren in der – ggf. unerwünschten – affektiven Lage, und in den entsprechenden Mustern – weil ihnen der Selbstzugang unter Stress abhanden gekommen ist. Eine so verstandene Handlungsorientierung und spirituelle Selbststeuerungskompetenz im Kontext von 4.0 zu steigern, erscheint daher als vorrangiges pädagogisches Ziel.

Die Gesellschaft ist längst digital

Die These dieses Ratgebers lautet: Die Digitalisierung birgt Potenziale, um kognitive und mentale Möglichkeiten an sich zu entdecken und zu entwickeln. Eben weil die Digitalisierung uns neue Möglichkeiten der Gestaltung von Arbeits- und Lebenswelten eröffnet. In virtuellen Formaten beruflicher Lern- und Arbeitswelten geschieht ebenfalls – dies zu Beginn deutlich festzustellen, erscheint uns wichtig – **humanistische und ganzheitliche Bildung**. Es wäre sehr stark verkürzt anzunehmen, das Internet ermöglichte lediglich eine Beschleunigung und Vereinfachung der beruflichen Kommunikation. Dies wird exemplarisch nachzuweisen sein.

Ebenso benötigt das Einlassen auf diese „neue Welten“ einen grundlegenden **anthropologischen Diskurs**, um Sinnfragen zu klären – bzw. zur Diskussion zu stellen. Es stellt sich heute eine digitale Kluft dar: Auf der einen Seite sind diejenigen, die eine historische Chance für die Neudefinition des Menschseins (Harari, 2018) selbst sehen. Auf der anderen Seite diejenigen, die den Wirkungen der alles hier weitgehend passiv gegenüberstehen und teilweise auch ausgeliefert sind.

Denn bereits jetzt steht fest: Es werden Fragen aufgeworfen, denen wir uns als Gestalter unserer selbst in diesem Ausmaß noch nie stellen mussten. Ein Nachdenken über Sinn, Zweck und ganzheitliche Folgen von **Handlungen in digitalen Lebenswelten** ist – gerade aufgrund der angesprochenen Beschleunigungen und Gleichzeitigkeiten – notwendig. Dies dürfte dem Leser bereits bei einer wachen Betrachtung seiner alltäglichen Vorgänge im Internet aufgehen. Die Mehrzahl davon dürften – wir reflektieren dies selbstkritisch ebenso – Reaktionen sein: Wir werden aufgefordert, dies oder jenes zu tun, uns hier oder da mit diesem oder jenem Passwort einzuloggen etc. Zeit zum vertieften Nachdenken bleibt da wenig, insbesondere dann, wenn beispielsweise ein Fluganbieter gleichzeitig zur vom Kunden geforderten Entscheidung einen countdown timer laufen lässt, nachdem das soeben erstellte Angebot nur noch so und so lange gültig ist. Anthropologisch und ethisch käme eine Handlung nur dann zustande, wenn sie zu einem relativ großen Teil der eigenen Freiheit entspringt. Handlungen sind ethisch betrachtet aktive Prozesse. Reaktionen indes, wie das Wort bereits anzeigt, mehr oder weniger reaktiv. Die ethische Qualität einer Handlung – im Vergleich zu einer bloßen Reaktion – verhält sich analog dazu. In diesem Ratgeber muss es darum gehen, einen systematischen Zugang zu seinen Emotionen zu halten. Dazu werden wir konkrete Übungen vorschlagen; denn schließlich sind es die Emotionen, die über das Denken unser Handeln zur Folge haben.

Wenn aber die Freiheit zu handeln und die Fähigkeit, freiheitlich Entscheidungen zu treffen, dazu Argumente zu wägen und schließlich – auch dieser Aspekt wird in der Betrachtung nicht auszulassen sein – für das Handeln auch die Verantwortung zu übernehmen, grundlegende Aspekte des Menschen sind, macht dieses einfache Beispiel deutlich, wie einschneidend die Digitalisierung mit ihren angedeuteten neuen Gesichtern anthropologische Fragen aufwirft.

Dabei versteht sich dieser Beitrag nicht als philosophischer Diskurs. Vielmehr geht es uns darum, aus der eigenen Reflexion der beobachteten Phänomene Überlegungen anzustellen. Diese beziehen sich auf unsere Arbeit als Hochschullehrer und Seelsorger, als Designer und theologischer Coach. Besonderes Interesse und Augenmerk lagen beim Entstehen des Textes darauf, wie unsere Kunden, Klienten, Schüler und Studierende mit den Herausforderungen der digitalen Welt – und konkret Lehre – umgehen. Dieses Beobachtungsfeld ist die Basis vorliegender Überlegungen. Denn wir gehen davon aus, dass diese Lebens- und Arbeitswelten aus der Hochschule die Blaupause sein werden, aus denen die Zukunft dieser Welten modelliert werden wird.

Digitales Leben benötigt ein neues Nachdenken über Sinn

Wir gehen davon aus, dass das Menschsein in Zukunft die traditionellen religiösen Fragen fortschreibt. Gleichzeitig sind wir der Überzeugung, dass diese Fragen naturgemäß auch in nicht-religiösen Kontexten relevant werden. Universelle religiöse Prinzipien und spirituelle Praktiken erscheinen dafür als geeigneter Ausgangspunkt. Denn die Anforderungen der zunehmend digitalisierten Arbeits- und Lebenswelten berücksichtigen diese Vielschichtigkeit bislang in nicht ausreichendem Maße. Wir entwickeln Gegenentwürfe mentaler Art. Diese Techniken sollen konzeptionell begründet werden. Um ein Bild zu bemühen: Wenn ich im Möbelhaus einen Schrank kaufe, bekomme ich lediglich die Aufbauanleitung. Hier soll es aber darum gehen, das Konstruktionsschema zu klären. Mit diesem Verständnis kann ich den Schrank dann später auch reparieren. Oder wenn nötig auch so umbauen, dass er eine größere Last beinhalten kann. Dieser Zugang befördert zugleich einen Perspektivenwechsel sowie eine Verbindung der Perspektiven: Das – den Schrank kaufende und ihn später ggf. weiter entwickelnde – Subjekt wird zum handelnden Wesen. Der Kauf und das Aufbauen des Schrankes müssten im anthropologischen Sinne noch nicht als Handlungen verstanden werden. Denn der Käufer verhält sich – relativ eng, soweit ihm dies nach den Papieren möglich ist – entsprechend der Aufbauanleitung. Handlung unterscheidet sich vom Verhalten jedoch durch aktive und bewusste Handlungsschritte. Und erst das Handeln bringt das Subjekt zu neuen mentalen Mustern, die es für eine Problemlösung – z. B., wenn der Schrank an einer Stelle falsch montiert worden ist, seine Funktionalität jedoch nicht in Frage steht – benötigt. Diese wird es nicht mit einer Reaktion auf die Bauanleitung bewerkstelligen, sondern der Käufer wird sich zu einem mehrdimensional handelnden Subjekt entwickeln müssen

– oder der Schrank wird in Einzelteilen auf dem Speicher verschwinden. Diese Herausforderung und Bewältigung bilden den Ausgangspunkt jedweder Kreativität und Schöpfungsleistung. Das handelnde Subjekt bringt aufgrund der Aufgabenstellung neue Antworten auf neue Herausforderungen hervor. Sein mentales Mindset entwickelt sich weiter, die Neuroplastizität seines Gehirns macht es möglich. Allerdings ist dieser Prozess kein mechanischer, rein produktiver. Auf dem Weg zu einer Strategie – in diesem Beispiel das Aufrichten des Schrankes – gab es auch Momente des Innehaltens, Überlegens, des Grübelns, sicher auch des Verwerfens und Erprobens … Insofern können wir diesen Prozess rein vom Ergebnis her betrachten oder vom Prozess. Der erste Blick wäre die uns kollektiv gleichermaßen vererbte Perspektive des Industriezeitalters. Denn diese ist ja nicht einfach mit neuen Technologien und Begriffen verschwunden. Es ist der Blick der reinen Effizienz, der Quantifizierung und Kostenminimierung, die Erwartung an den **homo oeconomicus**, das Maximale „rauszuholen". Wer heute zum Beispiel einen Beruf im Dualen System erlernt, der hat ein wöchentliches Berichtsheft zu führen. In diesem hält er alles fest, was er getan hat – oder was andere mit ihm getan haben (geschult, angeleitet …). Schriftlich fixiert wird nur das, was produktiven Wert hatte, keine Pausenzeiten, keine Erholungsphasen interessieren hier. Es zählt buchstäblich nur das, was geschafft wurde. Ganz im Sinne der Marx'schen Kritik werden die Auszubildenden – wie später als Arbeitnehmer – als „Produktionsmittel" behandelt. Und wie sieht es im Studium aus? Das klassische Studium an einer Universität oder Hochschule ist mit dem Bologna-Prozess ebenfalls in den Druck der Effizienz gezogen worden. Zeiten des „Nichtstuns" sind da nicht vorgesehen. Hierbei fällt auf, wie verräterisch schon dieser Begriff im Deutschen ist: eine Negativformulierung in Abgrenzung vom Tun. Da scheint die Jugendsprache mit ihrem „Chillen" – und mit ihrer positiven Haltung dazu – doch bereits einen Schritt weiter zu sein. Den dahinter liegenden Zusammenhang möchten wir nicht im Theoretischen stehen lassen, sondern auch hier konkrete Übungen anbieten.

Nehmen Sie sich zum → **Einstieg in das Thema** doch auch einige Minuten Zeit und überlegen Sie, welche Begriffe und Redewendungen Ihnen einfallen, die die Spannung zwischen Tun und dem vermeintlichen „Nichtstun" eingefangen haben. Zum Beispiel: *„ein Tagedieb (oder extremer: ein Nichtsnutz) sein", „auf der faulen Haut liegen", „dem Müßiggang frönen", „aus seinem Leben etwas machen", „Erfolg haben", „sein Schicksal annehmen"* ... Selbst im letzten Beispiel ist es nicht aus Zufall ein „Tun-Wort", das die Aktion der Handlung ausdrückt.

Ergänzen Sie → **Ihre Beispiele** ...

___

___

___

und spüren Sie nach, was diese Aussagen jeweils in Ihnen auslösen bzw. in einem gewissen Moment in Ihrem Leben ausgelöst haben.

Lebenspraktischer Bezug des digitalen Lebens

Um die teilweise über Jahrhunderte erlernten und praktizierten **Handlungsmuster** zu verändern, ist zwar die rationale Durchdringung der Ausgangspunkt. Doch ganzheitlich wird eine Handlung nur Erfolg zeitigen, wenn sich nicht nur Geist und Vernunft (ratio) auf das Unterfangen einlassen, sondern auch Körper (sōma) und Seele (psyché). Im

Bild von oben gesprochen: Der Körper muss freilich „Hand anlegen", damit der Bauplan umgesetzt wird. Und auch der teuerste Schrank wird ein Fremdkörper bleiben, wenn er innerlich keinen Gefallen finden wird, wenn die Seele beim Aufbau nicht „mitschwingt". Insofern wollen wir hier eine lebenspraktische Übung im Alltag erreichen. Wir werden über kleine Übungen Angebote machen, diese zunächst konzeptionellen Zusammenhänge praktisch zu üben. Das ist nicht nur eine bloße didaktische Besonderheit, sondern trägt die tiefe Überzeugung, wie dieser humanistische Wandel gestaltbar wird: durch eine Rückführung spiritueller Techniken in den professionellen Alltag. Diese Argumentation setzen wir mit der kulturellen Epoche der Aufklärung in Verbindung. Damit wird der Grundstein für unsere gesellschaftliche Entwicklung über wissenschaftlichen Fortschritt gelegt. Dies ist der wesentliche Meilenstein, ohne den wir diese Entwicklung niemals hätten vollziehen können. Gleichzeitig brachte die Aufklärung eine starke Betonung des rationalen Denkens mit sich, das als mentale Muster bis in den heutigen beruflichen Alltag hinein vorrangig ist: Stets sollten wir in höchst möglicher Objektivität Argumente formulieren, um nicht in den Verdacht einer Unvernunft zu fallen. Nicht zuletzt ist unser Bildungssystem durchdrungen vom vorrangig zweckrationalistischen Denken. Doch wissen wir alle auch um Momente im Beruflichen, in denen die „Seele zurückbleibt", nicht „mitgenommen" worden ist. Wir kennen diese Leere, die sich dann einstellt, die das – noch so gut geplante – Unterfangen zumindest emotional in Frage stellt. Vielleicht kennen Sie es von dem Flug in den Urlaub. Freilich haben wir in der Beschreibung des Jetlags eine (natur-)wissenschaftliche Erklärung. Doch nützt sie uns bei den Symptomen des Jetlag? An diesem Beispiel wird deutlich, dass es gelegentlich einfach dauern kann, bis „die Seele nachkommt" – und unser Körper ebenso.

Virtueller Jetlag

Während der Jetlag gesellschaftliche Akzeptanz genießt und auch bei Arbeitgebern relativ gut berücksichtigt wird, scheint eine analoge Berücksichtigung hinsichtlich digitaler Lebens- und Arbeitswelten unseres Erachtens noch nicht zu bestehen. Schließlich scheint der „Flug durch Zeitzonen" virtuell ohne Nebenerscheinungen möglich zu sein – aus unserer Beobachtung heraus aber nur anscheinend. Nein, es gibt ihn, den virtuellen Jetlag. Doch hat er bis heute keinerlei angemessene Würdigung erhalten. Uns geht es daher um einen pragmatischen Kompromiss und eine Synthese dieser beiden – klassischerweise – dualistisch gedachten Zugänge: „entweder" über die ratio „oder" über den somatisch-seelischen Bereich. Daher mag unser Appell an manchen Stellen vielleicht ein wenig romantisch oder gar nostalgisch wirken, wenn wir eine Wiedereinführung der Intuition und der sinnlichen „Ahnung" in das professionelle Handeln fordern. Diese Wirkung stellt sich aber nur deswegen ein, da diese Forderung so grundsätzlich ist und die Wirkung der Aufklärung über die Betonung des rationalen Denkens tief in den gesellschaftlichen Systemen verankert ist.

Viele Vortragende und Lehrende haben es sich zur Gewohnheit gemacht, eine → **kurze Sammlung** zu machen: Diese dient dazu, sich empathisch auf sein Publikum einzustellen, aber sich auch in der Sache zu vergegenwärtigen, an welchem argumentativen Punkt es „abzuholen" ist. Dazu dient – bevor das Auditorium den Raum betreten hat – das innerliche und tatsächliche Abschreiten der Bühne oder Vorlesungsraumes. Kollegen, die dies in der traditionellen Lehre gewohnt waren, finden den Anschluss nicht, weil dieses innere Bild einer virtuellen Gruppe nicht gebildet wird. Durch eine einfache Übung wird dies möglich: Vergegenwärtigen Sie sich Ihre körperliche Haltung vor dem Computer. Versetzen Sie sich gedanklich in die unterschiedlichen Positionen der Gruppenmitglieder, die Sie in Ihrem virtuellen Meeting oder Ihrer virtuellen Vorlesung erwarten. Spüren Sie über die Ähnlichkeit der körperlichen Haltungen die Gegenwärtigkeit dieser Personen, unabhängig an welchem Ort sie sich befinden. Über diesen Weg kann ein inneres Bild einer „nur" virtuellen Gruppe entstehen.

Ein weiteres Beispiel aus der Hochschullehre: Im ersten Studienjahr eines Designstudiums geht viel Zeit und Energie in das Bemühen, die assoziative und intuitive Seite des Denkens zu reaktivieren. Es ist deutlich nachzuweisen, dass über die schulische und betriebliche Sozialisation die Intuition als solche mit Tabus belegt wird. In der Folge trainieren wir diese Art des Denkens nicht in dem Maße, wie wir das analytische Denken trainieren. Das Wort des „Trainings" ist hier in der Tat bewusst gewählt: Denn diese Art des Denkens braucht ähnlich wie sportliche Fähigkeiten eine regelmäßige Übung. Daher ist die spirituelle Praxis der wesentliche Schlüssel, um diese Art des Denkens systematisch zu üben. Aus diesem Grund ist dieses Buch auch eine Anleitung zum Erlernen dieser mentalen Techniken.

Als erste Übung in diesem Buch möchten wir die → **Selbstreflexion** vorstellen. Es geht darum, über das Üben eine Unterscheidung zwischen dem „Ich" und den Gefühlen zu erreichen. Dies wird sicherlich nicht auf Anhieb geschehen, aber eine wichtige Vorübung ist die Stilleübung:

Suchen Sie sich einen ruhigen Ort, an dem Sie sich wohl fühlen. Sie setzen sich im Schneidersitz auf dem Boden oder mit geradem Rücken auf den Boden. Fixieren Sie etwa einen Meter vor Ihnen auf dem Boden einen Punkt, so dass Ihre Augen nicht im Raum wandern. Konzentrieren Sie sich nun auf Ihren Atem. Achten Sie darauf, wie sie ein- und ausatmen. Zählen Sie dann jeweils die Atemzüge und wiederholen Sie diese Übung einige Minuten. Versuchen Sie nichts Besonderes zu erreichen, sondern versuchen Sie lediglich, sich auf Ihr Atmen zu konzentrieren. Mehr soll diese erste Übung nicht erreichen.

Der zugegebenermaßen große Begriff der „digitalen Gesellschaft" bedarf einer Definition. Was bedeutet das für unseren Alltag? Wir verstehen darunter den Umstand, dass unsere soziale Umgebung uns zu einem großen Teil digital begegnet und die Äußerungen zum Erleben des Alltags über soziale Medien gefiltert bei uns ankommen. Relevant für das Thema der Subjektivität ist dabei, dass die Sichtbarkeit einen impliziten Vergleich des eigenen Lebens mit dem vermeintlich „vorbildlichen" Leben schafft. Das ist dann problematisch, wenn unsere Seele diese medialen Äußerungen als tatsächliche Realität interpretiert – wogegen wir uns kaum wehren können. Denn unsere Wahrnehmung kann nicht anders, als diese Gleichsetzung der medialen Bilder und Botschaften für bare Münze zu nehmen – „seeing is believing" heißt es im Englischen. Unter der Fragestellung der spirituellen Kompetenz ist dies dann ein Handlungsfeld, wenn die medialen Bilder und Botschaften von der eigenen Subjektivität ablenken und in einen Vergleich der Bilder treten. In diesem Moment ist das Risiko groß, den Kontakt zur eigenen Innerlichkeit und zum eigenen Erleben zu verlieren. Denn die Problematik liegt darin, dass die Wertschätzung des eigenen Erlebens und die damit einhergehende Sinnerfahrung stets ein innerlicher, subjektiver Vorgang sein muss. Er kann nicht gelingen über einen Wettstreit der Bilder.

Kontemplation und die Rolle des Unbewussten

Die traditionelle Spiritualität, die uns die Religionen nahelegen, wirken auf das Reflektieren der eigenen Innerlichkeit und das eigene subjektive Erleben ein. Bleibt dies aus, verselbstständigen sich die Bilder von außen. Der Kontakt zu „meinem" eigenen inneren Empfinden wird dadurch abstrahiert. Spirituelle Kompetenz hat damit die „traditionell" religiöse Aufgabe, die **Kontemplation** als funktionale Notwendigkeit neu zu beleben. Hiermit meinen wir sowohl im klassischen religiösen Sinn eine Versenkung, ein Ruhigwerden, ein mystisches Eins-Werden von Körper, Geist und Seele, wie auch im sprachlichen Sinn das Wahrnehmen des inneren „Betrachtungs- oder Andachtsraumes" (lat.: templum). Wenn der christliche Apostel Paulus schreibt: „Ihr seid ein Tempel des Heiligen Geistes" (Die Bibel, 1. Korintherbrief 6,19), dann kann diese Aussage in einem mystischen Sinn verstanden werden. Das Konzept der „Gottesschau" findet sich dabei nicht nur in der christlichen Tradition und Mystik. Grenzwissenschaften beziehen sich auf ein transzendentes „Bewusstsein", das die Geisteswissenschaft und die Philosophie mit unterschiedlichen Begriffen stark herausfordert: Dieser aus der indischen Philosophie und dem Sanskrit stammende Begriff des „Akasha" bedeutet so viel wie Himmel, Raum oder Äther. Rudolf Steiner hat in diesem Kontext von einer „Akasha-Chronik" gesprochen, in denen ein kosmischer Raum Informationen trage und in einer ewigen Chronik aufgezeichnet seien (vgl. Steiner, 2012). Wir können und wollen diese weltanschauliche Theoriediskussion nicht vertiefen. Es sei lediglich angemerkt, dass es einige Gemeinsamkeiten in diesen Überlegungen des Vorbewussten gibt. Um hier nur einen Vertreter der christlichen **Mystik** zu nennen: Meister Eckhart sprach vom „Seelenfünklein", das den Menschen – wenn er sich der Kontemplation hingibt – mit dem Urgrund allen Seins – in jüdisch-christlicher Sprache mit Gott – verbindet. Dieser mystische Ansatz ist ebenso alt wie er im Interesse der modernen Wissenschaften up to date ist. Dass mystisches Erleben Wirkungen zeitigt, ist – subjektiv wie in der religiösen Literatur – unbestritten. Die Neurologie bemüht sich seit einiger Zeit, die seelischen Grundlagen dieser Erfahrungen zu erforschen. Insofern steht unser Beitrag auch an dieser Stelle auf der Höhe der Zeit. Freilich könnten wir uns auch auf die Aussagen der Tiefenpsychologie beschränken. Sigmund Freud sprach seinerzeit von der Dimension des „kollektiven Unbewussten" und vom „ozeanischen Weltbewusstsein". Und dessen Schüler Carl Gustav Jung entdeckte auf dieser Basis die „Archetypen", mit denen er vielerlei innere Bilder meint, die in der Seele des Menschen – überindividuell – zu Hause sind und denen wir uns beim Kontakt mit dem Vorbewussten – etwa im Traum oder der Hypnose – stellen können. Diese Ansätze sind in unserem professionellen Kontext nicht nur für das Design, für Markenforschung und -analyse interessant, sondern sie verdienen auch eine angemessene Berücksichtigung im Kontext der Fragestellung dieses Buches. Wir wollen hier, wie bereits angedeutet, relevante Ansätze und Modelle zwar nicht ignorieren, uns jedoch im Diskurs nur so weit darauf einlassen, wie es unserer Leitfrage dienlich ist. So wäre auch die wissenschaftliche Debatte um die Subjekthaftigkeit des Menschen, seinen Willen und vor allem die Willensfähigkeit seines Geistes und Wesens ein lohnenswerter Exkurs. Zugunsten des praktischen Ansatzes dieses Buches soll darauf hier jedoch nur hingewiesen werden.

Nach diesem – zugegebenermaßen etwas holzschnitzartigen – Blick über die Theorie aus Theologie und „Grenzwissenschaften" nimmt der kunstpädagogische Diskurs eine Zwischenstellung ein. Aus diesem Grund kann er auch die vermeintliche Dialektik zwischen diesen beiden Theoriesystemen überbrücken. Denn der Moment der Ideenfindung weist in seiner literarischen Beschreibung eine Nähe zu religiösen Erfahrungen auf. Mehr noch: Autoren setzen ihre Konzepte bewusst in diese Bedeutungsbereich – in Begriffen wie „Inspiration" ist dieser geistige und geistliche Moment eingefangen. Als Beispiel dazu sei eine Geschichte zitiert, die in ihrer Metaphorik in den Grundlagenfächern des ersten Studienjahres ganz ohne Theorie und den damit einhergehenden Glaubensfragen vermittelt, welche Rolle das Unterbewusstsein im kreativen Prozess spielt:

> „Die Fledermaus (der erteilte Auftrag, der empfangene Impuls) streift in einem dunklen Raum hin und her, auf der Suche nach verwendbaren oder entfernt verwandten Inhalten, Bildern, Worten (der Auftrag ist vage), und nimmt, unentwegt flatternd, auf, was aus dem immensen Innenraum zu ihrer Mission passt; es gibt unterschiedliche Grade der Verwendbarkeit, über die nicht gleich entschieden werden muss, das geschieht später: um den Bruchteil einer Sekunde später und fast simultan oder in einem bewussteren Stadium, zum Beispiel in der Phase der Feinabstimmung, Reflexion, „Verifikation". Was die Fledermaus verwenden kann, bleibt an ihr haften und bestimmt während des weiteren Umherflatterns mit, was aufgenommen werden soll und was nicht, anfangs unter der Einschränkung, dass es vom initialen Auftrag nicht zu weit abweicht; in einem späteren Stadium, wenn die Fledermaus prall beladen ist mit Anhaftungen (Assoziationen), sind größere Abweichungen möglich, weil die angesammelten Inhalte eine gewichtigere Rolle zu spielen beginnen oder weil der Auftrag nach Rückkopplung und Reflexion entsprechend korrigiert worden ist. Die Fledermaus fliegt weiter und sammelt Anhaftungen, bis der Raum nach verwendbaren Worten, Bildern, Informationen abgetastet ist: das kann Minuten und auch Stunden oder Tage dauern und ist abhängig vom Umfang und von der Genauigkeit des Auftrags, von der Anzahl der Assoziationsmöglichkeiten, von den Tiefen – oder Entfernungspeilungen der Impulse, von der psychodynamischen Motivation, aber natürlich auch von der verfügbaren Menge an Energie, dem Reichtum an gespeicherten Informationen und der Trainiertheit des Gehirns, der Kraft des Gedächtnisses." (Polet, 1996, S. 28–29)

Beiden Theoriesystemen ist gemein, dass sich eine **Bisoziation** ereignet: Durch einen plötzlichen Sprung der schöpferischen Fantasie werden zwei bis dahin nicht verbundene Ideen in einer neuen Synthese verbunden. Ganz unabhängig davon, ob **Individualität** als Faktum oder als Konstrukt begriffen wird, ist das Subjekt entwicklungspsychologisch bereits im Zuge des Mündigwerdens darauf angewiesen, subjektive Antworten auf Erwartungen der Mitwelt und Umwelt zu finden. Hierbei unterstützen, soziologisch betrachtet, zwar soziale Normierungen. Die je eigene, authentische und autonome Antwort zu finden, ist indes eine grundlegende Herausforderung, die sich nicht ausschließlich an bereits definierte Normen, Werte und Verhaltensweisen binden lässt. Ansonsten wäre das „Individuum" (lat. das Ungeteilte) bereits hier keine subjektive Größe mehr, sondern schlichtweg ein reagierendes – und damit relativ berechenbares und somit auch manipulierbares – Etwas. Aktuelle gesamtgesellschaftliche Phänomene, welche mit Begriffen wie „Digitalisierung" oder „Pluralismus" eingefangen werden, verweisen auf eine ungleich größer gewordene Spannung zwischen der eigenen „Individualität" und der in nahezu allen Bereichen pluraler werdenden Welt.

Reflexion und Transformation

Diese Handlungsmuster des digitalen Menschseins benötigen so etwas wie eine **Echtzeitdebatte**. Das liegt daran, dass es mit den eben dargestellten Optionen für das Individuum gleichzeitig weniger Rollenvorbilder gibt. Haben zu früheren Zeiten klassische Institutionen wie Hochschule und Kirche eine starke Position in der Vergewisserung vorgegeben, tauchen alltagsweltliche und ethische Fragestellungen heute nicht selten als Verunsicherung auf – zumal klassische Einrichtungen, wie die Kirche, ihre eigenen Probleme mit der Glaubwürdigkeit und damit Lebensrelevanz haben. Diese Spannung spiegelt sich in der Pluralität der Möglichkeiten: So bedeutet dieser Nährboden die Möglichkeit populärer bis populistischer Deutungsangebote auf der einen, wie eine potenzielle Unübersichtlichkeit im „Markt der Möglichkeiten" auf der anderen Seite. Positiv formuliert: Während das Konzept der „Individualität" einer Anfrage unterliegt, besteht eine große gesellschaftliche – persönliche wie beruflich relevante – Herausforderung in der Stärkung der Subjektivität. Diese Notwendigkeit hat die Coachingliteratur unlängst erkannt: „Die Zukunftsfähigkeit lernender Organisationen wird in einer disruptiven VUKA-Welt entscheidend davon abhängen, inwiefern es ihnen gelingt, ihre kontinuierlichen Reflexions- und Transformationsprozesse entsprechend zu gestalten." (Kühl/Schäfer/Lampert, 2018, S. 263) Da der Begriff der Reflexion sehr stark individuell ausgerichtet ist, der Begriff der Transformation aber die Prozesse in Unternehmen betrifft, wird die Zusammenführung in der Wortschöpfung des „Transflexings" vorgeschlagen: Damit sind reale und metaphorische Räume gemeint, in denen über Rückzug und Konzentration neue Ideen entstehen können. Dazu ist es indes wichtig, den Moment auch als etwas Einmaliges wahrzunehmen, ihm gleichsam „Raum zu geben" (Hanstein, 2014). Denn eine nur auf das Morgen fixierte Gesellschaft ignoriert nicht nur Gegenwart und Vergangenheit, also das „Jetzt" und das „Woher", sondern sie idealisiert die Zukunft. Diesem Denken liegt ein **lineares Zeitmodell** zugrunde, das sich jedoch an einem – ökonomisch logischerweise wenig reflektierten und im Schaffensprozess, darin besteht die crux, wohl auch nicht reflektierbaren – Punkt selbst ad absurdum führt: dem Zustand der Endlichkeit. Im Prinzip würde dieses Denken letztlich nur Sinn ergeben, wenn die Zeit beliebig fortgeschrieben werden könnte. Religiöse Praktiken und mystische Techniken kennen daher seit jeher den Gedanken der Zeitlosigkeit oder – in den abrahamitischen Religionen – **Ewigkeit**. Allein dieser Zustand ist ohne Zeit – und ohne (physischen) Raum. Ein wenig in die Stille zu gehen, Kontemplation zu üben, Abstand zu bekommen von Zeitdruck und dem Gefühl des immer und jederzeit (!) Leistenmüssens, bedeutet daher in einem philosophisch-theologischen Sinn, in das Ewige eingebunden zu sein. Freilich nie für „ewig", doch das ist und bleibt der „irdische" Referenzrahmen. Was nicht bedeutet, ihn hin und wieder zu lüften. Heute bestätigt die Hirnforschung das, was Religion und Mystik schon lange praktizieren: Dass sich durch diesen „Geschmack der Ewigkeit“ die Dinge buchstäblich setzen, das Kopfkino anhält und, wie von selbst, neue Assoziationen kommen. Ganz ohne etwas zu tun, zu machen, zu schaffen. Dabei ist unser Gehirn alles andere als „gechillt“, die entsprechenden Areale feuern auf Hochtouren, neue synaptische Verbindungen entstehen – so dass der meditative Mensch nicht nur gekräftigt – „In der Ruhe liegt die Kraft …“ – aus diesen Momenten hervorgeht, sondern oft auch „geordnet“ und mit ganz neuen „Eingebungen“. Diese beiden Hinweise nur auf die Umgangssprache verweisen auf das kollektive Wissen um die Funktionalität solcher Prozesse.

Derartige Welt- und Selbstzugänge haben sich den pluralen Welten einer digitalisierten Postmoderne anzupassen, was für den Kontext der beruflichen Qualifikation bedeuten kann, sich für ein Format der virtuellen Lehre zu entscheiden. Diese Entscheidung wird wiederum Veränderungen mit sich bringen: Die Abgrenzung zwischen der (rein) privaten Welt und der Institution Hochschule wird verschwimmen, Lebensvollzüge – zum Teil im virtuellen Raum erkennbar – aus dem persönlichen und durchaus auch intimen Bereich werden – weitestgehend unbewusst und unreflektiert – in Bewegung geraten. Dieses Phänomen ist vielschichtig: Studierende wie Dozierende erleben – und erlernen – neue Lernräume. Dies bedarf, um es angemessen verantworten zu können, einer adäquaten Begleitung und Reflexion. Gleichzeitig erfahren sie sich – in diesen neuen Formaten und den damit zusammenhängenden kommunikativen Prozessen – neu. Im Falle positiver Erlebnisse – wie einem aussagekräftigen Feedback für den Dozierenden oder einer entsprechenden Prüfungsleistung – erfahren Lehrende wie Lernende vor allem eines: Sinn. Am Beispiel älterer Dozierender, die sich mit Bedenken auf das Feld der virtuellen Lehre eingelassen haben, lässt sich vielfach belegen, dass sich ihre Selbstwahrnehmung, ihr Selbstkonzept und durchaus auch ihr Selbstwertgefühl durch die neuen Erfahrungen nachweislich (positiv) verändert haben. Die – bildungstheoretisch – relevante Rolle der eingangs angesprochenen Kompetenzen kann daher letztlich auch für beide Seiten in Anschlag gebracht werden.

In virtuellen Lernräumen offenbart die Empirie die zentrale Wichtigkeit des sozialen Gegenübers bei Lernprozessen. Dieser Befund bestätigt die klassische pädagogische Überzeugung, dass das Lernen vom jeweils anderen her geschehen (Arnold, 2012) muss. Der Rolle des Lehrenden fällt damit eine neue Rolle zu: Die Gruppe zu moderieren, die einzelnen Personen als Individuen zu erkennen und entsprechend zu fördern ist eine neue, unvergleichbar komplexere Herausforderung in diesen neuen Räumen. Gleichzeitig zeigt sich, dass dazu ein Mindestmaß an physischem und eben menschlichem Kontakt notwendig ist: In den Formaten unserer virtuellen Hochschule sehen wir ein Verhältnis von einem Tag pro Semester, an denen klassische menschliche Begegnungen im fachlichen Rahmen geschehen. Die restlichen Interaktionen im Lernprozess sind dabei ohne Weiteres zu virtualisieren. In dieser Beobachtung zeigt sich, dass die soziale Interaktion des Lehren und Lernens weit mehr ist als digital virtualisierbare Kommunikation. Diesem „Mehr“ wollen wir weiter auf den Grund gehen.

Die Notwendigkeit fortschreitender Kompetenzentwicklung

Aus diesen individuellen Erfahrungen lassen sich **Bewältigungsstrategien** ablesen, die wir in unserem Buch verdichten wollen. Dabei ist der zentrale Ansatz, dass wir in biografischen Gesprächen nach der Kompetenzentwicklung in virtuelle Lern- und Lebenswelten recherchieren. Der **Kompetenzansatz** spiegelt die bildungstheoretische Erkenntnis wider, dass der – lernende – Mensch mehr ist als ein Subjekt, dass sich mit reinen Wissensinhalten weiterentwickelt. Mit der Zunahme komplexerer Arbeitssysteme und der Forderung der Wirtschaft nach flexibleren Antworten wurde Mitte der 70er Jahre des letzten Jahrhunderts der Begriff der „Schlüsselqualifikationen" geboren, was letztlich die Frage nach einer nachhaltigen Schulung dieser „soft skills" auslöste. So rückte Ende der 80er Jahre des letzten Jahrhunderts die Berufspädagogik ab vom reinen Blick auf fachbezogene Fertigkeiten und Kenntnisse – und hin zum Handlungsaspekt. So wurde hier Reinhold Baders Begriff der „Handlungskompetenz" leitend, mit dem die Wende zur Ganzheitlichkeit innerhalb der Berufspädagogik eingeläutet wurde (vgl. Bader, 1988). Ganzheitlichkeit und Projektansatz stehen beispielhaft für diese pädagogische Entwicklung. John Erpenbeck legte eine wegweisende Definition vor – die hier ebenfalls als Grundlage diesen soll –, indem er von zu bewältigen Handlungen ausgeht, was dem Individuum sowohl im Privaten wie im Beruflichen aufgegeben ist. Dazu verfüge es über gewisse Dispositionen. Diejenigen dieser inneren Voraussetzungen, durch die man sich nun komplexen Handlungen kompetent stellen und diese erfolgreich bestehen könne, nennt er Kompetenzen. Erpenbeck legt den entscheidenden Aspekt dabei auf die Selbstorganisation des – kompetent – handelnden Subjekts. Daher bezeichnet er Kompetenzen auch als „Selbstorganisationsdispositionen des Individuums", die er unterteilt in: fachlich-methodische, aktivitäts- und umsetzungsorientierte, soziale und personale Kompetenzen, wobei diese durch die selbstorganisiert-handelnde Interaktion mit der Umwelt neue Kompetenzen entwickeln, die dann in die jeweilige individuelle **Dispositionsmatrix** integriert werden (vgl. Erpenbeck, 1999). Nach diesem Verständnis liegt Kompetenzen ein eigenes Entwicklungspotenzial zugrunde, so dass das Individuum – wie der Volksmund seit jeher weiß – „mit seinen Aufgaben wachsen" kann. Dieser Hinweis provoziert bereits die übliche Rede von (so etwas wie einer) „Stoffvermittlung", aber auch der klassischen Terminologie einer „Vorlesung". Stattdessen verweisen diverse Kompetenzansätze bis heute auf verschiedene Teilkompetenzen, also Fähigkeiten und Fertigkeiten, deren Aneignung erst eine persönliche wie berufliche Weiterentwicklung ermöglichen. Die digitale Welt, in der wir längst leben und arbeiten, ist dabei unseres Erachtens bislang zu wenig berücksichtigt.

Der seit rund vier Jahrzehnten verwendete Kompetenzbegriff hat seinen Ursprung in der Linguistik und wurde hier von Noam Chomsky (vgl. Chomsky, 2001) eingeführt, um die Voraussetzungen für ein adäquates „Sprachhandeln" einfangen zu können. Jürgen Habermas baute darauf ein Konzept der „kommunikativen Kompetenz" auf (vgl. Habermas, 1981). Doch obwohl seit Längerem von Kompetenzen gesprochen wird, sind sie im praktischen Vollzug nicht immer selbstverständlich. Ein Blick auf den schulischen Kontext mag dies verdeutlichen: Auch in heutigen Bildungsplänen lässt sich noch beobachten, dass die verschiedenen Kompetenzen – fälschlicherweise – als nichts anderes verstanden werden als handlungsorientiert unterfüttertes Wissen; ebenso, dass sie zuweilen ein relativ statisches, selbständiges Dasein fristen. Diese Beobachtung leitet dazu an, auf vorhandene Verbindungen zwischen bisher definierten und neu erkannten – und weiter zu erkennenden – Kompetenzen zu achten und diese in der wissenschaftlichen Betrachtung und Analyse erkennbar zu machen. So finden sich beispielhaft die „religiöse Kompetenz" oder auch die „Weltdeutungskompetenz". Beide wären – für vorliegenden Kontext – unabhängig vom konkreten institutionellen Überbau zu definieren. Am Beispiel der Bildungspläne verantwortet nach Grundgesetz, den Landesverfassungen und dem Schulgesetz nicht der Staat den Inhalt, sondern die Kirchen – die freilich an einer entsprechenden Auslegung ihren eigenen systemischen Interessen folgen. So dies gelingt, lässt sich neutral und historisch an diesen Begrifflichkeiten gut ansetzen. Terminologisch betrachtet, bedeutet dann eine religiöse Kompetenz vom Wortsinn her, sich „fest zu machen", wörtlich: „rückzubinden", an etwas oder jemand. Wo bewährte (Bildungs-)Traditionen in Bewegung geraten sind, wo es so viele Antworten wie Fragen (und „Individuen") gibt, da ist das Subjekt – anthropologisch betrachtet – mehr denn je in der Notwendigkeit, diesen buchstäblich religiösen Grundvollzug zu leisten. Die – bis heute geläufige, statistisch durchaus sinnvolle, in der Aussage jedoch vor diesem Ansatz wenig brauchbare – übliche Rede vom „Bekenntnis" muss dabei jedoch am Kompetenzansatz vorbeigehen. Denn das, wozu sich das Subjekt bekennen kann (und im religiös-konfessionellen Vollzug auch irgendwann, zum Beispiel mit Taufe bzw. Konfirmation/Firmung, muss, um Teil des Systems zu werden), sind – in der Sprache der Theologie – die „fides quae", Glaubensinhalte. Die erste Kompetenz, die hierbei zu gewinnen ist, ist das Auswendiglernen. Weder eine religiöse noch eine Kompetenz zur Weltdeutung ließe sich daran messen – noch entwickeln.

Beide Kompetenzen legen jedoch die Spur für den vorliegenden Kontext der virtuellen Lehre. Es liegt auf der Hand, dass sich bisherige Lernzugänge und neuartige Wege verbinden. Wer sich auf Formate der virtuellen Welt einlässt, wird auch bald den Bedarf an neuartigen „soft skills" spüren, um auf die ungeahnte Komplexität der Virtualität adäquat reagieren zu können. Vorliegend wird für dieses Phänomen der – noch näher zu konkretisierende – Arbeitsbegriff der „spirituellen Kompetenz" verwendet. In diesen Bereich gehören zum Beispiel die – in der Virtualität durchaus relevanten und auf neue Weise gefüllten bzw. weiter zu füllenden – Bereiche der Rituale wie Symbole, der Sensibilität für die Spannung zwischen „vita activa" und „contemplativa" oder auch authentischer Erfahrungen von **Kohärenz** im Kontext pluraler Mehrdeutigkeiten. Der Arbeitsbegriff der Spiritualität folgt dabei zwar der Definition religiöser Kompetenz, blendet aber deren inhaltliche – kognitiv erwerbbaren – Kenntnisse aus. Denn diese sind stets an Glaubensvorgaben der jeweiligen Religion gebunden. Vielmehr bildet die Ebene der subjektiven Religiosität – im Gegensatz zur formalen Ebene der Religionen – die Schablone für den Erwerb und den Ausbau spiritueller Kompetenz im virtuellen Lebensvollzug.

Parallel zur berufspädagogischen Erforschung des Kompetenzbegriffs hat Peter Biehl Ende der 80er Jahre des letzten Jahrhunderts sieben Kennzeichen religiöser Erfahrung vorgelegt (vgl. Biehl, 1988). Damit gehören religiöse Erfahrungen erstens zu den „unmittelbaren Erfahrungen", da sie im je individuellen Erfahrungs- und Wahrnehmungsbereich liegen. Ferner werden religiöse Erfahrungen von Biehl als „Grenz-Erfahrungen" definiert. Neben klassischen Beispielen aus der Seelsorge – wie Angst, Schuld und Tod – berücksichtigt er dabei Momente „kulminierender Erfahrungen der Freude, des Glücks, der Kreativität, des erfüllten Augenblicks (…), die die Alltagspragmatik durchbrechen". Drittens entstehen religiöse Erfahrungen – dieser Interpretation gemäß – in „Erschließungssituationen", in welchen „fundamentale Einsichten" gewonnen werden, wodurch „die bisherigen Lebenserfahrungen (…) in einem neuen Licht erscheinen. Ein – viertens – „Widerfahrnischarakter", der als „tragender" erfahrbar wird, führt zu einer Intensivierung dieses Erlebens. Biehl sieht in religiösen Erfahrungen zudem „eine vorwärts- und eine rückwärtsgewandte Struktur", als das Bestreben nach Geborgenheit und „Ursprungsvergewisserung" wie gleichermaßen „nach vorne". Letztlich sieht er in religiösen Erfahrungen „zugleich soziale Erfahrung". Denn „die religiösen Symbole zur Verarbeitung von Erfahrungen" müssen „in gemeinsamen „Sprachspielen gelernt" werden (zitiert nach Hanstein, 2008, S. 39–40).

Rituale in entgrenzten digitalen Räumen

Konkret am Beispiel der Rituale: Diese kommen in der Seelsorge seit jeher in Übergangssituationen des Lebens zum Einsatz, in Widerfahrnissen, wo das Urvertrauen verletzt worden ist. Da Rituale auf der Ebene des Vorbewussten ansetzen und die Ratio weitestgehend außen vor lassen, kann mit ihrer Hilfe das in der Tiefe der eigenen Seele wieder zusammenwachsen, was ursprünglich zusammengehört, aufgrund des Widerfahrenen aber – im Bild gesprochen – „gerissen" ist. Insofern können Rituale in der Seelsorge als „Zeichen für das Leben" (Hanstein, 2017) bezeichnet werden. Wenn Unvorhersehbares hereinbricht, Schicksalsschläge Menschen buchstäblich aus der Bahn werfen und sie sprachlos werden vor Ergriffenheit, dann können Rituale eine Möglichkeit bieten, sich trotzdem auszudrücken, eine Form zu finden das Innere nach außen zu geben. Auch entwicklungspsychologisch lässt sich nachweisen, dass Kinder Rituale brauchen. Sie geben Stabilisierung und Rhythmus. Daher musste nach der jahrzehntelangen Eiszeit in der Frühphase der neu entstandenen Bundesrepublik die Bedeutung von Ritualen in den Sozialwissenschaften erst wieder neu erkannt werden. Seither werden Rituale auch in nicht weltanschaulichen Geistes- und Sozialwissenschaften untersucht, waren sie bis dahin auch weitestgehend im Bereich des Religiösen – und damit als Untersuchungsgegenstand der Praktischen Theologie und Religionspädagogik – beheimatet (vgl. ebd.). Analog verhält es sich mit der religiösen Verwendung von Symbolen. Bereits dieser Aspekt der Rituale besitzt eine große Relevanz für die Digitalisierung: Virtuelle Welten und virtuelles Lehren und Lernen sind von einer neuartigen Mehrdimensionalität gekennzeichnet. Diese führt – anders als in früheren Lernformaten – zu einer permanenten Herausforderung in kognitiver, sozialer, methodisch-didaktischer und emotionaler Hinsicht. Dabei ergeben sich konkrete Fragen aus einer großen Prozesshaftigkeit, Dynamik und Geschwindigkeit. Neue Dozierende, auch wenn sie jahrzehntelange Erfahrungen in Unterricht und klassischer Lehre mitbringen, bestätigen dieses Phänomen durchgängig. Dies zeigen die vorliegenden Erfahrungen der Autoren im Schulungsprogramm zum Online-Live-Trainer und im zusätzlich implementierten Kollegialen Coaching. Daher kann die Nutzung von Ritualen – beispielhaft zur Begrüßung, zum Wiederankommen nach der Pause, zum Abschluss einer Lerneinheit … – dieses Phänomen methodisch sinnvoll aufgreifen. Rituale sind kollektiv wie individuell möglich. Unabhängig von der sozialen Funktion würdigen sie die Endlichkeit, denn in der Sprache der Philosophie ist die Zeit ein „Existenzial".

Als zweite Übung in diesem Buch möchten wir die → **Ankerübung** vorstellen. Jeder Mensch benötigt Halt, hat im Bild gesprochen einen Ankerplatz. Das kann Ihre Erziehung sein, Ihre Freundin, Ihre Familie, Ihr Lieblingshobby oder aber auch ein Ort, an dem Sie sich geborgen fühlen. Setzen Sie sich so, wie es für Sie in der ersten Übung angenehm war. Folgen Sie Ihrem Atem, werden Sie ruhig. Dann schließen Sie die Augen. Spüren Sie nun, an welchen Stellen Ihr Körper auf dem Boden aufliegt. Spüren Sie die Kraft, mit der Ihr Körper auf die Unterlage drückt. Doch bei aller Kraft, die Sie zusätzlich aufbringen könnten, Ihr Körper ruht weiterhin am Boden. Er ruht fest, Ihr Atem geht langsam. Nichts und niemand stört Sie dabei, kann Sie dabei stören. Nehmen Sie nun wahr, wie sich diese Erfahrung auf den Atem auswirkt: Spüren Sie, bis wohin Ihr Atem sich in Ihrem Körper verteilt und auch, wie ruhig er fließt. Diese Übung kann Sie an eine Urerfahrung aus der Kindheit erinnern: Dass Sie geankert sind, dass es einen Ort und dass es Menschen gibt, an dem und bei denen Sie ebenso geborgen und ruhig sein können.

Wenn das „Innere" mit dem „Äußeren" zusammenfällt, entsteht im elementaren Wortsinn ein **Symbol**. Der Begriff stammt aus dem Griechischen: Das zusammengesetzte Wort symbállein (griech.: „zusammen-werfen") verdeutlicht den Sinn von Symbolen. In der griechischen Antike wurden Verträge mit dem Symbol einer Tonplatte rechtskräftig geschlossen. Dieses „Sýmbolon" wurde in zwei Stücke gebrochen und jede Partei erhielt eine Hälfte. Bei weiteren Verhandlungen, späteren Streitigkeiten oder im Falle einer Erbschaft konnten die Vertragsparteien sich und den Vertrag an der einzigartigen Bruchkante identifizieren. Diese Etymologie bedeutet im übertragenen Sinn: In einem Symbol fallen eine innere (im Beispiel: der Kauf) und eine äußere, erkennbare (im Beispiel: zwei Tonscherben) Seite zusammen. Aufgrund ihrer zeichenhaften Mehrdimensionalität haben Symbole einen verbindenden Charakter. Dieser vermittelnde Prozess gehört zu den wichtigsten Ausdrucksmitteln einer Gemeinschaft. Was zum Symbol geworden ist, ist damit mehr als ein Zeichen. Denn es weist nicht nur auf etwas hin, sondern es bietet methodisch gleichsam einen Weg der Vermittlung an. Ebenso kennt die Psychologie die **Symbolisierung** als Darstellung zwischen dem „Inneren" und „Äußeren" des Subjekts: als Übereinstimmung einer bewussten Erfahrung mit der dazugehörigen adäquaten Empfindung. Denn wir Menschen haben von uns aus das Bedürfnis nach innerer Stimmigkeit – zwischen dem, wie sich etwas von innen her anfühlt, und dem, wie es von außen bewertet wird. Die Psychologie nennt dies Kongruenz. Carl Rogers (Rogers, 1973) sprach von „Inkongruenzen", die sich ganzheitlich niederschlagen, wortwörtlich „organisieren", wenn dieses Bedürfnis keine Beachtung findet. Körper, Geist und Seele reagieren dann auf diese Unstimmigkeit zwischen dem Selbsterleben und den aktuell gemachten, aber als unstimmig bewerteten Erfahrungen. Dabei gerät die organische Symbolisierung eines Menschen ins Ungleichgewicht und sein Körper spürt – neben seinen entsprechenden geistigen Reaktionen – dieses Erleben, und die Körpersprache bringt es zum Ausdruck. So wird es aufgrund der Rezeptoren des limbischen Systems auch von anderen wahrnehmbar, ohne allerdings adäquat in Worte gefasst zu sein.

Dieser Hinweis verdeutlicht die tiefe Bedeutsamkeit der Symbole als Kommunikationsmittel auf einer vorsprachlichen Ebene.

Als Impuls möchten wir das → **Handelnde Denken** aus der künstlerischen Praxis beschreiben. Denn ein Risiko der Forderung nach Stille und Ruhe ist das Grübeln. Als Nachdenklichkeit verstanden ist diese Tätigkeit sicherlich unkritisch. Schwierig ist es, wenn dieses Gedankenkreisen dem Prinzip der Achtsamkeit entgegenwirkt. In der Zen-Praxis unterscheiden sich demnach drei Zeitrahmen: Die Vergangenheit, die Gegenwart und die Zukunft (Warner, 2010). Ziel ist, über den Fokus auf die Gegenwart ein Zur-Ruhe-Kommen der Gedanken zu bewirken. Demnach sind die Gedanken an die Vergangenheit und die Zukunft zunächst einmal nur störend. Die künstlerische Praxis kennt hier das „Denken mit der Hand" (Ten Hoevel, 2017): Es geht darum, die Inhalte des schöpferischen Denkens möglichst ungefiltert körperlich, also zeichnend festzuhalten. Die Idee dabei ist, seinen eigenen Vorstellungen gegenüber wachsam zu sein, obwohl diese in dem Moment des Zeichnens vom Intellekt noch nicht begriffen werden können. Demnach ist das Ziel jeder spirituellen Praxis das Handeln in der Gegenwart. Aus der künstlerischen Praxis können wir lernen, dass die spirituelle Entwicklung darin liegt, die intuitiven Ahnungen durch individuelle Techniken (Tagebuchschreiben, Malerei, Tagträumen, etc.) begreifbar zu machen und diese in ein Handeln zu überführen. Nachdenklichkeit sollte daher nicht als passives Grübeln missverstanden werden, sondern als aktive Technik der → **Transflexion** geübt werden.

Rituale und Symbole entgrenzen also, sie durchbrechen die Gebundenheit an (die jeweilige) Zeit und (den jeweiligen) Raum. Und gleichzeitig gibt es – vermutlich gerade aufgrund dieses Charakters – ein starkes Bedürfnis nach sozialer **symbolischer Vergewisserung.** Dies zeigen Beobachtungen, die wir bei Studierenden machen können. Die Statuspassage zum Studierenden ist in der Theoriebildung zur Studieneingangsphase bereits gut beschrieben. Im traditionellen Studium sind es Initiationsriten, die feierlich begangen werden und die ihre traditionellen Wurzeln in der akademischen Welt haben. Die virtuelle Lernwelt kann diesen Bedarf nicht mehr decken. Eine virtuelle Hochschule hat keine Mauern, in die sie ihre Erstsemester feierlich aufnehmen könnte. Als Forscher beobachten wir bei den Studierenden eine hohe **Eigentätigkeit**: Die kognitive und mentale Tätigkeit des Studierens bewirkt eine tiefe existenzielle Veränderung im Selbstbild. Dies ist ablesbar an vielfältigen Äußerungen der Studierenden in den sozialen Medien, um sich diesen inneren Veränderungen auch äußerlich im sozialen Umfeld zu vergewissern. Es scheint, dass erst im Registrieren des Fremdbildes durch die anderen die Veränderungen im Selbstbild wirksam wird.

Virtuelle Selbstsorge

Ähnlich verhält es sich mit der **Selbstsorge** im Kontext virtueller Welten. Am oben angeschnittenen Beispiel: Es ist zu jeder Tag- und Nachtzeit möglich, sich einen neuen Schrank zu bestellen, sich das Download der Aufbauanleitung zu beschaffen, Bewertungen zur Baureihe einzuholen und selbst Kommentare dazu zu posten. Strukturen zum aktiven und passiven Umgang mit der möglichen Omnipräsenz werden in den virtuellen Welten nicht mehr – wie klassischer Weise bereits durch Öffnungszeiten und Zeiten der Nichterreichbarkeit – von außen vorgegeben. Sie sind damit dem Subjekt als Aufgabe aufgegeben. Und diese Aufgabe beschreibt nicht nur die zeitliche Organisation, sondern das grundsätzliche Verhältnis – und Verständnis – von „vita activa“ und „contemplativa“. Von Seiten der christlichen Tradition und Mystik kann bibeltheologisch das Bild des 7. Schöpfungstages als leitendes Motiv herangezogen werden. Nicht die Zahl an sich, sondern deren Bedeutung ist hierbei zentral: Die hebräische Zahl

Sieben bedeutet terminologisch das „voll-", „ganz-", „erfüllt-", abgeschlossen-Sein. Sprachlich ausgedrückt findet es sich in der Bewertung der Schöpfung so: „Und Gott sah, dass es gut war." (Die Bibel, Genesis/1. Buch Mose 1) Was sich gezählt jedoch gut abschließen lässt, kann ohne entsprechende Strukturierung womöglich schnell in den nächsten Schöpfungsprozess umgeleitet werden. Insbesondere im Format berufsbegleitender Studiengänge ist daher diese Kompetenz einer **„virtuellen Selbstorganisation"** essentiell. Denn diese Studierenden unterliegen einem dauerhaften Anspruch, allen Lebensbereichen – dem Beruf, der, wenn auch gelegentlich in reduziertem Umfang, weiter ausgeübt wird, dem Anspruch des Studiums, oft ohne klassischen Studienzugang, und bei vielen Studierenden auch der Familie – gerecht zu werden. Wenn auch nicht in dieser Durchdringung, aber parallel kann die Mehrfachbelastung bei – insbesondere neuen – Dozierenden verstanden werden. So sehr hier eine Strukturierung auf zeitlicher und organisatorischer Ebene wichtig wird, so schnell wird auch oft deutlich, dass dies nur der erste Schritt war.

Das Handling dieser Mehrfachbelastung kann – analog zur oben benannten Unterscheidung zwischen Lerninhalten und Kompetenzen – nicht befriedigend auf der rational-kognitiven Ebene erfolgen. Sie erfordert eine entsprechende – neuartige – ganzheitliche Kompetenz. Und zwar eine Kompetenz, die als Handlungskompetenz – denn als sich verhaltende Reaktion – zu erwerben ist.

Der Anspruch zur **Rekreation** lässt sich dabei nicht nur theologisch herleiten, auch die Biologie – wo interessanter Weise die Zahl Sieben im Hinblick auf den Zyklus der Zellerneuerung eine Rolle spielt – bietet hierfür eine Reihe von Anknüpfungsmöglichkeiten. Ebenso wäre die Gestaltpsychologie eine wertvolle Ergänzung für den interdisziplinären Zugang. Denn aus „To hu wa bohu" (Die Bibel, Genesis/1. Buch Mose 1), einem als wörtlich „wüst und leer" beschriebenen Zustand, heraus gestaltet sich etwas – und nicht ein unbestimmtes Etwas, sondern, biblisch verstanden, die gesamte Schöpfung mit allem Leben und aller Materie, allem Sichtbaren und allem Unsichtbaren. Das bedeutet: Das „wüst und leer" gehört zum Entstehungsprozess dazu. Doch wenn es geworden ist, eine „runde Gestalt" erkennbar ist, dann kehrt Stille ein – genussvolle Stille, Stille zum Genießen. Dies verlangt freilich eine umso größere innere Achtsamkeit, je intensiver der Flow war.

Auch diese **Achtsamkeitskompetenz** benötigt Raum und Zeit. Im Bild der biblischen Schöpfungserzählung ist es der Segen, den Gott über diesen siebten Tag ausspricht – um nicht nur sich, sondern vor allem seinem Geschöpf Ruhe und innere Einkehr zu gönnen. Kontemplation – innere Sammlung – wäre hier ein Schlagwort aus der christlichen Tradition. Oder in den Worten des Dichters: „Soll das Werk den Meister loben, doch der Segen kommt von oben." (Schiller, Die Glocke)

Nicht selten führen diese Zeiten der **Unterbrechung** dazu, dass nachher neue Ideen wie aus dem „Nichts" vorhanden sind. Neurologisch ist dies mit dem Loslösen vom jeweiligen aktuellen Muster erklärbar (vgl. Hüther, 2006). Erst neue Erfahrungen und Kontexte ermöglichen neue neuronale Verknüpfungen – und damit eine neue Qualität schöpferischer Kreativität. Kritisch ist dabei – naturgemäß – die Krise. Einblicke in die Kunstpädagogik offenbaren ähnliche Konzepte: Über den Begriff der **„Diastase"** modelliert Bernhard Waldenfels einen Vorgang, der den Übergang von komplexen kognitiven und seelischen Prozessen aus dem Unterbewusstsein ins Bewusstsein darstellt: „Dazwischen ist als Pause zu denken, ohne etwas das aufhört und wieder beginnt – als Differenzierungsprozess, in dem das, was unterschieden wird, erst entsteht." (Waldenfels, 2002, S. 174) In der Begleitung von Studierenden ist dieser Vorgang als Spannung, Stress und bis hin zu einer Leidenserfahrung erkennbar: *„Ich habe das Gefühl, dass ja, dass (...) irgendwas um mich rum ist, wie so eine Schale quasi und die muss ich zerbrechen, was unangenehm ist, was stressig ist, was anstrengend ist, aber dann habe ich halt mehr Platz wieder, um mich* *eben zu entfalten auf einer kreativen Art und Weise. Ja. Und das ist aber auch wirklich tatsächlich dieses Gefühl, wenn dieser Bruch kommt, es ist wirklich wie so ein Klick, wie so ein Schalter im Kopf, der sich umlegt.*" (Lanig, 2019, Anhangsband 3, S. 324) In diesen beiden Zitaten zeigt sich, dass die Ideegenerierung als solche als eine Zeitphase der unbewussten Sammlung benötigt, die als meist unangenehme Spannung empfunden wird.

Statt Religion: Spiritualität

Wir reden hier nicht von Religion, auch nicht von Religiosität. Wir verwenden stattdessen die Begriffe Spiritualität und Mystik. Die Metapher des Atems vermag dies zu erklären: Religionen, die an etwas glauben, die etwas „für wahr halten", stehen auch immer in der Gefahr das Erkannte zu bewahren (hier hat der Begriff des „Konservierens" seinen Ursprung, aus dem die Beschreibung einer religiösen Richtung eben als „konservativ" herrührt) oder gar (davon ist die christliche Kirchengeschichte voller Beispiele) zu verteidigen. Während der Begriff der Religion daher eingrenzt, führt nach unserem Verständnis – und unserer Erfahrung – Spiritualität in die Weite. Spirituelles Handeln an sich ist Entgrenzung, ist das Fallenlassen von Raum und Zeit, von Begriffen und Beschreibungen – in einer weiteren Entwicklung auch von Bewertungen. Das Wort **Mystik** kann freilich als „geheimnisvoll" falsch verstanden werden. In diesem Sinn verwenden wir diesen Begriff nicht. Wir sehen in der Mystik – in der Tradition vieler Mystiker wie Meister Eckart, Angelus Silesius, Hildegard von Bingen – als Weg, diese offene Form der Spiritualität zu leben, ohne Bekenntnis und Glaubenssätze, interreligiös. Eine so verstandene Mystik eint – im Übrigen auch mit den Ansichten buddhistischer Mystiker – die Überzeugung, dass mit der Vernunft (allein) die Wirklichkeit nicht fassbar ist. Dazu ist als ausgleichendes Moment die **Intuition** nötig, um festgefahrene intellektuelle Vorstellungen und die Fixierung auf die eigene Person zu lösen.

Zwischenertrag

All diese Aspekte einer so verstandenen „spirituellen Kompetenz" verdichten sich aber letztlich an einem einzigen Brennpunkt: der Frage nach der Sinnstiftung, Sinnhaftigkeit, deren ganzheitlicher Erfahrbarkeit und Sinndeutung auf der subjektiven Ebene, hier im Kontext virtueller Bildungsprozesse. Die Erfahrung von Sinnhaftigkeit lässt sich mit dem philosophisch-theologischen Begriff der Kohärenz in Einklang bringen, einem Gefühl von Stimmigkeit, einem glückenden Lebensgefühl. Ein solches Selbsterleben aber ist erst der Grundstein dafür, sich weiter auf bislang unbekanntes Terrain einzulassen und sich dem – vielfach geforderten – „lebenslangen Lernen" ganz selbstverständlich zu stellen – wie es hier beschrieben werden soll, auf der Basis einer ausgeglichenen virtuellen Selbstkompetenz. Wie bereits im Rahmen der klassischen Kompetenzentwicklung zu sehen, ist (auch) diese spirituelle Kompetenz nicht kognitiv erlernbar. Als Exkurs: Hier ist eine Analogie zur genuin religiösen Bildung zu sehen. Anstatt Gebete auswendig zu lernen, was am Sinn von Gebeten vorbeigehen würde, wies Hirscher bereits im 19. Jahrhundert darauf hin, dass man „Beten durch beten" lerne (vgl. Keller, 1969). Das bedeutet, bezogen auf die dritte mentale Übung: Es bedeutet schon viel – das heißt auch, dass nicht jeder diese Herausforderung zu leisten vermag –, verschiedene „Geister" wahrzunehmen und sich dieser zu stellen. Der bewusste Umgang damit wäre also eine erste Stufe spiritueller Kompetenz. Denn sie führt von der Reaktion – sich mehr oder weniger unbewusst aus einem auch mehr oder weniger bewussten Motiv heraus diesem oder jedem „Geist“ hinzugeben – hin zu einer (bewussten) Handlung. Dann bedeutet spirituelle Kompetenz, ein echtes und authentisches Gespür dafür zu haben, was im Moment ganzheitlich „dran“ ist und – auf einer weiteren Stufe – diesem Gespür auch handlungsorientiert nachzugehen. Biblische Texte fangen ebenso wie traditionelle religiöse Lieder spirituelle Bedürfnisse in pittoresken Metaphern ein, wenn sie beschreiben, wie die „Seele dürstet“. Diesen Zugang zum eigenen „Seelengrund“ wiederzuerlangen, steht seit der sogenannten „ersten industriellen Revolution“ an. Für die „Industrie 3.0“ darf sie größtenteils – und wenn, dann lediglich segmentiert in entsprechenden Seminaren für Führungsetagen – bestritten werden. Umso wichtiger erscheint uns dieser Fokus daher für die nächste Etappe, die „Industrie 4.0“ – und für diese eine hinreichende spirituelle Kompetenz, wie wir sie hier verstehen: ein in die tägliche Praxis übergehendes **spirituelles Selbstmanagement**.

Zurück zum Kontext: Die intrinsische Motivation wird früher oder später nach einer weitgehenden **Selbststrukturierung** verlangen, die ihrerseits nur kompetenzorientiert zu erwerben ist. Gleichzeitig bedarf die Veränderung der bisherigen mentalen Muster der Reflexion – die in den seltensten Fällen „nur“ Selbstreflexion sein kann. Der Lerngruppe kommt hierbei eine neue Bedeutung zu, ebenso aber auch dem (Selbst-)Verständnis der Lehre/des Lehrenden – als Projektbegleiter, der sich in einer entsprechenden Mäeutik („Hebammenkunst“ nach Sokrates) schult und eine „Didaktik vom anderen her“ (Arnold) anregt. Interessant ist im vorliegenden Kontext auch der Begriff des „agilen Lernens“, der sich seit zwei Jahren ausgebreitet hat. Die hier postulierten Kompetenzen ließen sich zudem als **virtuelle Agilität** näher bestimmen – und mit dem Arbeitsbegriff der „spirituellen Kompetenz“ in Abgleich bringen.

Die bisher angesprochenen Stichworte entstammen unseren Erfahrungen mit individuellen Begleitungen und mit Entwicklungen von

Lern- und Bildungsprozessen. Damit handelt es sich nicht um einen deduktiven Aufbau, sondern einen klassischen induktiv-empirischen Zugang. Basis bildet der Hochschul- und Schulkontext sowie das Business und Personal Coaching. Diesen Entwicklungs-, Erfahrungs- und Anpassungsvorgängen ist gemein, dass sie naturgemäß zum allumfassenden Metathema der Digitalisierung Bezug nehmen. Darin ist der methodische Zugang begründet, aus dieser Erfahrung heraus eine generalisierende Konzeption dieser Entwicklungsprozesse zu zeichnen.

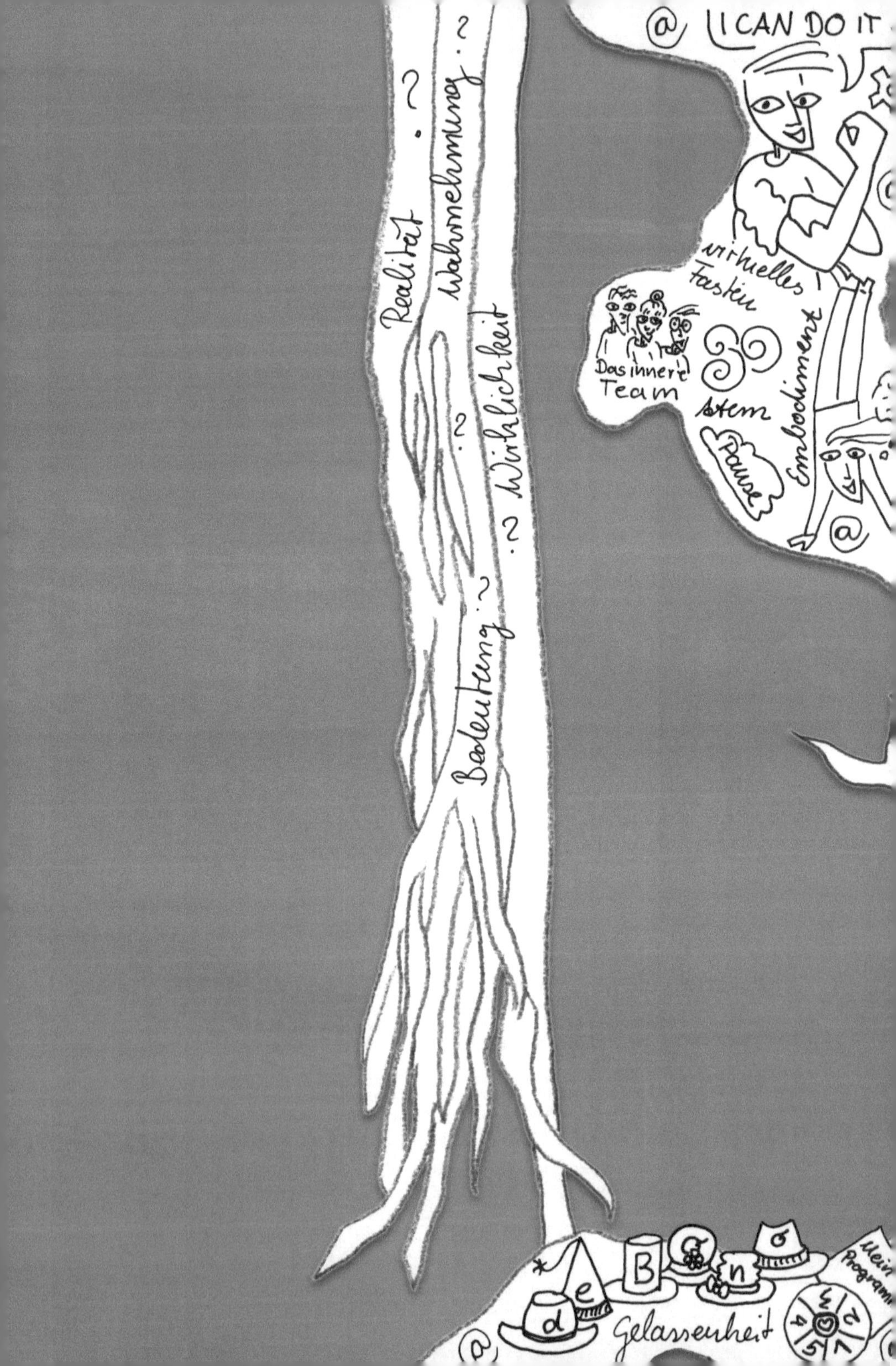

@ I CAN DO IT
Realität ?
Wahrnehmung ?
Wirklichkeit ?
Bedeutung ?
virtuelles Fasten
Das innere Team
Atem
Pause
Embodiment
@
Mein Program
Gelassenheit
@

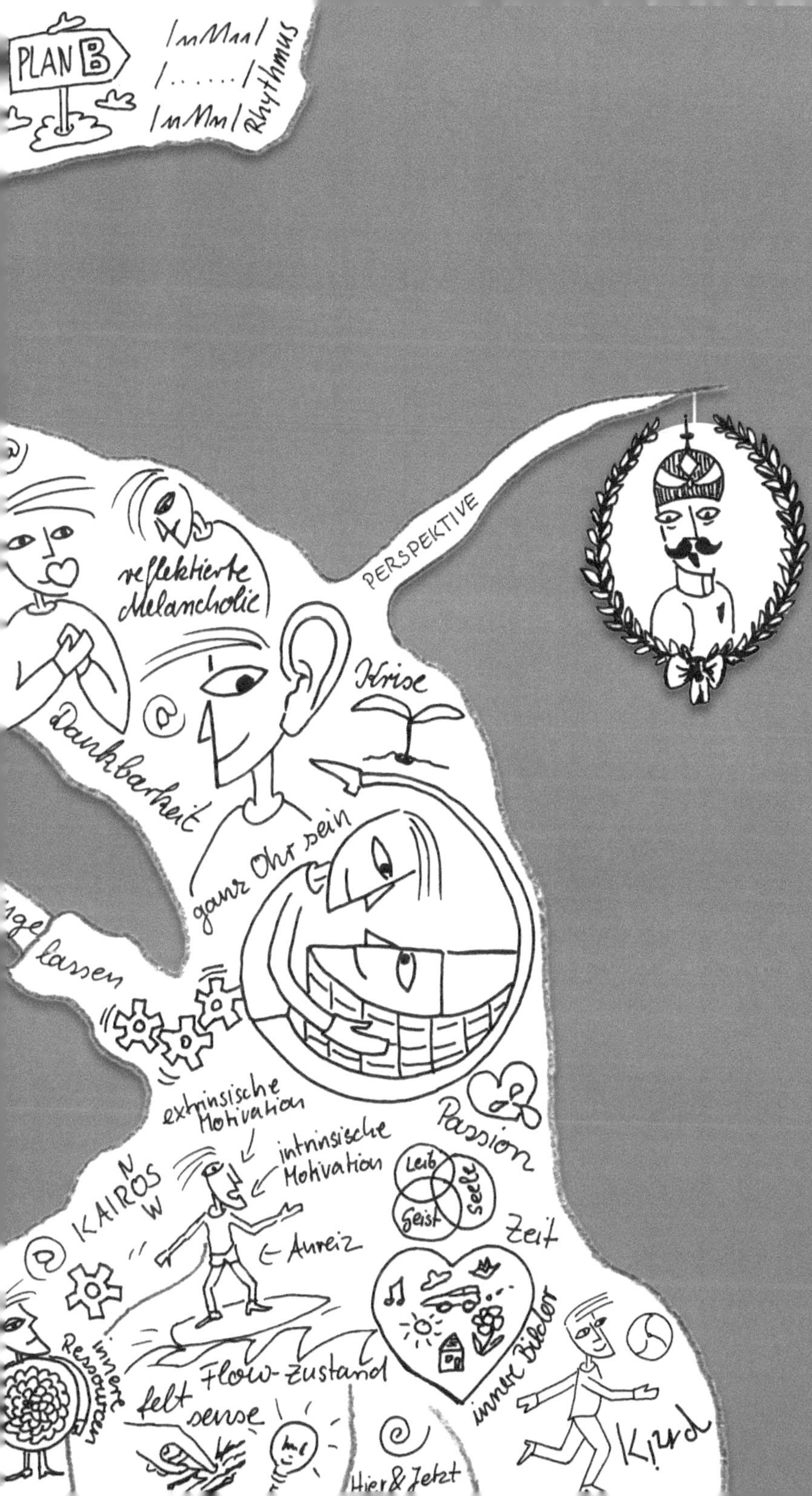

PLAN B

Rhythmus

reflektierte Melancholie

PERSPEKTIVE

Dankbarkeit

Krise

ganz Ohr sein

lassen

extrinsische Motivation

intrinsische Motivation

Passion

KAIROS

N

W

Leib

Seele

Geist

Anreiz

Zeit

innere Ressourcen

Flow-Zustand

innere Bilder

felt sense

Kind

Hier & Jetzt

DER STAMM

Aus den bisher angesprochenen Aspekten, die wir gewissermaßen als „Verwurzelungen" begreifen, formt sich – dem Aufbau dieses Buches folgend – nun inhaltlich der „Stamm" aus, welcher mit vertiefenden Thesen nach und nach Gestalt annehmen und naturgemäß an Umfang zunehmen wird.

Die Natur kennt keine Perfektion

Auch als produzierende, schaffende, kreative, geistige Menschen sind und bleiben wir Teil der Natur. Insofern ist das Bild des „Stammes" nicht nur eine Metapher für den Aufbau des Buches, sondern auch eine Analogie zum Menschsein. Unser Natur-Sein wird aber immer dann auf die Probe gestellt, wenn wir „funktionieren" müssen – wobei die Frage erlaubt sei, wer diese Zweckrationalität setzt und uns damit als Zahnrad in einem größeren Getriebe versteht. Denn was sonst noch zu tun ist, gewollt wird oder ebenfalls sein muss resp. müsste, wird ab diesem Moment in seiner Priorität verschoben. Wer also funktioniert, produziert, gestaltet und dabei Neues und bislang Ungedachtes hervorbringt, kennt auch jenen Moment, an dem nichts mehr zu „gehen" scheint, an dem die bisherigen Entwürfe, Skizzen und Modelle nicht zusammenpassen wollen.

Philosophisch-theologisch betrachtet bedeutet die „Krisis" jedoch nicht ein – in Mitteleuropa, speziell Deutschland – regelmäßig im Mund geführtes, negativ konnotiertes und – am liebsten – zu vermeidendes Ereignis. Doch wir sind als Menschen keine Maschinen.

Unsere ⇒ These lautet daher: Perfektion gibt es nicht! Nicht in der Natur und nicht im Leben! Denn perfekt bedeutet – bereits grammatikalisch – einen „abgeschlossen" Zustand. Etwas also, das so gut war, dass man es „abschließen" konnte.

Der Moment der Inspiration ist sicherlich eine durchweg positive und beglückende Erfahrung. Gleichzeitig – und das ist die ursprüngliche und natürliche Seite daran – geht diesem Moment die „Diastase" voraus, die in den meisten Interviews als tiefe Spannung des hin zum physischen und psychischen Leiden beschrieben wird. Insofern ist die Inspiration alles andere als ein „perfekter" Moment. Die „Passion" gehört also natürlicherweise zur **Inspiration** dazu.

Übertragen auf das Menschsein würde diese Definition aber bedeuten, stets und ständig hinter seinen eigenen Möglichkeiten hinterherlaufen zu müssen. Es wäre nicht mehr gesunder Ansporn, sondern krankhafter Ehrgeiz. Die Erziehung kennt dieses Mittel – Eltern wie Lehrer können es ausnutzen, ja missbrauchen. Und damit dem Kind seine ureigenen, subjektiven Möglichkeiten rauben, indem sie an diese Stelle hehre Ideale setzen. Insofern ist die Auseinandersetzung mit dem – vermeintlich – eigenen Perfektionsanspruch in der Regel auch eine Konfrontation mit der eigenen **Sozialisation** und **Lerngeschichte**. Eine Klientin erkannte dies im Perspektiven-Coaching so:

„Zwischen Optimierung und Perfektion liegt oft nur ein kleiner Spalt. Ich spüre ihn, bin aber immer wieder versucht ihn zu überqueren. Es passiert ganz wie von selbst. Mich mit meinem inneren Ratge-

ber zu konfrontieren, der mich dazu immer wieder überreden will, war ein guter erster Schritt. Ich habe gelernt, ihn auch mal abblitzen zu lassen. Doch er ist mächtig, weil es eine Stimme aus meiner nicht einfachen Kindheit mit einem recht dominanten Vater ist." (Beispiele für die Arbeit mit dem Inneren Team für Coaching und Selbstcoaching siehe in: Hanstein, 2018.)

Der Drang zur Perfektion ist das Gegenteil von Prozesshaftigkeit. Doch das Leben und das Arbeiten verläuft als **Prozess**. Und Prozesse verlaufen selten linear, doch eines steht fest: Sie haben immer einen Verlauf. Und gelegentlich geht die Kurve auch nach unten. Das nicht immer Berechenbare muss aber kein Grund für Angst sein. Angst ist vielmehr oft – wie der Volksmund weiß – ein „schlechter Ratgeber", weil sie – neurowissenschaftlich erwiesen – Blockaden im Gehirn auslöst. Und so kommt ein Teufelskreis in Gang. Wer sich – wie diese Klientin – aber vom Anspruch befreien kann, perfekt sein zu „müssen", der bekommt auch einen neuen Blick auf die „Krise": Die Krisis nämlich meint jenen Wendepunkt, an dem – woher auch immer – plötzlich Neues aufbricht: neue Ideen ebenso wie neue Kraft. Bei Veränderungsprozessen lässt sich beobachten, dass die meisten Change Prozesse am Punkt der – vermeintlichen – Krise abgebrochen werden (vgl. Hanstein, 2014). Die **Krisis** durchzuhalten – als Subjekt wie als Team – wird daher vorliegend als zentraler Aspekt einer spirituellen Kompetenz begriffen. Sie anzunehmen, vielleicht sogar zu erwarten, sich auf sie einzulassen und nicht mit Aktionismus zu überlagern, verspricht letztlich erst kreative Höchstleistungen. In der Sprache der Theologie jenen „Kairos", als jeweils einmalige Stimmigkeit zwischen Zeitpunkt und Thema. Die Kunst besteht – biblisch gesprochen – im Respekt vor dem „7. Tag" (hebr.: „Schabbat", Ruhetag) und darin, diesen jeweils für sich und seinen jeweiligen Prozess zu definieren.

Im Wort Spiritualität steckt das Wort Geist: **Spiritus**. Sich des „Geistes" bewusst zu sein, der einen lenkt, diesen aber auch von anderen Energien abgrenzen zu können, ist grundlegender Bestandteil spiritueller Kompetenz.

Als erste Übung in diesem Kapitel möchten wir Ihnen die → **Unterscheidung der Geister** vorstellen. Diese Bezeichnung mag vielleicht ein wenig „esoterisch" daherkommen. Doch sie bezieht sich auf den klassischen religiös-philosophischen Ansatz von Ignatius von Loyola. Er war der Begründer des Jesuitenordens und der ignatianischen Exerzitien (geistigen Übungen). Für die Anwendung dieser Technik erscheint es aber unerheblich, ob der Leser weltanschaulich die Glaubensgrundlagen des Jesuiten mitgehen kann. Ignatius hat vor allem – Jahrhunderte vor der „Geburt" der psychologischen Wissenschaft – erkannt, dass es verschiedene, oft sich widerstreitende „Geister" gibt, die den Menschen und seinen Willen in Bann ziehen können. Diese Geister muss man nicht personifizieren, sondern man kann sie ganz praktisch als innerpsychische gegenläufige Interessen verstehen. Denn jeder kennt es: die Unlust, an eine Aufgabe zu gehen, aber die Notwendigkeit dazu. Doch letztlich wird man nur Erfolg haben, wenn Wille und Pflichtgefühl mit Körper und Seele korrespondieren. Unsere Erfahrung lautet, es ist sinnvoll, zielführend und noch dazu beglückend, mit dem Leichten zu gehen. Doch dazu muss ich dies – bei der üblichen Mehrfachbelastung – erst einmal selbst wahrnehmen.

Knüpfen Sie bei dieser Übung an die Erfahrungen der Übungen 3 und 4 an. Nehmen Sie den Sitz ein, der Ihnen angenehm war. Ebenso atmen Sie so, wie es Ihnen leicht war. Bevor Sie sich auf Ihre Gefühle und inneren Bilder konzentrieren, wiederholen Sie kurz eine der ersten beiden Techniken. Konzentrieren Sie sich dann auf Ihren Atem. Und spüren Sie den Dingen nach, die Ihnen in letzter Zeit leicht von der Hand gegangen sind, die Ihnen auch Freude bereitet habe. Ihr Atem reagiert auf diese Leichtigkeit ebenso wie Ihre Haut. Schauen Sie mit einem inneren Auge auf Ihr Gesicht, spüren Sie die angenehme Spannung auf Ihrer Haut. Verweilen Sie so, genießen Sie diesen Zustand. Ihr Körper und Ihre Seele kennen ihn, archivieren ihn – für Sie abrufbar. Behalten Sie Kontakt zu dieser Erfahrung. Und gehen Sie in Gedanken nun zu den Dingen, die Sie in letzter Zeit beschwert und belastet haben. Sobald Sie an diese denken, spüren Sie es ebenso: an Ihrem Atem, an Oberflächenspannungen auf Ihrer Haut. Nehmen Sie all dies wahr, gehen Sie nicht auf Widerstand, bekämpfen Sie nichts.

Nehmen Sie nur wahr, ohne zu bewerten. Und atmen Sie tief. Lassen Sie das, was sich auf der Haut abgebildet und an Ihren Atem angelegt hat, fließen. Nicht gleich alles auf einmal, nur nach und nach. Atem für Atem. Spüren Sie, wie sich Bewegung einstellt, ein Fluss all dieser Gefühle und Empfindungen. Nehmen Sie auch wahr, wie Sie Meister dieses Flusses sind. Es sind nicht diese Gefühle, die Sie bestimmen. Sondern Sie haben es in Ihrer Hand, welchem Sie wann die Oberhand geben. Ihr Atem und die Seismographen Ihres Körpers unterstützen Sie dabei.

Nehmen Sie Abschied von den „Geistern", die Sie im Moment gar nicht gebrauchen können. Ihr Atem transportiert sie nach außen, weg vom Herzen, weg vom Bauch. Dort dürfen Sie auch bleiben, sie bedrohen Sie nicht. Sie sind (da), aber das ist in Ordnung. Konzentrieren Sie sich für heute nur darauf, was heute zu erledigen ist. Was leicht geht, was sich nach einem für Sie „guten Geist" anfühlt.

Menschen laufen weiter, funktionieren, wenn sie „unter Strom" sind. Tiefer liegende Muster werden wie auf Knopfdruck unbewusst abgerufen, Körper und Seele erinnern sich an die Situation und reagieren. Ein inneres Programm läuft nahezu automatisch ab. Um dieses zu erkennen und darauf Einfluss nehmen zu können, können Ihnen beide Bilder helfen: der „7. Tag" und die „Unterscheidung der Geister". Das erste erinnert Sie daran, dass Sie pausieren sollten. Denn die

Pause allein unterbricht innere Programme. Das zweite erinnert Sie daran, dass nicht alle „Geister" dieselbe Relevanz und Bedeutsamkeit für Sie haben. In jedem Fall gilt aber: Sie sind der Chef im Ring! Diese Thesen mögen einfach klingen. Doch wir wissen, dass die Arbeit gegen unliebsame Muster alles andere als einfach ist. Doch sie ist Ihnen möglich und diverse wissenschaftliche Ansätze machen Mut dazu. Einige, uns wichtige finden Sie im Folgenden.

Der Mensch: Geist-Leib-Seele-Wesen

Die Frage nach dem Wesen des Menschen ist – mindestens – so alt wie Philosophie und Religion. Insofern ließe sich hier leicht eine Kulturgeschichte des Menschen schreiben. Um aber bei der Fragestellung unseres Buches zu bleiben, wird ein praktischer Zugang mit aktuellen Ansätzen gewählt: In den 90er Jahren wurde von Maja Storch und Frank Krause an der Universität Zürich ein Selbstmanagement-Trainingsmodell aufgebaut, für das als theoretische Fundierung das heute breit anerkannte Züricher **Ressourcenmodell** (ZRM) entwickelt wurde (vgl. Storch/Krause, 2017). In Übereinstimmung mit Untersuchungen von Gerald Hüther legt dieser Ansatz einen neurobiologischen Ressourcenbegriff zugrunde: „Demnach gilt als **Ressource** alles, was wohladaptive neuronale Netze aktiviert und entsprechende Ziele fördert." (Storch, 2011, S. 129) Ausgehend von der Motivationspsychologie arbeitet das ZRM „mit einem neuartigen Zieltyp, den so genannten Haltungszielen", deren Besonderheit es ist, „nicht nur auf der bewusste(n) Ebene der Informationsverarbeitung" zu agieren, sondern „auch unbewusste Ebenen des psychischen Systems gezielt aktivieren" (ebd., S. 130) zu können. Neben den Theorien der Psychoanalytikerin Wilma Bucci (vgl. Bucci, 2002) sind die Erkenntnisse des Hirnforschers Antonio Damasio für diesen praktischen Ansatz grundlegend. Auf

Damasio lässt sich die These der **somatischen Marker** zurückführen. Darunter versteht er die Konservierung relevanter Erfahrungen im **emotionalen Erfahrungsgedächtnis**, das bei neu anstehenden Bewertungen und Entscheidungen aufgrund dieses Rückgriffs somatische Signale freisetzt. Damasio geht davon aus, dass die Wahrnehmung und Beachtung dieser somatischen Marker für eine authentische Entscheidung relevant sind (vgl. Damasio, 1994; vgl. Damasio, 2011). Daneben ist es vor allem der ganzheitliche Ansatz, der das Modell – im Kontext dieses Buches – interessant macht: Ähnlich wie die klassische Freud'sche Dreiteilung des psychischen Systems, entwickelte Wilma Bucci die ‚Multiple Code Theorie', die von drei verschiedenen **‚Informationscodes'** ausgeht, mit denen der Mensch Informationen aufnimmt, verarbeitet und weitergibt.

Brucci unterscheidet eine **vorsymbolische** – somatische – und eine **symbolische Ebene**. Die zweite differenziert sie zudem in: symbolisch-verbal und symbolisch-nonverbal, also eine Ebene der Worte und eine der Bilder (vgl. Brucci, 2002). Im vorsymbolischen Code findet die Informationsverarbeitung „unterhalb der Bewusstseinsschwelle" statt, und zwar „in motorischer, somatisch-viszerabler und sensorischer Form" (Storch, 2011, S. 131). Unbewusste Handlungen laufen auf dieser Ebene ebenso ab, wie die Wahrnehmung unserer Körperzustände und das affektive Reagieren auf Reize aus unserer Umwelt. Die Prozesse auf der vorsymbolischen Ebene vollziehen sich ohne Worte, auch ohne Bilder. Auf der Ebene der symbolischen Codes ist es in erster Linie die Sprache, die über Worte Informationen vermittelt. Daneben spielen **innere Bilder** eine große Rolle, die jedoch nicht auf den visuellen Bereich beschränkt sind, sondern ebenso „auditive, taktile, kinästhetische, gustatorische und olfaktorische" Bilder wie „innere Filme" (ebd.) – als Verdichtung dieser Sinneseindrücke – berücksichtigen. Bruccis Theorie geht davon aus, dass die drei Informationscodes in einem „referentiellen Prozess" miteinander verbunden sind, wobei Bilder den „Dreh- und Angelpunkt im Informationsfluss zwischen vorsymbolischen Codes und symbolisch verbalen Codes“ (ebd.) darstellen.

Was modellhaft einfach klingt – von der somatisch-unbewussten Ebene über die Welt der inneren Bilder in den sprachlichen Bereich zu gelangen – hat einen Haken: „Eine direkte Verbindung vom unbewussten vorsymbolischen System zum bewussten symbolisch-sprachlichen System besteht nicht.“ (ebd.) Daher muss ein „Übersetzungsprozess“ zwischen den verschiedenen Bereichen initiiert werden. Wenn es aber stimmt, dass „an jedem Wort (…) ein Bild und an jedem Bild (…) ein Gefühl“ buchstäblich anhängt, kann – anders herum – über die Stimulierung auf der Körperebene „implizites, unbewusstes Wissen (…) aktiviert“ werden, „das dann der Kognition dabei hilft, eine Lösung zu finden“ (ebd.). Dieser Ansatz spiegelt den Paradigmenwechsel in der Hirnforschung wider: Nicht das Gehirn verleiht den Dingen über eine begriffliche Setzung ihre Bedeutung, sondern es ist davon auszugehen, „dass wir immer, wenn wir Sprache (…) benutzen, das ursprüngliche Erleben (…) auch körperlich simulieren“ (perceptual simulation). Dabei kann, nach Storch, bereits ein einziges Wort „ein komplettes inneres Theater“ (ebd.) auslösen. Für unseren Kontext bedeutet diese Erkenntnis, dass sich Gedanken und Stimmungen, Vorstellungen und Emotionen im Idealfall an Bilder anhängen lassen oder innere Bilder wachrufen können, die ihrerseits wiederum mit unseren – positiven – Emotionen und damit mit unserer emotionalen Erfahrungswelt – und somit letztlich mit unseren ureigenen inneren Ressourcen – verbunden sind.

Als weitere Methode in diesem Buch möchten wir die → **Brunnenübung** vorstellen. Dabei kann der „Brunnen“ eine Metapher Ihrer Seele sein. Wir spielen mit diesem Bild auf die Erfahrung des Autors Thomas Mann (in seinem Buch „Joseph und seine Brüder“) an: „Tief ist der Brunnen der Vergangenheit", so schreibt dieser im Prolog zu seiner Tetralogie. Vieles von dem, was an Prägung in uns ist, hat zu unbewussten Mustern geführt. Wenn ein bereits erwachsener Sohn zum Beispiel ähnlich wie als Kind auf die mürrischen Bemerkungen seines Vaters reagiert. Oder wenn eine ebenfalls seit langer Zeit auf eigenen Beinen stehende Tochter sich jedes Mal wie ein Putzteufel ins Zeug legt, wenn sie von ihrer Mutter Besuch bekommt. Gleichzeitig brauchen wir dieses ureigene „Brunnenwasser", um uns auf alle Herausforderungen authentisch verhalten zu können. Stellen Sie sich nun vor: Das Wasser ist durch die ständig zu erledigenden Aufgaben völlig durchmischt und aufgewühlt, auch die obere Wasserfläche kommt nie zur Ruhe. Wie fühlt sich dieses Bild für Sie an? Entspricht es Ihrem Seelenzustand? Welchen „Orkanwert" (von 0–10) würden Sie Ihrem Brunnen geben?

Entwerfen Sie nun ein Wunschbild: Bei welchem Wert würde es sich richtig gut anfühlen? Es wird sicher nie längere Zeiten geben, in denen die „Wasseroberfläche" absolut ruhig wäre (das wäre wohl auch langweilig und wenig inspirierend). Aber wenn Sie ab und zu darauf achten, Ihr eigenes Spiegelbild auf der Wasseroberfläche noch zu sehen, dann wissen Sie auch, dass sich die Dinge in Ihnen buchstäblich gesetzt haben, dass sie ebenfalls zur Ruhe gekommen sind. Denn wenn Sie klares Wasser von der Oberfläche schöpfen wollen, wollen Sie nicht alle Partikel aus der Tiefe dabeihaben. So verhält es sich auch mit der Präsenz Ihres Geistes und dem klaren Auftreten Ihres Körpers: Mit ein wenig Übung wird so nicht nur Ihr „Seelenbrunnen" regelmäßig zur Ruhe kommen, sondern wird auch Ihr Sein, Wollen und Werden deutlicher erkennbar.

Dass unser Körper auf unser Denken reagiert, weiß jeder, der nachts beim Grübeln wach liegt, weil die erwachsen gewordenen Kinder nicht wie vereinbart heimkommen. Grundlage dafür bildet das lernpsychologische Reiz-Reaktions-Schema, wonach Ereignisse auf den Geist einwirken und diesen zu einer somatischen Reaktion veranlassen. Das Konzept **Embodiment** – wörtlich: die „Verkörperung" der Gefühls- und Gedankenwelt – jedoch kehrt, aufgrund zahlreicher psychologischer Experimente (vgl. Storch, 2011), die Blickrichtung diametral um, wenn stattdessen danach gefragt wird, wie „eine Veränderung des Körperzustandes auch das beeinflusst, was in unserem Gehirn passiert" (Hüther, 2011, S. 75). Wolfgang Tschacher beschreibt Embodiment so, „dass der Geist (also: Verstand, Denken, das kognitive System, die Psyche) mitsamt seinem Organ, dem Gehirn, immer in Bezug zum gesamten Körper steht." Das kognitive System wiederum sei, zusammen mit dem Körper, „in die restliche Umwelt eingebettet". Dabei gehe Embodiment davon aus, „dass ohne diese zweifache Einbettung der Geist (…) nicht intelligent arbeiten kann" (Tschacher, 2011, S. 15). Gerald Hüther erklärt diesen Ansatz neurobiologisch mit einer „wechselseitigen Abhängigkeit von körperlicher und psychischer Entwicklung", was dazu führe, dass jede einzelne Zelle unseres Körpers „in ihrem Zellkern gespeichertes Wissen" besitze, „auf das sie zurückgreift, wenn sie in Situationen gerät, die sie zu bestimmten Antworten zwingen" (Hüther, 2011, S. 82). Und so reagiert eben nicht – ausschließlich und einseitig – der Körper auf den Geist, sondern dieser „zelluläre Schatz an Erfahrungswissen" (ebd.) kann als eine eigene handlungsfähige Größe im System Geist-Leib-Psyche angesehen werden. Ebenso reagiert die Psyche auf den Leib: „Alles, was im Körper passiert, führt, wenn es über längere Zeit fortbesteht, zu entsprechenden Anpassungen der (…) neuronalen Regelwerke und synaptischen Verbindungen« (ebd.). Hüther geht davon aus, dass es dabei zum „Aufbau eines charakteristischen Reaktions- oder handlungsleitenden Erregungsmusters" kommt, welches bei entsprechend intensiver Erregung „auch limbische und hypothalamische Hirnbereiche erfasst" (ebd.). Die Folge sind einsetzende Notfallreaktionen und neuroendokrine Stressreaktionen (vgl. Abb., ebd.).

Als Anwendungsbeispiel dieser Theorie ist (nicht nur) Designern der → **ikonische Tischkicker** (oder wahlweise auch das Bällebad) in den Werbeagenturen bekannt: Hier geht es darum, im Modus des Spiels eine Zerstreuung herzustellen. Es ist jedoch eine körperliche Programmatik, die auf das Denken wirkt, über die körperliche Entspannung eine intellektuelle Spannung wiederzuentdecken. Durch die Ablenkung des Spiels wird der Bewusstseinsfokus weg vom aktuellen, kognitiven Problem hin zum Spiel gelenkt. In dieser Zeit arbeitet aber das Unterbewusstsein weiter und profitiert von den positiven Emotionen. Insofern bietet uns die Theorie vom Zusammenhang von Leib, Geist und Seele die Gestaltungsaufgabe an, wie wir diesen Zusammenhang im beruflichen Alltag nutzbar machen können: Variieren Sie so oft wie möglich Ihre Körperhaltung, damit sich eine große Varianz Ihrer geistigen Haltungen ergibt.

Wir alle sind von Kindheit an mit Glaubenssätzen aufgewachsen. To-do's, die wir gesagt bekamen und – in der Regel, zumindest bis zu einem gewissen Alter – auch mehr oder weniger unreflektiert übernommen haben. Und auch wenn man diese Appelle weit hinter sich wähnt – sie sind verinnerlicht, ob man will oder nicht. Benita Cantieni verdeutlicht, dass gewisse **Glaubenssätze** – wie: „Nur was anstrengt, hat Wert. Ohne Fleiß, kein(en) Preis. Erfolg dem Tüchtigen. Wer gut sein will, muss sich anstrengen. Das Leben ist ein Jammertal …" – regelrecht „in unseren Knochen stecken" (Cantieni, 2011, S. 104). Durch solche verinnerlichten Glaubenssätze wie durch entsprechende Haltungen in der Erziehung, auf die Heranwachsende durch künstliche Nachahmung anstatt durch natürliches körperliches Ausprobieren antworten, wenn ihr Verhalten fortwährend gemaßregelt wird, würden Menschen „die natürliche Leichtigkeit der Haltung und Bewegung" verlieren. Die grundlegende Haltung aller Wirbeltiere, „entspannt aufgespannt" (ebd., S. 101) zu sein, würde dann verschwinden. Cantieni zeigt auf, dass der Verlust der Neutralhaltung, aus der heraus der Körper zu jeder Bewegung und zu jedem Gefühl fähig ist, durch „gewohnheitsmäßige Veränderung (…) mit den Jahren zu Veränderungen am Skelett“ führt, „und zwar in einer Kettenreaktion durch den ganzen Körper“ (ebd., S. 102–103). Aufgrund der Wechselwirkung, die Hüther betont, wird durch den Verbleib in einer bestimmten Haltung dem Körper durch das Konservieren der entsprechenden Emotion die Fähigkeit genommen, spontan, affektiv und mit emotionaler Wirkung ein anderes Gefühl zu evozieren, schon gar nicht somatisch adäquat abzubilden. So erschreckend dies klingen mag, so gilt aber auch hier, ganz praktisch, und so lange kein Eingriff am Bewegungsapparat vorliegt: „Was durch Fehlhaltung gemacht werden kann, kann durch ‚Guthaltung‘ umgebaut werden (…) Denn der ursprüngliche Bauplan bleibt hinter den hängenden Schultern, den blockierten Rippen, dem verschobenen Becken und den platten Füßen lebenslang erhalten. Er muss nur aus dem Gedächtnis geholt und reanimiert werden.“ (ebd., S. 104)

Thermographisch lässt sich Embodiment buchstäblich ins Bild setzen. Cantieni führt dies an sechs Körperzuständen vor, die als typische **somatische Ausdrucksmuster** charakterisiert werden: „resigniert/depressiv“ – „unsicher/schüchtern“ – „kontrolliert/steif“ – „angepasst/entgegenkommend“ – „rigide/aufgeplustert“ – „cholerisch/misstrauisch“ (ebd., vgl. Abb.). Ausgehend von diesen Negativbeispielen zeigt das Konzept vielfache Möglichkeiten auf, Embodiment für die eigene mentale Praxis nutzbar zu machen (vgl. die praktischen Körperübungen in: Cantieni, 2011, sowie die ‚Checkliste für den erlebnisbereiten Körper‘ (ebd.); siehe weitere Beispiele mit wissenschaftlicher Reflexion in: Hüther, 2006; vgl. weiterführend auch: Hilbrecht, 2010).

Als weitere Übung möchten wir, zur Anwendung des soeben Ausgeführten, die Meditation → **„Entspannt aufgespannt“** vorstellen. Schalten Sie dazu Ihren Rechner aus oder nehmen Sie am besten einen anderen Platz ein. Sie können gern sitzenbleiben, so dass Sie diese Übung später auch vor dem Rechner praktizieren können. Richten Sie sich zuerst auf, indem Sie Ihr Gesäß möglichst weit nach hinten schieben. Nehmen Sie wahr, was bereits diese Bewegung in Ihrer Rückenmuskulatur auslöst. Lassen Sie Ihre Schultern leicht herabhängen. Atmen Sie wie immer langsam und bewusst und schieben Sie mit der Atmung nun Ihren Kopf so nach hinten, als ob auf Ihrer Kopfhaut im letzten Drittel eine unsichtbare Schnur in Richtung Decke wäre. Sie hält Ihren Kopf aufrecht, verändert etwas in Ihrem Nacken und vielleicht auch an Ihrer Stirn. Ihr Atem ist ruhig und gleichmäßig und Sie spüren Spannungen im Stirn- und/oder Nackenbereich. Konzentrieren Sie sich beim Atmen nun auf eine dieser Stellen. Stellen Sie sich vor, dass Sie Ihren Atem an diese Stelle schicken. Und mit dem Ausatmen fließt die Spannung nach und nach ab. Atmen Sie ruhig und gleichmäßig. Achten Sie auf den „Faden" über Ihrem Kopf, lassen Sie Ihre Schultern leicht herabhängen. Sie haben nun schon hinreichend Übung. Meditieren Sie am Ende der Übung – Silbe für Silbe – das „entspannt aufgespannt", spüren Sie bewusst das Gefühl, das durch diese Erfahrung Ihrem Körper bleibt. Ebenso bleibt auch der „Faden" über Ihnen. Sie dürfen sich beim Arbeiten am Rechner zwischendrin immer mal wieder an ihn erinnern. Wir würden uns freuen, wenn Sie diese kleine praktische „Zwischendurch-Übung" in Ihren Alltag am Rechner einbauen würden. Sie sensibilisiert und trainiert Ihr ursprüngliches „Muskelwissen".

- **Unsere ⇒ These lautet**, aufgrund dieser Erkenntnisse und eigenen Erfahrungen: Je mehr Leib, Geist und Seele im Einklang sind, umso authentischer und damit echter – weil bei sich selbst – können Sie in einer konkreten Situation entscheiden.

Achten Sie auf Ihre somatischen Marker und überspielen Sie sie nicht. Ihr Körper ist wie ein Kind, es zeigt, was es braucht. Freilich, man kann es überhören. Dann lernen Sie es neu, es ist nie zu spät.

Selbstmanagement: Handling Ihres inneren Dialogs

Der Begriff Selbstmanagement ist mittlerweile beinahe zu einem Containerbegriff avanciert – leider, muss man sagen. Die meisten diesbezüglichen Publikationen ranken um den Aspekt des äußeren Selbstmanagements. Auch hier sollen Fragen wie Zeit- und Selbstorganisation nicht außer Acht gelassen werden. Allerdings legen wir den Schwerpunkt – aus Überzeugung und aus vielen Jahren eigener Erfahrung – auf das **innere Selbstmanagement** (weiterführend Hanstein, 2018). Dabei orientieren wir uns, neben dem Klassiker Friedemann Schulz von Thun, unter anderem an W. Timothy Gallwey. Dieser hat in seinem lesenswerten Buch mit dem Titel „Tennis – Das innere Spiel. Durch entspannte Konzentration zur Bestleistung“ (Gallwey, 2012) die These unterstrichen, dass es neben dem „äußeren Spiel“, das sozialen Regeln folge und sichtbar sei, noch ein „inneres Spiel“ gibt.

- **Unsere ⇒ These lautet:** Je intensiver Sie in Kontakt zu Ihrem „Inneren Team“ sind, umso bewusster und authentischer können Sie handeln. Ja, umso mehr handeln Sie anstatt sich zu verhalten. Und umso größer wird Ihre Zufriedenheit sein. Charakteristisch wird diese Theorie für die **„kreative Persönlichkeit“** (Csíkszentmihályi, 1996), die sich die innere Heterogenität der scheinbar gegensätzlichen Persönlichkeitsmerkmale zu Nutze macht. Dadurch ergeben sich größere Denk- und Handlungsmöglichkeiten (vgl. ebd.). Als Kreativitätsmethode ist dieser Zusammenhang beispielhaft in den 6-Hüten nach Edward de Bono operationalisiert: Jedes Gruppenmitglied bekommt eine dieser Rollen zugewiesen, etwa die des Skeptikers oder des Emotionalen. Scheuen Sie sich also nicht, von „dem Kind in mir“ zu sprechen.

Das Konzept des Inneren Teams geht auf Schulz von Thun zurück. Es besagt, dass es eine „innere Pluralität des Menschen" gibt, also genau genommen „viele (...), die in uns mit Sitz und Stimme vertreten sind" und die „miteinander, gegeneinander und durcheinander arbeiten" (Schulz von Thun, 1998, S. 18). Dadurch stellt sich neu die Frage nach dem „Ich" des Menschen, die Schulz von Thun systemisch mit dem inneren „Teamchef" beantwortet, der sich jeweils subjektiv herausgebildet hat. Dieser muss die Aufgabe meistern, die verschiedenen Stimmen zu einem Team – eben jenem „inneren Team" – zusammenzuführen. Analog zu Arbeitsteams muss sich diese Funktion der inneren Führung besonders in Konflikten bewähren. Schulz von Thun spricht hier vom „inneren Konfliktmanagement" und „inneren Teamkonflikten". Im Inneren-Team-Modell hat Schulz von Thun u. a. die Folgen ungelöster Teamkonflikte untersucht. Aufgrund dieser Beobachtungen entwirft er Szenen der „inneren Seelen-Bühne". Dem Klienten kommt dabei die Aufgabe zu, die inneren Mitspieler zu identifizieren und ihnen einen jeweiligen Platz auf der Bühne zuzuweisen. Denn wie im realen Leben kann es auch auf der inneren Bühne – warum auch immer – zu Fehlbesetzungen gekommen sein. Im Konflikt-Coaching optimiert der Klient seine Bühne oder er stellt Zielbilder. Diese Aufstellungen werden visualisiert. Schulz von Thun baut diese „Mannschaftsaufstellungen" zudem auf den jeweiligen systemischen Kontext hin aus, in den hinein die Situation eingebunden ist. Neben der Berücksichtigung des Kontextes findet im Modell vom inneren Team die Situationslehre Anwendung. Schulz von Thun spricht hier vom Konzept der **Stimmigkeit**. Hierunter versteht er eine „doppelte Entsprechung mit mir selbst und mit dem Gehalt der Situation". Das Ideal besteht im Stimmig-Sein, „Spielarten des Misslingens stimmiger Kommunikation" sind das „Daneben", das „Angepasst" und das „Verquer" (ebd., S. 306–307). Das Modell dient auf vielfältige Weise dazu, kommunikative Dissonanzen und innere Konflikte zu beleuchten und veränderte Positionierungen vorzunehmen. Insofern ist es auch für die vielfach noch unerforschte Komplexität der virtuellen Welt ein gewinnbringender Ansatz.

Doch nicht nur das Wissen um und das Handling mit den einzelnen Rollen des inneren Teams sind für ein gelungenes inneres Selbstmanagement entscheidend, sondern auch der Aspekt der Zeit. Denn Stimmigkeit hat auch immer etwas mit dem jeweils stimmigen Moment („Kairos") zu tun. Der Schreiber des alttestamentlichen Buches Kohelet, auch als Prediger bekannt, hielt vor circa 3000 Jahren fest: *„Ein jegliches hat seine Zeit, und alles Vorhaben unter dem Himmel hat seine Stunde: geboren werden hat seine Zeit, sterben hat seine Zeit; pflanzen hat seine Zeit, ausreißen, was gepflanzt ist, hat seine Zeit; töten hat seine Zeit, heilen hat seine Zeit; abbrechen hat seine Zeit, bauen hat seine Zeit; weinen hat seine Zeit, lachen hat seine Zeit; klagen hat seine Zeit, tanzen hat seine Zeit; Steine wegwerfen hat seine Zeit, Steine sammeln hat seine Zeit; herzen hat seine Zeit, aufhören zu herzen hat seine Zeit; suchen hat seine Zeit, verlieren hat seine Zeit; behalten hat seine Zeit, wegwerfen hat seine Zeit; zerreißen hat seine Zeit, zunähen hat seine Zeit; schweigen hat seine Zeit, reden hat seine Zeit; lieben hat seine Zeit, hassen hat seine Zeit; Streit hat seine Zeit, Friede hat seine Zeit."* (Die Bibel, Buch Kohelet/Prediger, Kap. 3) Auch wenn wir als (post-)moderne Menschen – so denken wir doch in der Regel – mehr Einfluss auf den jeweiligen Zeitpunkt für ein spezielles Tun oder Lassen haben, so kennen auch wir – bereits als Kinder – das grundlegende Bedürfnis nach einer zeitlichen Strukturierung. Denn sie verleiht den Dingen Ordnung, Form und Gestalt. Sie gibt Verlässlichkeit, besonders auch für andere, um uns bzw. unser Tun und Lassen adäquat einschätzen zu können.

Als nächste Übung möchten wir Ihnen den → **Rhythmus** als natürliches Prinzip vorstellen. Der folgende Vorschlag ist keine abgeschlossen Übung, mehr ein Impuls zum eigenen Nachdenken: Denn der Rhythmus ist nicht nur eine Möglichkeit, Zeit zu strukturieren. Er steht auch insgesamt als uns Menschen innewohnendes natürliches Prinzip: Der 24h-Rhythmus als solcher stammt vom Tag-Nacht-Wechsel, an dessen Länge jede einzelne Zelle unseres Körpers gebunden ist. Interessanterweise ist auch der Wochenrhythmus eine Dauer, die in den Zellbiologie eine Rolle spielt. Allein deswegen macht die 7-tägige Arbeitswoche Sinn. Gleichzeitig können wir den Gedanken der natürlichen Rhythmen auch weiter spannen: Eine bewusste Gestaltung von aktiven und passiven Phasen, etwa Wachsein und Schlaf, Energieaufnahme und Energieverbrauch kann dabei konkret z. B. in das Prinzip des Intervall-Fastens übertragen werden: Wir geben dem Körper acht Stunden Zeit, um Nahrung aufzunehmen und das Zweifache, um diese zu verdauen. Diesen Gedanken aufgreifend, kann dies auch übertragen auf den „Stoffwechsel" an digitaler Information gelten: Wäre es natürlich, sich eine bewusste Zeit gegenüber neuen Informationen asketisch zu verhalten, um daraufhin umso wacher Informationen zu verarbeiten? Ist nicht auch die Mittagszeit eine natürliche Zäsur, die den Tag in zwei Hälften teilt und uns einlädt, das Ergangene des Vormittags zu reflektieren und nach einer so verstandenen Mittagspause mit neuer Kraft in die zweite Hälfte des Tages zu starten? Welche Rhythmen fallen Ihnen sonst ein, diese aus der Natur auf die Gestaltung ihrer → **Existenziale** übertragen können?

Murphy ist immer mit dabei

Vielleicht kennen Sie auch das Phänomen, das gemeinhin als **„murphy's law"** bezeichnet wird. Die Waschmaschine gibt kurz vor dem Urlaub den Geist auf – und Sie wissen, das ist nicht alles. Ihr Kind kommt mit einer blutigen Nase von der Schule heim und Sie sind froh, wenn der Tag ohne weitere Überraschungen zu Ende geht. Der US-amerikanische Ingenieur Edward Murphy wird nach seiner Teilnahme am US Air Force Raketenprogramm mit dem legendären Satz zitiert: „Anything that can go wrong will go wrong". Murphy befasste sich mit der mathematischen Wahrscheinlichkeit von Fehlerquoten in komplexen Systemen und oft wurde dieses „Gesetz" so ausgelegt, dass menschliche Schwächen für dieses Potenzieren des Unvorhersehbaren verantwortlich seien. Nach einigen Jahren in der virtuellen Lehre, im virtuellen Coaching und in der virtuellen Dozierendenschulung können wir feststellen, dass die Mehrzahl aller Fehlerquellen *nicht* beim Menschen zu suchen sind: Die Studierenden wie die Lehrenden sind bestens vorbereitet und präpariert, doch der Rückhall des Tons macht zu schaffen – und behindert die Unterrichtsqualität zusehends. Oder eine Arbeitsgruppe hat ihr Whiteboard gründlich abgespeichert, es lässt sich nun aber nicht mehr finden. Wer in virtuellen Räumen in Vorlesungen, Tutorien, Schulungen, Coachings oder Meetings unterwegs ist, wird uns sicher beipflichten.

Wer die ersten Male dabei ist, ist leicht daran erkennbar, dass er in aller Regel sehr pünktlich anwesend ist, die Technik im Vorfeld gründlichst eingestellt hat – und sich dann auch über das Funktionieren freut. Bis, ja bis zu dem Punkt, an dem – und er wird kommen, Murphy lässt grüßen – dies oder jenes ausfällt. Es kann sein, derjenige hat den ganzen Abend aufmerksam zugehört, sich kommunikativ eingebracht, am Whiteboard Ideen mit entworfen. Und dann kommt sein „Auftritt" – und … aus: Man verstehe ihn nicht, da sei so ein Rauschen, ob er auch den Ton an habe … bekommt er gerade noch mit … Bis er sich verzweifelt vom System abmeldet, um sich – der Klassiker – neu einzuloggen.

Ob als Lehrender, Lernender, Coach oder Klient, Gesprächsführer oder Teammitglied: allen geht es hier gleich, dem einen mehr, dem anderen weniger (und wieder andere würden es so vielleicht nicht zugeben). Gerade in den ersten virtuellen Stunden und Sitzungen wird viel (bis die meiste) Energie für die technischen Rahmenbedingungen, ihre

Bereitstellung und – hoffentlich geht alles gut … – ihre weitere Gewährleistung aufgewendet. Verglichen mit dem analogen/physischen Raum existieren auch weniger alternative Möglichkeiten. Denn wenn die Verbindung zum Netz unterbrochen wird, nützt auch die beste Powerpoint-Präsentation nichts mehr. Gleichzeitig konnten wir in unserer Begleitung beobachten, dass es gerade die bewährten, gestandenen Kollegen der herkömmlichen Lehre sind, die trotzdem gekonnt improvisieren.

- **Unsere ⇒ These lautet** daher – an dieser Stelle als zweifache These: Das Virtuelle/Digitale ersetzt nicht das Analoge/Physische, sondern dort gesammelte Erfahrungen sind ein wesentliches Fundament in der Bewältigung virtueller Herausforderungen. Und: Murphy's Law fordert zu einer dreifachen Vorbereitung heraus, ist an sich jedoch eine Entlastung im mentalen Sinn.

Die Vorbereitung bedeutet, immer einen „Plan B" parat zu haben, zugleich aber zu wissen, dass er eventuell ebenfalls nicht zum Einsatz kommen wird. Denn … Sie wissen schon: Murhpy lässt grüßen. Und was man auch als ausgebildeter Lehrer – der sich durch tabellierte Stoffverteilungs- und kleinschrittige Stundenverlaufspläne quälen musste – erst nach Jahren des Freischwimmens versteht – dann aber durchaus genießt –, gilt für die Lehre im virtuellen Kontext umso mehr: Eine gelungene Improvisation ist die hohe Schule der – in unserem Lehrkontext – didaktisch-methodischen Klaviatur. Allerdings setzt dies die Haltung voraus, nichts aber auch gar nichts Minderwertiges in der **Improvisation** zu sehen. Denn was ist einfacher: ein paar gut „einstudierte" Sätze in einem Theaterstück laut aufzusagen oder beim Improvisationstheater spontan und schlagfertig zu sein? Auch Theatersport kann man lernen – und genießen. Wie bei allem, ist es eine Frage der Übung – und der Lust daran. Die Herausforderung liegt in der Offenheit der Situation, so dass es einem die „Sprache verschlägt" – auch hiervon weiß der Volksmund wieder ein Lied zu singen. Doch, mal ganz ehrlich, offen ist doch das Leben an sich. Insofern können Sie unmöglich für alle denkbaren Momente passgenaue Lösungen haben. Doch alle Situationen der Vergangenheit, von denen Sie nicht wissen konnten, dass Sie spontan auf sie zukamen, wurden von Ihnen – zugegebenermaßen mal mehr, mal weniger – gemeistert. Anstatt also das Unmögliche zu versuchen, richten Sie Ihren Fokus auf das, was „lief":

> Als Übung möchten wir Ihnen den gedanklichen Impuls geben, den Plan B „an Bord" zu haben: Je komplexer die Technologie ist, desto mehr unplanbare Situationen erleben wir. Umso wichtiger ist, sich während der → **Improvisation** der eigenen Bedeutsamkeit im Sinne des oben vorgestellten „Existenzials" gewahr zu werden. Das kann beispielsweise der Projektverlauf sein und die Vergewisserung darüber, warum der bevorstehende Schritt bedeutsam ist (oder auch nicht!). So kann es gelingen, gegenüber diesen schwer planbaren Situationen trotzdem nah am Wesenskern der Arbeit und ihrer Bedeutsamkeit zu sein. Eine → Idee im Sinne der Bedeutsamkeit zu haben, stärkt die Präsenzerfahrung gegenüber Ihrer Umwelt. Das wiederum kann Sie offener machen, eine gelingende Improvisation „von innen" zu gestalten.

Was Murphy im Blick auf komplexe Systeme erkannte, fassen Philosophie und Theologie seit jeher mit dem Aspekt der **Kontingenz**. Dieser ist in der Neuzeit auch in die Sozialwissenschaften eingeflossen, Niklas Luhmann griff den Gedanken zum Beispiel in seiner Systemtheorie auf. Kontingent ist das Mögliche, auch das Zufällige, das sich schicksalhaft – oder je nach Glaubensrichtung wie auch immer – ereignet. Das vor allem nicht vorhersehbar, nicht planbar ist und sich durch keinerlei Grund-Folge-Logik erschließen lässt. In den Kulturen des Alten Orients und damit besonders auch den Völkern und Stämmen des Alten Testaments ging man vom sogenannten „Tun-Ergehen-

Zusammenhang" (Klaus Koch) aus. Es musste demnach einen Grund im eigenen Tun (oder Unterlassen) geben, weshalb dies oder jenes geschieht. Der Nachteil dieses Ansatzes besteht darin, dass zum Beispiel auch Krankheiten oder Behinderungen als Ergebnis einer Schuld (oder Sünde) betrachtet wurden – mit entsprechenden sozialen Folgen. In der Moderne findet sich dieses Denken im Calvinismus wieder. Denn hier ist der ökonomische Erfolg eines Menschen Ausdruck seiner intensiven Gottesbeziehung und Frömmigkeit. Wem Gott gewogen ist, den belohnt er mit den Früchten seiner Arbeit, heißt es dort. Doch offenbar blieb – Gott sei Dank, könnte man sagen – ein Rest an Kontingenz, an Unerklärbarem, so dass dieser Gedanke nicht gänzlich in religiösen Absonderlichkeiten aufgegangen ist. Und so wurde vor einigen Jahrzehnten die Religion an sich als „Kontingenzbewältigungspraxis" (Hermann Lübbe) bezeichnet. Denn in ihr ist es möglich, das Kontingente an eine „letzte Ursache ohne Ursache" (Thomas von Aquin) rückzubinden und sich damit vom Zwang nach Erklärungen zu befreien. Die Religion bietet zudem Rituale zum Umgang mit Kontingenzerfahrungen, was an gottesdienstlichen Formen für alle sogenannten „Knotenpunkte" des Lebens – Geburt, Hochzeit, Trauer und Tod … – zu sehen ist.

- **Unsere ⇒ These lautet**, hier als dritte Teilthese: Für das Leben und Arbeiten im virtuellen Raum braucht es eine besondere Haltung der Kontingenzoffenheit.

Schaffen heißt nicht machen

Die altgriechische Philosophie kannte drei Zugänge zur Wirklichkeit: Die Theorie, die Praxis und die Poēsis. Diese Erkenntnis mag banal klingen, allerdings liegt dahinter ein anderes Verständnis als wir beim

Hören der Begriffe vielleicht meinen. Der Theoretiker schaut auf die Dinge, er ist ihnen überlegen, da er von der Feldherrenperspektive – die aber auch heute in komplexen Problemlagen noch sinnvoll ist – buchstäblich auf sie herabschaut. Was im Zuge der agrarischen und handwerklichen Wirtschaftszweige zum praktischen Tun geworden – um nicht zu sagen herabgestuft worden – ist, verstellt aber den Blick darauf, was unter „Praxis" wirklich gemeint ist. Denn das handwerkliche Fertigen wie das industrielle Herstellen ist nach diesem Schema keine Praxis, es ist Poēsis. Hier zählt nicht nur das Produkt, hier zählt die Leistung. Poēsis mündet in ein quantifizierbares Ergebnis. Was die alten Griechen indes unter Praxis verstanden, ist auch Gestaltung, jedoch nicht rein physisches Schaffen. Es ist – in einem weitergehenden Sinn – die Gestaltung von Wirklichkeit schlechthin. Und insofern ist diese klassische Unterscheidung für unsere Fragestellung auch sehr interessant. Wo im Lehr- und Lernbetrieb – hier wird ganz bewusst dieser Begriff gewählt um anzudeuten, wie tief das produktorientierte Poēsis-Verständnis auch in Schule und Hochschule verbreitet ist – lernförderliche Wirklichkeiten geschaffen werden, da ereignet sich Praxis. Diese Dimension ist freilich ungleich mehrdimensionaler, knüpft an materiellen Gegebenheiten ebenso wie an sozialen, mentalen und eben auch spirituellen Kompetenzen an.

In einer Kolumne mit dem Titel „Vom Schaffertum befreit" berichtet einer der Autoren dieses Buches, wie er von jetzt auf gleich in die Übernahme eines Gottesdienstes „geschlittert" ist. Das Wort trifft es ganz gut, denn der verantwortliche Zelebrant konnte wegen Blitzeis nicht kommen. Es war eine besondere thematische Veranstaltung mit verschiedenen Beiträgen, natürlich auch mit Musik und mit der Erwartung an eine Predigt. Und nichts dazu konnte sich der Seelsorger (der erst in seinen ersten Jahren war) vorher in Ruhe anschauen. Sein Einsatz wurde zu einer einzigen (und über einstündigen) Improvisation. Doch die Rückmeldungen waren überwältigend. Seine

Erfahrung lautete im Rückblick: „Wo sonst die Frage nach der klaren Arbeitsübernahme doch oft an erster Stelle stand, wo die Aufteilung der Dienste stets Sicherheit gab, wo man im gemeinsamen Tun die Bestärkung erfuhr, immer noch eine gute, da arbeitsfähige Gemeinschaft zu sein, da erlebte ich ein wie selbstverständliches Transzendieren über das Schaffen, Tun und Leisten(müssen) hinaus, da nahm ich eine große Offenheit für das nicht Machbare und den dadurch ermöglichten Seinsgrund des Gemeindelebens wahr. Mir wurde die Erfahrung zuteil: Wer sich einlässt, der empfängt. Wer sich zurücknimmt, dem wird gegeben. Wer nichts mehr tun muss, weil er in einer derartigen Situation aufgrund seiner eigenen Fähigkeiten gar nichts Angemessenes von sich ausgehend tun kann, durch den – anstatt leistungsbezogen von ihm selbst aus – kann etwas passieren (...) Die gänzlich frei gesprochenen Gedanken und Gebete konnten nur so derart klar, präsent und authentisch wirken, dass spürbar wurde, woher sie kamen: aus einer nicht eigenen geistlichen Tiefe, die nie und nimmer selbst er-schaff-bar wäre." (vivat! Glaube verbindet, 2013, S. 18–19)

Und warum soll das, was auf dem Gebiet der Seelsorge gelingen kann – auch wenn diese sich biblisch auf eine Stelle im Markusevangelium beruft: „Macht euch keine Sorgen, wie und was ihr reden sollt; denn es wird euch in jener Stunde eingegeben, was ihr sagen sollt." (Die Bibel, Evangelium nach Matthäus 10,19) –, nicht auch an allen anderen Orten des Lebens und Arbeitens glücken? Diese Begründung (wenn auch im engeren Kontext auf die mögliche Verfolgung der Anhänger Jesu bezogen) ist theologisch gesprochen pneumatologischer Natur. Die **Pneumatologie** reflektiert (als eine von mehreren Disziplinen innerhalb der Theologie) nicht nur das Wesen des sogenannten Heiligen Geistes, sondern auch seine Wirkung und seine (bleibende) Präsenz in der Welt. In einem Buch über spirituelle Kompetenz kann daher diese Anlehnung nicht ausbleiben.

- **Unsere ⇒ These lautet:** Wenn Ort und innerer Auftrag (überein)stimmen, „läuft" es – auch ohne viel dafür zu tun. Wer darauf achtet, wann es leicht läuft, für den wird auch das Schaffen nicht zum beinharten Broterwerb – weder im analog-physischen noch im virtuellen Raum. Dann wird aus einem geistigen Tun auch ein geistliches, spirituelles.

Die Regel des Benedikt von Nursia ist mittlerweile fast 1500 Jahre alt. Bekannt ist vor allem sein „Ora et labora". Das „Bete und arbeite" strukturiert den Tag der Mönche. Aber nicht nur das: In sozialer Hinsicht wollte der Ordensgründer, dass die Mönche von ihrer Hände Arbeit leben konnten. Später gab es in der Kirchengeschichte auch sogenannte Bettelorden, davon grenzt sich der Benediktinische Ansatz ab. Und Mönche aus ganz verschiedenen sozialen Schichten galten gleich viel. Doch es gibt noch eine andere Ebene, und diese ist in unserem Kontext wohl am interessantesten: Das „et" verbindet beide Bereiche, es existiert – auch wenn es diese Tendenzen immer wieder gab und gibt – keine Überordnung der Frömmigkeit. Sondern in und während der Arbeit geschieht Gebet, Andacht, Kontemplation.

Reframing als kreatives Focusing

Wer seinen Wahrnehmungen einen neuen Rahmen (engl.: frame) gibt, verändert den Kontext. Dieses Phänomen nutzen wir, wenn wir einen „Tapetenwechsel" brauchen, in den Urlaub oder auch nur für ein paar Tage wegfahren und bei der Heimkehr so manche Dinge – und Menschen – „mit anderen Augen" sehen. Die Methode Reframing folgt dem systemtheoretischen Prinzip, wonach der **Kontext** auch die **Wahrnehmung** des Inhalts bestimmt. Insofern führt eine Kontextveränderung auch zu einer Veränderung der Bedeutung. Künstler kennen diesen Effekt seit jeher, wenn sie einen großen Wert auf einen ganz bestimmten Rahmen für ihr Gemälde – oder eben bewusst keinen – legen. So finden sich in historischen Galerien mitunter sehr kleine Porträts von Menschen, deren prachtvolle und aufwändige Rahmung die politische Bedeutung der bestimmten Person erst demonstrieren. Im sozialen Kontext wurde die „Neurahmung" von der Systemischen Therapie und Familientherapie als Methode entdeckt und weiterentwickelt (vgl. Satir/Baldwin, 1991).

Durch bewusstes und reflektiertes Reframing wird die Aufmerksamkeit gelenkt und fokussiert. Der amerikanische Psychologe Eugene Gendlin hat diesen Effekt in die Focusing-Methode überführt (vgl. Gendlin, 1981). Da (bis zu) 80 Prozent der menschlichen Kommunikation nonverbal geschieht, der Körper aber nicht rational nach der Logik der Sprache kommuniziert, ist der sogenannte **felt sense** – der „gefühlte Sinn" oder die „gespürte Bedeutung" – auf der Suche nach Botschaften für subjektive Erklärungen von besonderer Wichtigkeit (vgl. Sachse/Langens, 2014). Je komplexer eine Herausforderung, je mehr Sinne dabei gefordert sind, umso größer ist der Anspruch an die „Verwickeltheit" (engl. „intricacy") von Thema, Kopf, Herz und Hand, einen adäquaten Ausdruck zu finden. Der Körper spürt die für ihn stimmige Bedeutung der jeweiligen Situation und hält diesen Zustand als **somatischen Marker** fest, während Verstand und Vernunft bereits an anderen Themen arbeiten. In Problemen sind diese ursprünglichen Zusammenhänge daher nicht mehr präsent. Focusing nimmt die Anzeichen des Körpers in den Mittelpunkt (lat.: „focus") und verhilft uns zur **inneren Achtsamkeit**. Durch diese erhalten wir einen Zugang zu unseren inneren Bildern, die uns rückmelden, dass wir dem jeweiligen Thema und damit persönlichen Lösungsoptionen „auf der Spur" sind. Auf diesen feinen Grad zwischen den Bereichen des Denkens und Fühlens zu achten, ist bereits im analog-physischen Bereich eine nicht geringe Herausforderung. Durch die Komplexität der virtuellen Welt wird diese jedoch nochmals potenziert.

Mit einer leichten → **Körperübung** können Sie sich für Reframing und Focusing öffnen. Für weitergehende Unterstützung dürfen Sie die Autoren gern kontaktieren. Setzen Sie sich wieder bequem hin und nehmen Sie eine entspannte, aber aufgerichtete Körperhaltung ein. Atmen Sie ruhig, lassen Sie Ihren Atem fließen. Schließen Sie Ihre Augen, sobald Ihnen danach zumute ist. Wenden Sie Ihre Aufmerksamkeit nun nach innen. Lassen Sie sich von dem Bild leiten: „Mein Körper ist wie ein Kind. Es sagt mir, wie es ihm geht und auch, was ihm fehlt." Achten Sie auf die Stelle, die Ihnen Ihr Atem zeigt, wo er sich angenehm anfühlt. Bringen Sie dieses Gefühl in ein Bild. Halten Sie sich diesen inneren Ort derart präsent, so dass Sie jederzeit zu ihm zurückkehren können. Ihr Atem unterstützt Sie dabei, Ihren Körper mental zu durchwandern. Sie spüren auch Stellen, an denen der Atem schwerer geht oder gar stockt, an denen es Ihnen vielleicht auch unangenehm oder eng wird. Auch diese Stellen gehören zu Ihnen, auch hier haben sich Emotionen körperlich angesiedelt. Bewerten Sie dies nicht, spüren Sie nur achtsam in diese Stellen hinein. Gehen Sie von diesen weniger positiv markierten Stellen wieder zurück zu dem Platz, den Sie als erstes gespürt haben. Das Bild, das Sie dem Ort damals gegeben haben (oder die Überschrift) unterstützt Sie dabei, Energien zwischen beiden Stellen fließen zu lassen. Sobald Sie die Verbindung zwischen beiden Stellen spüren, den Eindruck bekommen, dass „etwas fließt", sind Sie bereits einen guten Schritt weiter.

- **Unsere ⇒ These lautet**: Der Frame und der Fokus sind entscheidende Aspekte in der virtuellen Lebens- und Arbeitswelt. Das Training in diesen Bereichen schützt vor den wesentlichen Charakteristika der Digitalisierung – wie der Zerfaserung, Verdichtung, Beschleunigung, Reizüberflutung und dem Drang zur unmittelbaren Reaktion – und fördert eine spezielle virtuelle Resilienz.

Dankbarkeit und Inspiration

In der griechischen Wurzel des Begriffes **„Enthusiasmus"** wird die Bedeutung „in Gott sein" ausgedrückt. Damit kommt ein Ausnahmezustand zum Ausdruck, der die gewohnte Wahrnehmung der Welt überragt oder – um den religiösen Begriff zu verwenden – transzendiert. In diesem Begriff ist auch die Überzeugung angelegt, dass dieser schöpferische Zustand keine Entscheidung des Menschen ist, sondern ein Antworten an die – in einem weltanschaulichen offenen Sinn verstanden – **„Musen"**: Dieses Antworten ist in diesem altgriechischen Verständnis kein aktives Tun, sondern ein sich Ereignen von etwas in diesem Moment sich Offenbarendem. Die Analogie, der schöpferischer Akt, entstammt aus einer göttlichen Erfahrung, ist unserem heutigen Begriff „Enthusiasmus" eingeschrieben. Diese Begriffsgeschichte zeigt, dass „Inspiration" eine religiöse Konnotation trägt. Der Jesuit Karl Rahner sprach von einem „übernatürlichen Existenzial" des – im übrigen nicht zwingend konfessionell gebundenen – Menschen und konstatierte bereits vor über fünfzig Jahren, dass alle Theologie letztlich Anthropologie bleibe. Damit meinte er eine konstitutive Verwiesenheit des Menschen auf Gott und durch diese eine Befähigung zum metaphysischen Transzendieren. Den Begriff „Existenzial" entlehnte er dabei aus Heideggers Werk „Sein und Zeit" (vgl. Heidegger, 1927, vgl. Rahner, 1965). Dabei ereignet sich zweierlei – und zwar real: Erfahrung und Wirklichkeit. Das macht wiederum verstehbar, wie hoch die Berührungsängste der rationalen Sichtweise und insbesondere der akademischen Welt mit dem Konzept der Spiritualität innerhalb des Schöpferischen sind. An diesem Punkt möchten wir doch eine entscheidende Grenze ziehen: Der religiöse Hintergrund als formaler Rahmen und zu glaubende Fakten (fides quae) ist für eine so verstandene Inspiration und einen schöpferischen Enthusiasmus keineswegs notwendig. Unabhängig davon geht es uns darum, den spirituellen Gehalt als solchen zurück in den professionellen Diskurs zu bringen.

- **Um es in eine ⇒ These zu bringen:** Was mit dem schillernden Begriff der „Inspiration" als ein „Einhauchen" eines göttlichen Willens verstanden wird, ist in einem weltlichen Verständnis „nur" das Bemerken vormals unterbewusster Prozesse, die sich in Ideen und „Einfällen" manifestieren.

Und wieder findet sich in einem für kreative, schöpferische Prozesse unerlässlichen Begriff das Wort Geist, Spiritus: Inspiration. Dem Geist allen Ursprungs, biblisch gesprochen jenem göttlichen Geist, der „über der Urflut schwebte" (Die Bibel, 1. Buch Mose/Genesis, Kap. 1). In diesem Kontext erscheint es nicht uninteressant, dass sich nach der alttestamentlichen Erzählung Gott – exemplarisch dem Propheten Elija – nicht in den Urgewalten zeigt: nicht im Sturm, nicht im Beben, nicht im Feuer. Der Herr, der – im Glauben der abrahamitischen Religionen – Himmel und Erde gemacht hat und vor dem alle Geschöpfe vor Ehrfurcht erzittern, „er" bzw. „sein" Geist (hebr.: Ruah, feminin, wörtlich: Wind, Atem) zeigt sich stattdessen – in der Übersetzung nach Martin Buber im (von Elija nicht erwarteten) „säuselnden Schweigen", das als wahrer Kontrast auf alle bisherigen Geräusche folgt. Der Erfahrung eines mächtigen Sturms, „der die Berge zerriss und die Felsen zerbrach" (Die Bibel, 1. Buch der Könige 19,11), steht die Erfahrung der Stille gegenüber. Einer Stille jedoch, die Elija – so übersetzt es die Bibel – „hören" konnte. Jedoch sind hier nicht die Ohren gemeint, sondern das Herz als personale Wesensmitte und als spirituelles Organ. Insofern ist auch verständlich, warum die Emotionen als solche eine notwendige Vorbedingung für Ideen sind: Sie sind Marker dieses Auftauchens von Ideen aus dem Unterbewusstsein. Positive Emotionen sind darüber hinaus auch wichtige Kriterien, um dieses Auftauchen aus dem Unbewussten zuzulassen: Die schwersten Blockaden sind mit der Angst und der Scham verbunden, diese urtümlichen und eigentümlichen Äußerungen des Selbst in einer rationalistisch geprägten Welt zu äußern.

Dies waren zugegeben große Gedanken. Dem Prinzip des → **Enthusiasmus** möchten wir eine Übung folgen lassen, die vergleichsweise simpel ist: Sich in → **Dankbarkeit** üben. Wie oben ausgeführt, gibt es einen Bedeutungszusammenhang zwischen Musenzuspruch und der künstlerischen Antwort, mit der sich der Künstler bedankt. In einer Abwandlung einer Sitzmeditation geht es darum, sich für einen beliebigen Umstand, sei er auch noch so unbedeutend, zu bedanken. Das kann die Tatsache sein, dass es bei Ihnen im Raum warm und draußen kalt ist. Dass Sie vergleichsweise gesund sind. Dass es Ihrer Familie gut geht etc. Sich diesen Umstand zu vergegenwärtigen, ist Gegenstand dieser Übung: Fokussieren Sie sich auf eine dieser Aussagen und spüren Sie, wie sich der abstrakte Begriff der Dankbarkeit körperlich anfühlt. Achten Sie dabei darauf, Schultern, Nacken und Gesicht zu entspannen.

Freilich können Sie jetzt einwenden, ob Sie etwa für alles dankbar sein sollen: für den eigensinnigen Nachbarn, Ihre verschrobene Kollegin, den wochenlangen Regen oder was Ihnen sonst noch so einfällt. Mit bildgebenden Verfahren ließe sich nachweisen, dass Sie durch Unzufriedenheit oder auch mehr noch Verärgerung andere Areale im Gehirn aktivieren als durch positive Gedanken. Ihre „dunklen Gefühle" werden dann auch negativ eingespurt – und umgekehrt Ihre Gefühle der Dankbarkeit. Sie tun sich im Letzten also selbst einen Gefallen, wenn Sie den negativen Assoziationen nicht weiter nachgehen. Mehr noch, Sie betreiben Vorsorge. Versuchen Sie, schwere Gedanken und alle Verkrampfungen, die Sie spüren können, mit Ihrem Ausatmen abfließen zu lassen. Wie Sie aus der Erziehung – entweder der eigenen oder der Ihrer Kinder – wissen, raten Pädagogen für das Verhältnis aus Lob und Kritik den Schlüssel 1:5 an. Das bedeutet, dass auf einen Tadel erstmal fünf – ehrliche und aufrichtige – Lobe kommen müssen, bevor ich als Vater, Mutter oder Lehrer erneut eine Kritik anbringe. Und ebenso verhält es sich bei uns selbst, denn das Gehirn reagiert – nicht etwa theoretisch, sondern ganz (neuro-)plastisch – durch verstärkte Fokussierung. Positive Verstärkung positiver Emotionen können Sie also trainieren, und damit an Ihrer Haltung arbeiten. Beginnen Sie zum Beispiel einfach damit – wie es einer der Autoren dieses Buches praktiziert –, jeden Abend die drei bis fünf schönsten Momente aufzuschreiben. Sie werden sehen, wie sich just in dem Moment des Fixierens (gern auch als Visualisierung, wenn Sie dies können) Ihre Gesichtszüge aufhellen, wie Ihre Oberflächenspannung auf der Stirn nachlässt, wie Ihre Wangen zu lächeln beginnen. Und all das, was Sie nun – mit ein wenig Übung und Achtsamkeit nur – an somatischen Markern wahrnehmen, geht auch nach innen. Aus diesen Momenten werden **Stimmungsbilder** Ihrer Seele, die diesen ganz konkreten – einmaligen – Tag beschließen, die Sie mit in die Nacht nehmen, vielleicht zum Stoff Ihrer Träume werden, und die Sie befreien von allem, was da – am Rande – auch noch war. Berücksichtigen Sie dabei auch, inwiefern die Begegnungen im virtuellen Raum neue und bereichernde Erfahrungen für Sie waren – bzw., bei achtsamer Bewusstmachung, bleiben (können).

Bei der Sache und im Moment sein

„Bei der Sache sein“ und „im Moment sein“ sind in den bisherigen Ausführungen ein wichtiger Zielzustand. Diesen nicht nur in speziell dafür ausgelegten spirituellen Übungen wie einer Sitzmeditation zu erreichen, sondern diesen in den beruflichen Alltag zu integrieren, soll das übergeordnete Ziel dieses Buches sein.

Ein Blick in die kunstpädagogische Theorie zeigt diesen Zustand als „Flow", ein Zustand den „viele der Befragten (…) als einen nahezu spontanen, mühelosen und doch zugleich extrem konzentrierten Bewusstseinszustand beschrieben" (Csíkszentmihályi, 2003, S. 189). Gleichzeitig liegt dieser Zustand zwischen zwei gegensätzlichen Verhaltensprogrammen, die uns körperlich eingeschrieben sind: Einerseits die Instruktion, möglichst wenig Energie aufzuwenden und andererseits die Neugierde nach Neuem.

Zwischen diesen beiden Verhaltensmustern liegt auch der Aufwand der Studierenden, in einem auf wohltuende Entspannung konditioniertes häusliche Umfeld umzuwidmen auf die Erfahrung von neuen Lerninhalten und neuen sinnlichen Entdeckungen beim Lernen. Ganz eindrucksvoll umschrieb eine Probandin diese Umwidmung in einem Interview: *„Deswegen stehen in meinem Kalender tatsächlich Sofa-freie Tage, an denen ich nicht auf dem Sofa abendesse und nicht den Fernseher anmache, sondern in der Küche ohne Entertainment und dann lässt es sich auch leichter nochmal an den Schreibtisch gehen. Das funktioniert bei mir ganz gut."* (Lanig, 2019) In diesem Handeln erfahren die Studierenden dann eine Freude, die ganz unabhängig von der Dimension der Tätigkeit empfunden wird: *„Wenn ich voll im Flow bin und meine Aufgabenbearbeitung sich während der Bearbeitung wie von alleine löst und es so scheint als würde sie ein Eigenleben führen – so als ob die Aufgabe schon im Geistigen gelöst und fertig ist und ich sie nur noch in die Materielle Welt bringen muss."* (Hanstein/Lanig, 2019)

Hier ist das Subjekt einerseits in der Verwirklichung das Bildungsprojekt, es ist also „bei der Sache", aber andererseits auch der Zeit in einem gewissen Sinn entrückt und doch ganz „im Moment". In dieser Aussage ist ebenfalls lesbar, dass die gestalterischen Handlungen scheinbar schon gedacht sind und nur noch ausgeführt werden – Aussagen wie diese belegen ganz konkret, wie das Unterbewusstsein an sehr komplexen Fragestellungen „arbeitet“ und wir diese Ergebnisse im schöpferischen Prozess abrufen können. Diese beglückende Erfahrung ergibt sich über diese Einheit von dem Abrufen vormals unbewusster Ideen und durch die gestalterische Handlung selbst. Hier stellt sich die Empfindung ein, dass es ein automatischer Vorgang sei. Interessant ist in diesem Modus, dass es keine Ablenkungen gibt und die Angst als solche scheinbar ausgeschaltet ist. Diese Selbstvergessenheit ist vermutlich ein universelles Bedürfnis und viele der angerissenen Aspekte dieses Zustandes sind landläufige Definitionen des Glücksbegriffs. Insofern sehen wir im **Glück** auch kein hehres, romantisches Ideal, sondern wir sprechen bewusst davon, dass Dinge, Zustände, Begegnungen und Prozesse glücken können. Mehr noch, dass im glückenden Leben letztlich erst eine tiefe spirituelle Erfüllung liegt. Dazu aber ist beides auf gleiche Weise notwendig: „bei der Sache“ und „im Moment“ zu sein.

In einer Übung können Sie diesen Aspekten Ihres → **individuellen Flows** auf den Grund gehen: Jedes Existenzial hat einen Grund für seinen Anfang. Zum Beginn eines Studiums ist dies eine wichtige Übung, um diesen Grund für den Beginn festzuhalten. Sich daran im Laufe dieses langen Weges zurück zu besinnen, bewirkt zwei Dinge: Einerseits vergegenwärtigen Sie sich die ursprüngliche Bedeutsamkeit, die den Anfang darstellt. Andererseits fokussiert diese Begründung das Existenzial auf sein Ziel und das Ende. Über diesen Fokus auf den Beginn und auf das Ende kann es gelingen, den Moment einer minimalen Tätigkeit in einem größeren Sinnzusammenhang zu fassen.

Diese Übung betrifft nicht nur langjährige Entwicklungen wie ein Studium. Jede kleine Arbeitseinheit – nehmen wir als Beispiel eine Schulstunde – hat diese Zeit- und Sinneinheit. In diesem Fall sollte man jedoch die typische Aufmerksamkeitsspanne von zwanzig Minuten als kleinste Einheit wählen, in denen ein Fokus gesetzt wird. Nach einem Methoden- oder Medienwechsel beginnt dann die zweite Einheit, so dass eine Schulstunde demnach ein Existenzial aus zwei Teilen darstellt. Techniken der Zeitstrukturierung wie die Übung oben haben dabei eine schematische, vorbereitende Bedeutung.

- **Unsere ⇒ These lautet hier:** In der Erfahrung eines Flow-Zustandes kann und darf die Zeit als solche keine Rolle spielen. Gleichzeitig hilft das Segmentieren, den unterschiedlichen Zeitphasen eine thematische Widmung zu geben – diese Technik wird dann zu einer Gewohnheit, die sich aus diesem Schema verselbstständigt.

In die Stille gehen

Eine der ersten gemeinsamen Erfahrungen auf dem Weg zu diesem Buch bestand in einem gemeinsamen Vortrag der Autoren zum Thema „Stille – Ressource für kreative Prozesse“ (vgl. Hanstein/Lanig, 2018). Beide hatten bereits mehrere Jahre in ihren ganz verschiedenen beruflichen Kontexten die Bedeutung der Stille für Kreativität, Inspiration, den Flow … – kurzum alles, was wir hier an Themen weitergeben wollen – erspürt, und jeder für sich auch seine Strategien dafür entdeckt und erprobt. Einer der Autoren geht zum Beispiel in jedem Jahr für zehn Tage in die Stille. Was sich vielleicht exotisch anhört, wird jedes Mal aufs Neue zu einer ganz eigenen, intensiven Selbsterfahrung. Zehn Tage lang zu schweigen ist nicht auf Anhieb möglich. In den ersten drei Jahren ging es nur mit Anleitung und mit dem obligatorischen Gesprächsangebot eines spirituellen Begleiters. Ab dem vierten Jahr wurde dann ein ganz eigenständiges Programm daraus: Keine Gespräche mehr, kein Laptop, kein Handy, nur ein Buch, dafür aber einen Stift und sein Tagebuch – das sich aber von Tag zu Tag mehr füllt. Man erfährt ein radikales Rückgeworfensein auf sich selbst, ab der vierten bis fünften Nacht schläft man anders, man träumt anders, Bilder aus der Kindheit, Gerüche und Orte der Vergangenheit beginnen aufzutauchen. Man nimmt sie im Traum nach und nach mit allen Sinnen wahr. Der tiefe Brunnen der Vergangenheit öffnet seine Schleusen. Neben den nächtlichen Bildern ist es die Natur, die zum Begleiter wird. Die Verlangsamung bringt, zum Stehenbleiben, Wahrnehmen, schweigenden Staunen und Genießen einlädt. Wenn man die Schweigetage mit viel (Ausdauer-, nicht Leistungs-)Sport verbringt, fühlt man sich mehr als Teil der Natur. Dann wird das Laufen zu einer Metapher für das Leben. Denn Laufen ist nicht Gehen. Beim Laufen befindet sich der Körper für einen kleinen Moment komplett in der Luft, er schwebt für einen Sekundenbruchteil – was das übliche Laufgefühl mit seinen Hormonen auslöst. Die tägliche Be-Weg-ung in der Natur wird so, umrahmt vom Schweigen, zu einer spirituellen Erfahrung.

Ebenso, wie es eine Zeit zu Beginn des Schweigens braucht, ist ein Übergangsritual für das „Zurück“ nötig. Denn die Tage des Schweigens sind eine Zeit der **Irritation**. Eine Irritation der äußeren Umstände, der gewohnten Gleise, des alltäglich Üblichen, aber auch eine Irritation nach innen, eine Unterbrechung eingespurter Muster und unreflektierter Reaktionen des Kleinhirns. Denn unser Gehirn ist – als Energiehauptabnehmer – darauf bedacht, so viel wie möglich zu automatisieren. Der allmorgendliche Griff zum Autoschlüssel ist dafür nur ein klassisches Beispiel. Und der Umstand, am nächsten Morgen nicht mehr zu wissen, ob man ihn in der Garderobe auch tatsächlich abgelegt hat, ein Beweis dafür, dass es – wie das Autofahren selbst – unbewusst lief. Nicht anders verhält es sich mit verbalen Reaktionen auf Äußerungen im sozialen – privaten und beruflichen – Umfeld. Jemand will erforscht haben, dass der Berufsstand des Lehrers durchschnittlich gerade einmal drei Sekunden zuhören kann, bevor man verbal reagiert. Ein Lerngewinn der Schweigetage liegt im wieder Erlernen des **aktiven Zuhörens**. Damit verbunden ist eine starke Sensibilisierung für das, was man selbst sagt, was an einem Tag alles so aus einem heraus plätschert. Man erkennt es daran, dass man im ersten Moment noch sehr langsam und verhalten spricht, mehr als sonst auch nachdenkt, gleichsam nach Worten sucht. Ähnlich, wie wenn man nach einem Jahr wieder auf Skiern steht. Doch ebenso muss man auch aufpassen, denn das Gefühl für die „Abfahrt" ist auch sofort wieder da.

- **Um es als ⇒ These zu formulieren:** In die Stille gehen irritiert und ordnet zugleich. Es entschleunigt, ist aber zugleich – ohne jedes Wollen und rationale Dazutun – eine Zeit höchster Effizienz.

Voraussetzung dafür ist lediglich, sich die spontanen Assoziationen und inneren Bilder mit den dabei empfundenen Gefühlen unmittelbar zu notieren oder sie zu visualisieren. Denn sie sind die Quintessenz dieser leisen „Wanderung" nach innen. Sie weisen Ihnen den Weg zu Ihren bislang unerfüllten Wünschen, aber auch zu Ihren Energiefeldern und Ressourcen. Sie werden es daran merken, dass das Zusammentragen dieses „Seelenmaterials" keinerlei Arbeit bedeutet. Es wird leicht gehen, Sie werden einen Flow spüren, und ebenso Freude, ja Lust und Glück. Zu bedenken ist einzig, dass Sie sich bei andersartigen Erfahrungen einen Coach als Unterstützung holen. Denn, um es nochmals zu wiederholen, auch für erfahrene Stillegänger braucht es am Anfang Begleitung und Übung.

Mit einer einfachen Form der → **Körperreise und Stillemeditation** können Sie ein Gefühl für die bewusst erlebte Stille entwickeln: Beginnen Sie am Morgen bei den ersten Geräuschen bereits, diese bewusst wahrzunehmen. Denn die meisten Geräusche gelten als sogenannte „Nebengeräusche". Sie sind aber da, und sie sind ganz zentral: Der Schalter, der im Bad umgelegt wird, damit

Sie Licht haben, die Dusche, das Wasser, die Zahnbürste ... – um vorerst nur bei den ersten Schritten des neuen Tages zu bleiben. Unsere Gedanken sind – gerade am Morgen – oft schon weiter als der Moment. Doch – einzig – in ihm leben wir. Bleiben Sie mit Ihren Gedanken deshalb auch im jeweiligen Moment: Das Handtuch wird ebenfalls ein Geräusch verursachen ... und so fort. Im Laufe des Tages können Sie diese Übung mit allen möglichen Tönen wiederholen, die an Ihr Ohr dringen. Diese Töne sind. Ihr Ohr filtert sie nur aus, weil Sie sich ganz auf Ihre Aufgaben konzentrieren. Durch die Konzentration auf diese Geräusche sensibilisieren Sie Ihre Sinne für eine innere Form der Achtsamkeit. Sie suchen nicht verkrampft nach einer Stille, die es in der Natur und im Leben so nicht gibt. Sondern, indem Sie das bewusst zulassen, was um Sie ist und sich regt, können Sie sich – mit ein wenig Übung – auch Ihren inneren Tönen und Bildern stellen. Sie werden dann eine Verbindung von innen und außen, Selbst und Welt spüren, die eine besondere Qualität besitzt (weitere Anleitungen vgl. Hanstein, 2016).

Steigern lässt sich diese Selbsterfahrung mit der Übung des → **schweigenden Peripatikers**, weil hier eine zusätzliche Ebene hinzukommt: die Be-Wegung Ihres Körpers. Peripatos lautet der Name einer altgriechischen Philosophenschule, wörtlich: die Wandelhalle. „Peripatein" ist das entsprechende Verb: umherwandeln. Denn man hatte schon vor über 2000 Jahren erkannt, dass wichtige Dinge nicht im Sitzen entschieden werden können, sondern dass Leib und Seele – buchstäblich – mitgehen müssen, sollen Erfahrungen und Entscheidungen ganzheitlich und nachhaltig sein. Im Gegensatz zu dieser ursprünglichen Bedeutung wird hier jedoch der Gang ins Freie empfohlen, und zwar allein und im Schweigen: Gewöhnen Sie sich einfach an, für einen bestimmten Abschnitt Ihrer Lieblingsstrecke in der freien Natur nicht mehr zu sprechen. Wenn Sie ohnehin allein sind, dann eben nicht mehr mit dem Hund zu kommunizieren oder das Nachdenken mit sich selbst so weit wie möglich abzustellen. Nehmen Sie Ihre Umgebung dann ebenso bewusst in der Stille wahr. Bleiben Sie stehen, wenn sich ein Anblick bietet, der Ihnen gefällt, Ihnen guttut. Achten Sie dabei auf die Regungen in Ihrem Gesicht und in Ihrem Inneren. Verabschieden Sie die Stelle mit einem Lächeln und gehen Sie weiter. Lassen Sie zum Beispiel das Rauschen der Bäume, das Plätschern des Baches ... auf sich wirken. Nehmen Sie wahr, dass das alles ohne Ihr Zutun geschieht. Und spüren Sie am Ende Ihres Laufes nach, was diese Eindrücke in Ihnen ausgelöst, was sie – umgangssprachlich ausgedrückt – mit Ihnen „gemacht" haben. Bei angeleiteten Schweigegängen in Gruppen haben wir, um ein Beispiel anzuführen, öfters wahrgenommen, wie Irritation aufkommt, wenn andere Menschen entgegenkommen und üblicherweise grüßen, manche aus der Gruppe affektiv erwidern, andere nicht. Insofern kann diese Übung auch für innerpsychische und soziale Automatismen sensibilisieren. Denn all das läuft auch in der virtuellen Welt.

Nicht erst 10 Tage am Stück im Schweigen können Sie in diesen Zustand der Achtsamkeit versetzen, sondern auch bereits solche im Alltag praktizierten Übungen. Die Geräusche um uns herum sind mehr geworden und die Herausforderung nicht nur für unser Ohr, sondern auch für unser Gehirn damit überdimensional gestiegen. Was für die analoge/physische Welt gilt, gilt für die virtuell/digitale im Besonderen. Um – buchstäblich – wieder mehr „ganz Ohr" sein zu können, können Sie Ihr äußeres wie inneres Hörorgan durch die Konzentration auf Geräusche im Stillen, im vermeintlich Unscheinbare trainieren. Allein, wenn Sie am Morgen im Bad oder in der Küche nicht gleich das Radio anschalten, sondern auch das auf sich einwirken lassen, was gemeinhin als „Störgeräusch" bezeichnet wird: das Knarren alter Dielen vielleicht, das Rauschen der Spülmaschine, das Klappern von Geschirr. Indem Sie sich von diesen täglichen Geräuschen sensibilisieren lassen, wird auch Ihr Ohr sensibilisiert für das im Alltag Überhörte, Übertönte, Unbeachtete. Damit werden Sie gleichsam – von außen her – sensibel für die Töne Ihrer Seele, für Ihr inneres Gestimmtsein, Ihren jeweiligen Seelenzustand. Denn wer nur noch Geräusche von außen aufnimmt, unbewusst verarbeitet, zuordnet, filtert, der gibt sich worst case einer vielfach akustischen Umweltverschmutzung hin, ohne hinreichend auf sich selbst zu achten. Durch Übungen wie diese wird das Hineinhören in die Stille zu einem meditativen Prozess, zu einem sensiblen, empathischen Einschwingen mit der Welt, mit der uns umgebenden wie mit der eigenen, mit den tiefer liegenden Schichten unseres Seins und unseres Ursprungs. So kann das Gefühl eines inneren Friedens sich einstellen und sie werden froher, wacher und interessierter in den nächsten Tag gehen. Was hier rein auf das Hören ausgesagt wird, gilt ebenso für alle anderen äußeren Sinne wie für die Bilder Ihrer Seele.

*Ein **Beispiel** mag dies verdeutlichen: In der virtuellen Fernlehre von Gestaltungsfächern erleben wir in Gesprächen, wie stark der Zusammenhang zwischen Emotion und Musik ist. Die Studierenden haben die Herausforderung, in isolierten Entwurfsprozessen zu Hause die notwendige Emotionalisierung herzustellen. Diese künstlerische Technik ist so schlicht wie wirkungsvoll: Einerseits reaktiviert sie Emotionen von bekannten Songs – eine Probandin hört dazu eine Playlist mit Disney Songs, um an die Emotionalisierung von solcherlei Filmen anzuknüpfen (Lanig, 2019). Andererseits gibt es die Technik, um systematisch neue musikalische Eindrücke wie Free Jazz etc. als Emotionalisierung einzusetzen. Da Musik eine indexalische Kunst ist, kann diese spezifische Technik als ein selbstorganisiertes Herstellen von virtueller Gemeinschaftlichkeit und damit virtuell hergestellter Kollektivität und Achtsamkeit interpretiert werden.*

Virtuelles Fasten

Vielleicht wirkt es auf den ersten Blick als Widerspruch, wenn wir in einem Buch für den Kontext der virtuellen Lebens- und Arbeitswelten vom „virtuellen Fasten" sprechen. Doch die Entwicklungen in den letzten Jahren im Bereich der elektronischen Kommunikation zeigen eindeutig, wie wir zu reaktiven Menschen geworden sind. Während man bei einer E-Mail unter Umständen noch einige Stunden oder auch Tage mit einer Antwort gewartet hat, so hat uns das WhatsApp-System in der Regel derart im Griff, dass wir meinen, unmittelbar antworten zu müssen. Gründliches Nachdenken, vor allem aber ein ganzheitliches Nachspüren bleibt so aus und entsprechend oberflächlich sind in der Regel auch die Antworten. Eine Führungskraft im Coaching fasste dieses Phänomen so zusammen:

> *„Ich freue mich zwar auf dieses Seminar, weiß aber auch, dass ich nach diesen drei Tagen wieder schätzungsweise 200 bis 300 E-Mails im Postfach habe, die ich dann erstmal abarbeiten darf."*

Diese Erfahrung dürfte vielen Lesern nicht unbekannt sein. Im Coachingseminar outete sich darauf eine ältere Führungskraft damit, alle E-Mails von seinen Vorzimmerdamen in dieselbe Postmappe legen zu lassen, in die auch die herkömmliche Post an ihn kommt. Er erntete verblüffte Gesichter, beim weiteren Analysieren kam die Gruppe von Führungskräften jedoch darauf, dass sich dieser Kollege schätzungsweise 60 Prozent aller Antworten spart, weil „die Zeit die Sachen bereits erledigt hat, vieles einfach nicht mehr wichtig ist oder sich selbst erledigt hat", wie der Mann selbst resümierte. Diese Episode verdeutlicht nicht nur die vielfache Notwendigkeit einer Entschleunigung, sondern auch eine gleichsam – im Blick auf Dynamiken, die nicht nur ungesund, sondern auch wenig effektiv sind, aber viel Arbeitszeit binden – heilsame Wirkung durch eine derartige Haltung. Derselbe Mann hatte es sich auch seit Jahren zur Gewohnheit gemacht, seinen Rechner immer wieder herunterzufahren, sein Smartphone an einem bestimmten Platz abzulegen und sich nicht den ganzen Tag an seinem Schreibtisch aufzuhalten. So bekäme er „den Kopf auch immer mal wieder hoch" und stehe in regem – direktem, nicht digital unterstütztem – Austausch mit seinen Mitarbeitern wie Kunden.

Unsere ⇒ These lautet an dieser Stelle: Je mehr virtuell erledigt wird, umso wichtiger wird es, sich virtuelle Auszeiten zu nehmen. Diese können zu einem festen Ritual im Alltag werden. Und: Auch das Leben und Arbeiten in virtuellen Räumen braucht nach wie vor den analog-physischen Kontakt.

Diese Erfahrung ist mit den bereits angesprochenen Aspekten Struktur und Rhythmisierung verbunden.

In einer praktischen Anwendung virtuellen Fastens gibt es → **zwei Ebenen**: einerseits die Zeitstruktur zu kontrollieren, andererseits die Raumstruktur. Was zunächst sehr theoretisch klingt, ist eine Gegenposition zur schlichten Enthaltsamkeit gegenüber digitalen Medien.

In dieser Übung soll es um die aktive Kontrolle gehen. Auf der Zeitebene denken Sie dabei in Zyklen: Haben Sie zum Beispiel 12 Stunden zugelassen, dass neue Informationen eingehen, geben Sie sich die Zeit, um ebenso 12 Stunden informationell „zu fasten". Man darf annehmen, dass in der Zeit zwischen 18.00 Uhr abends und 6.00 Uhr morgens keine dramatisch wichtigen Neuigkeiten eintreffen. In dieser Zeit aber geben Sie sich den Raum, das Erlebte unbewusst zu verarbeiten.

Ähnliche Zyklen betreffen die Struktur des Raumes: Geben Sie bestimmten Aufgaben einen definierten Ort und damit Körperhaltung – am Stehtisch arbeiten Sie z. B. 40 Minuten an einer definierten Aufgabe, um (nach einer notwendigen Pause von 5 – 10 Minuten) im Sitzen an einem anderen Tisch weiterzuarbeiten. Denken Sie auch bei dieser Struktur an die typische Aufmerksamkeitsspanne von 20 Minuten.

Eine Kombination von Zeit- und Raumebene ist die Definition der Werkzeuge: Eine bestimmte Aufgabe nur etwa ausschließlich auf dem Smartphone zu erledigen, bedeutet auch eine virtuelle Autonomie. Wir geben über eine apparative Umgebung eine Struktur vor.

Ziel dieser Ansätze ist, sich aktiv in die grundsätzlich sich steigernden Möglichkeiten, immer und potenziell überall arbeiten zu können, einzubringen und so zu kontrollieren, welche Art von Information, Produktion und Kontemplation Sie in welcher – analogen oder digitalen – Umgebung vollziehen (wollen).

Gelassenheit heißt Dinge lassen

Wer christlich religiös sozialisiert wurde, kennt die klassische Bibelstelle von der sogenannten „Sturmstillung“ (Die Bibel, Markusevangelium, Kap. 4). Die herkömmliche Auslegung lautet: Jesus ist der Herr über den Sturm. Vielleicht eine – insbesondere in der Kinderkatechese – wichtige Aussage, aber sie führt unseres Erachtens nicht zum Kern der Stelle. Vielleicht können Sie es sich ausmalen, wie die Jüngerinnen und Jünger – wir nehmen die Frauen in unserer Deutung hier einfach mit hinein – dort im Boot sitzen. Und wie Jesus hinten im Boot liegt. Gerade derart bekannte Erzählungen haben es verdient, dass man sie sich von Mal zu Mal genauer anschaut. Wenn man die Stelle liest und dann die Augen schließt, sieht man ein Boot, in dem Menschen zusammensitzen, als erkennbare Gruppe aneinandergeschmiegt, durch die Sorge, ja aufkommende Furcht und Angst vielleicht noch mehr als sonst. Und man sieht Wellen, einen Sturm, der in das Boot hinein peitscht, der es hin und her schaukeln lässt. Es ist die tiefe Bild- und Sinnebene archetypischer Märchen, die hier angerührt wird: Da sind Menschen vor Angst außer sich, und ein schlafender Bootsführer liegt hinten. Mitten im Sturm. Jesus ist nicht auf der „Brücke" oder am „Steuerrad". Er kommt seiner Führungsaufgabe offensichtlich nicht wie erwartet nach. Mehr noch: Er hat es sich auf einem Kissen gemütlich gemacht. Allein dies ist doch höchst provokant: ein Kissen in einem Fischerboot. Was passiert, wie geht es weiter? Die Besatzung weckt ihn, sie weckt den Bootsführer, wobei interessant ist, wie: und zwar mit einem Vorwurf. „Kümmert es dich nicht, dass wir zugrunde gehen?" – Nach dem Kommunikationsmodell von Friedemann Schulz von Thun heißt das: keine Ich-Botschaft, keine Fragen, um zu verstehen, warum Jesus was nicht tut, kein Appell, stattdessen ein Vorwurf auf der Beziehungsebene. Hier geht es für die Jünger offenbar um alles. Und Jesus? Es ist ebenso interessant, wie dieser reagiert: Er lässt sich zwar wecken, geht auf den Vorwurf seiner Mannschaft aber nicht ein. Es scheint, als ignoriere er diesen komplett. Auch wendet er sich nicht den Jüngern – und ihrer Angst – zu, sondern dreht sich nach draußen, dahin, wo die Gefahr ihren Ort hat: Er droht dem See und bringt ihn damit zur Ruhe. Der Schreiber Markus zeigt sich hier als sachlicher Erzähler, sonst hätte er wohl vor der Ironie nicht Halt gemacht, Jesus sich wieder auf das Kissen zurücklegen zu lassen. Auf jeden Fall zeichnet er Jesus als krisenkompetenten Bootsführer, der sich professionell kümmert – aber eben als Erwachsener gegenüber Erwachsenen. Ihre Angst aber sitzt – transaktionsanalytisch – auf der Ebene des Kindes. Hierauf geht er nicht ein, noch nicht. Und: Jesus wendet sich zuerst dorthin, wo der „Gefahrenherd" ist; bannt die Gefahr, erst dann schaut er wieder nach innen, zur „Mannschaft".

Diese Bibelstelle verwenden wir gelegentlich bei Führungsseminaren. Denn es geht erst in einer zweiten oder auch dritten Ebene um

Fragen des Glaubens. An erster Stelle steht das Thema Gelassenheit. Denn diese Haltung bedeutet, den Fokus auf das Wesentliche legen zu können und vieles andere dafür zu lassen. Nicht zu ignorieren oder nicht erst zu nehmen. Doch die Prioritäten stimmen. Die verbale Reaktion dieses Chefs am Ende ist eine Anfrage an das Vertrauen der Mannschaft. Jesus stellt eine rhetorische Frage in den Raum, das war es für ihn: „Habt Ihr noch keinen Glauben/noch kein Vertrauen?" Diesen Satz könnte man ebenfalls als Vorwurf verstehen, damit hätte Jesus dann aber wirklich „zurückgeschossen". Doch das entscheidende Wort liegt nicht in der Verneinung, es ist das „noch". Denn hierin steckt ein Zuspruch, der sich derart interpretieren lässt: *Ihr seid als Menschen auf dem Weg. Euer Verhalten muss nicht perfekt sein. Wachst an derart Erfahrungen, lernt dazu! Denn Ihr dürft euch ebenso getragen wissen im Sturm wie ich, auch, wenn es kein Leben ohne Angst gibt. Doch es ist ein Unterschied, ob die Angst euch beherrscht oder ihr die Angst: gelassen, unverkrampft und unbekümmert, weil der Grund trägt, auch wenn er im Moment einige Fuß weiter entfernt ist. Ich bin bei euch, ich trage euch.* Angst kommt terminologisch von Enge (lat. „angustia"). Wer seine Angst vor diesem oder jenem fahren lassen kann, dessen Gehirn wird wieder frei für Impulse, Verschaltungen und Vernetzungen, an die er nie zu träumen gewagt hätte. Gelassenheit ist der Schlüssel dazu. Je komplexer die Welt, je wichtiger wird das Einüben dieser Haltung. Eine Beobachtung scheint noch interessant zu sein: Nicht nur vor dem Sturm hatten die Insassen Respekt, sondern auch vor diesem Jesus. Und so fragen sie sich erstaunt und entsetzt: „Was ist das für ein Mensch, dem sogar der Wind und der See gehorchen?" Menschen, die so sehr bei sich sind wie der „Bootsführer" in dieser Szene, besitzen eine natürliche Form von Autorität. So werden sie nicht nur andere Menschen gut führen, sondern auch sich selbst. Denn sie wissen im richtigen Moment, was zu tun und was – dafür – zu lassen ist. In der Spiritualität des Theologen Dietrich Bonhoeffer ist die Rede von den „letzten Dingen". Nicht im Sinne einer Eschatologie (griech.: die Lehre von den letzten Dingen), sondern in einem mystischen Verständnis. Dieses lässt sich auch auf das Leben im Alltag übertragen. Denn wer sich regelmäßig darin übt, den wirklich im Letzten entscheidenden Dingen, Ereignissen, Beziehungen … auch die Bedeutung für sein Leben zu geben, die ihnen zustehen, für den wird manch anderes ganz wie von selbst „Windhauch, Windhauch, das ist alles Windhauch" (Die Bibel, Buch Kohelet/Prediger, Kap. 1). Diese Haltung zeigt sich dann nicht selten in dem, was man wohl Altersweisheit nennt. Doch sie muss weder auf das Alter noch auf die analoge/physische Welt beschränkt bleiben.

Eine kleine → **Ankerübung** kann Sie dabei unterstützen. Sie ist als Fortführung der Übungen zu Beginn des Buches gedacht. Die Bilder der Erzählung oben sind archetypische Metaphern. Damit sind sie auch ein Spiegel der menschlichen Seele. Wenn Sie so entspannt aufrecht, wie eingangs geübt, sitzen oder stehen, atmen Sie wieder ruhig und gleichmäßig. Sie kennen nun den Punkt, an dem Sie ganz zu sich kommen, schon recht gut. Meditieren Sie die Bilder „Sturm", „Untergehen", „Angst" … oder Begriffe, die Ihnen erfahrungsnaher sind. Spüren Sie bewusst Ihren Gefühlen und inneren Bildern nach, die dabei aus Ihnen aufsteigen. Achten Sie wieder auf Ihre Atmung, atmen Sie ruhig und bewusst. Achten Sie auch auf die Mittelphase Ihrer Atmung, die Pause. Sie haben die Situationen, die aus der Vergangenheit aufsteigen und die Ihr Körper, Ihr Atem, Ihr Herz noch gut kennen, gemeistert. Spüren Sie nach: Was hat Ihnen dabei Kraft gegeben? Wer war damals eine Unterstützung? Welche – bis dahin ungeahnten – Ressourcen sind in Ihnen geweckt worden? Was bedeuten diese für Ihr weiteres Leben seither? Diese sind Ihnen zu Ankern geworden. Betrachten Sie sie dankbar mit Ihrem inneren Auge. Sie besitzen eine besondere Bindung zu diesen Ankern. Überlegen Sie, wie Sie sie pflegen und den Kontakt gut halten können. Und formulieren Sie zwei bis drei Maßnahmen, die Sie demnächst angehen wollen, um einen noch stärkeren Kontakt zu Ihren Ankern zu bekommen. Nehmen Sie sich nun ein wenig Zeit, atmen Sie ruhig und bewusst. Verabschieden Sie sich in Gedanken und in der Emotion nun von den Orten, Situationen, Menschen ..., die Sie in der Meditation gesehen haben und nutzen Sie dazu eine Geste der Dankbarkeit, die Ihnen intuitiv in den Sinn kommt. Nehmen Sie wieder langsam Abschied von der Übung, richten Sie sich auf, öffnen Sie die Augen und bewegen Sie sich. Ihre Anker bleiben. Sie werden Ihnen auch in der virtuellen Welt wieder gute Unterstützer sein.

In der Erzählung behandelte Jesus die Jünger übrigens nicht wie kleine, hilflose Kinder, sondern trat ihnen (obwohl sie sich so benahmen) buchstäblich auf Augenhöhe entgegen. Sich „erwachsen" zu verhalten, kann man nicht nur umgangssprachlich verstehen, sondern auch aus der Perspektive der **Transaktionsanalyse**. Die Theorie geht auf den amerikanischen Psychologen Eric Berne zurück und wurde in den letzten Jahrzehnten von verschiedenen Schulen weiter ausgebaut. Grundlegend für die Transaktionsanalyse ist der Blick auf die Persönlichkeitsstruktur der agierenden Akteure. Insofern zählt diese Theorie zu den psychologischen Ansätzen zur Untersuchung der menschlichen Persönlichkeit. Berne entwarf das „Strukturmodell der Ich-Zustände", nach dem er das „Eltern-Ich", das „Erwachsenen-Ich" und das „Kindheits-Ich" unterscheidet. In der Regel sind diese „Zustände" in der Literatur als Kreise visualisiert. Sie symbolisieren das jeweilige Erleben, mit den dazugehörigen Mustern im Denken, Fühlen, Verhalten und – falls möglich – Handeln. Ähnlich wie im Modell des Inneren Teams sind diese Zustände – entsprechend der inneren, unbewussten **Musteraktivierung** – an Situation und Kontext gebunden. Entsprechend kann eine Person aus dem ausgereiften Erwachsenen-Ich (entscheidungsfähig, für sich selbst wie für andere sorgend, kompromissbereit, sachliche Konfliktlösung) situativ in das Eltern-Ich „springen", wobei es nach der Transaktionsanalyse zwei – unbewusste – Optionen gibt: das „kritische Eltern-Ich“ (hohe Ansprüche, ad-hoc-Entscheidungen) oder das „fürsorgliche Eltern-Ich“ (umsorgend, Schutz bietend, Geborgenheit gebend). Ebenso ist das innere Kippen in den Zustand des „hilflosen“ (überangepasst, Angst vor Fehlern, schnelles Aufgeben), „trotzigen“ (stark insistierend, stark emotional) und „natürlichen“ Kind-Ichs (spontan, kreativ, offen und direkt, humorvoll) situativ und kontextbezogen möglich (vgl. Berne, 1961; Stewart/Joines, 2000). In der Beratung und im Coaching werden Klienten darin begleitet, ihre jeweiligen authentischen „Ich-Zustände“ zu erkennen und diese dann auch zu leben. Für unsere Fragestellung beinhaltet diese Theorie eine große Relevanz.

- **Unsere ⇒ These lautet dazu:** Die virtuelle Welt reizt mit vielfältigen Möglichkeiten das „Kind-Ich“. Gleichzeitig verlangt die Arbeitswelt nach dem „Erwachsenen-Ich“. Und in uns allen steckt der „homo ludens“ (der spielende Mensch), der für kreative Lösungen durchaus eine wertvolle Basis bieten kann, der aber durch digitale Medien noch stärker als bisher getriggert wird. Die Selbstanalyse des jeweiligen „Ich-Zustandes“ und vor allem das adäquate Erkennen beim Kommunikations-Empfänger sind schwerer – weil schneller und verdeckter ablaufend – möglich als in der analog-physischen Welt. Dafür braucht es mental-spirituelle Lösungen.

Virtuelle Melancholie

Wir haben beim Erklimmen unseres Baumes sehr viel über Emotionen nachgedacht. In der Theorie des „inneren Teams“ (vgl. Schulz von Thun) ist die Sprache davon, dass eine **innere Heterogenität** die Möglichkeit des Denkbaren und damit letztendlich die Innovationskraft beim Lösen von Problemen erhöht. Insofern ist das Denken wiederum Ausgangspunkt für die Möglichkeiten im – virtualisierten – Handeln. Wir haben auch herausgestellt, dass es einen Zusammenhang der auditiven Sinne mit den Gefühlen gibt und wir diese in den **virtuellen Isolationen** nutzen können, um eine externe Emotionalisierung zu erreichen. Diese Argumente nutzen vorrangige positive Emotionen, da es um die Innovationskraft, die Motivation und Kreativität geht. Gleichzeitig ist die Empfindsamkeit in der künstlerischen Arbeit eine Ressource, die meist im Temperament der jeweiligen Künstlerinnen und Künstler angelegt ist. Auf die Bedeutung der **Temperamentenlehre** des Hippokrates in ganzheitlich angelegten Begleitungen kann an dieser Stelle nur verwiesen werden. Melancholie hat dabei nichts mit einer punktuellen Traurigkeit und auch nichts mit einer krankhaften Depression zu tun, sie beschreibt die Fähigkeit zum tiefen Einlassen auf Gefühle, die eben auch da sind. Dies ist eine Ebene, die im Sinne einer spirituellen Kompetenz nicht vernachlässigt werden darf, sondern systematisch trainiert werden will.

Die christliche Tradition kennt die → „Karfreitagsliturgie" und „-theologie". An diesem Tag wurde nach der Überlieferung Jesus gekreuzigt. In südlichen Ländern wird der Weg zum Kreuz folkloristisch nachempfunden. Manche Darsteller kommen dabei ganz und gar in die Rolle der eigentlichen Akteure. Diese Karfreitagsprozessionen mögen gewöhnungsbedürftig sein, sie konfrontieren aber mit dem tiefen Leid und versuchen dies ganzheitlich nachzuempfinden. Wichtig bei diesen Traditionen ist aber, dass Ostern in der Liturgie als eine zusammenhängende Feier angesehen wird (das „triduum sacrum). Das bedeutet: Abschied (Gründonnerstag), der Weg zum Kreuz und der Tod Jesu (Karfreitag), das Aushalten der Trauer (Karsamstag) sowie die Auferstehung Jesu (Osternacht) sind ein Gottesdienst – von der Klage bis zum Jubel. Traditionell werden diese Dramatik und Dynamik durch die Fastenzeit, die sechs Wochen zuvor abgehalten wird, noch gesteigert. Aller Verzicht und alles Aushalten wird jetzt übertönt vom Osterjubel (lat. „risus paschalis"). Hierin besteht auch der Grund, warum in vielen Gemeinden an Ostern Witze als Teil der Predigt auftauchen: Der Tod soll mit dem Lachen konfrontiert werden, weil er durch die Auferweckung Jesu keine Macht mehr hat: „Der Tod ist tot, das Leben lebt“, heißt es in einem Osterlied.

In der Logik unseres Buches möchten wir dabei auf einige konzeptionelle Zusammenhänge hinweisen. Gesellschaftlich ist die negative Emotion sanktioniert und tabuisiert: Es ist statistisch sehr viel wahrscheinlicher, dass positive Inhalte medial weitergetragen werden (Kahneman, 2011). Gleichzeitig sind Personen mit vorrangig positiven Inhalten stärker dem Risiko ausgesetzt, sich selbst zu überschätzen und unnötige Risiken einzugehen (vgl. ebd.), werden aber mit einem höheren Prozentsatz als Gesprächspartner von den Medien eingeladen. Diese Systemlogik erzeugt, dass es eine Tabuisierung negativer Gefühle und gar soziale Sanktionen innerhalb eines zweckoptimistisch geprägten medialen Umfeldes gibt. Damit ergibt sich eine generelle Überbetonung, eine affirmative Logik: Wir handeln, weil wir auf positive Motive reagieren. Die Melancholie als gesteigerte Empfindsamkeit ist ein Gegenmodell zu diesem geradezu ideologischen Zweckoptimismus. Schwerfällige Gedanken zuzulassen heißt nämlich auch, seine Gefühle zuzulassen, sich ihnen zu stellen und nicht – in Arbeit oder sonstiges – zu fliehen. So sieht ein Mensch in der Melancholie neue Aspekte der Wirklichkeit, die vom immerwährenden Optimismus überdeckt werden. Der alternative Zugang einer reflektierten Melancholie zur Realität ergänzt das „innere Team“ (vgl. Schulz von Thun) mit einem Wahrnehmungsaspekt, der uns von reflexhaften, pauschalen Urteilen bewahren kann. Diesen Zusammenhang kennen wir vom Reisen: Die meisten unserer Urlaubsziele sind bereits über Bilder bekannt; unsere Wahrnehmung begnügt sich – als Energiesparer – damit, diese vorgegebenen Vorstellungen mit der vorgefundenen Wirklichkeit zu vergleichen. Über ein „trauriges Reisen“ (Schliemann, 2018) kann es gelingen, neue Aspekte der Welt wahrzunehmen, gerade weil wir die negativen Emotionen zulassen und möglicherweise sogar gezielt das Hässliche in der Welt suchen. Insofern plädieren wir für ein Gleichgewicht zwischen Gut und Böse, zwischen schön und hässlich: Das tun wir mit dem Ziel, spirituell kompetente Persönlichkeiten und Organisationen resilienter zu machen. Wir nehmen das Schöne und Gute schärfer wahr, wenn wir uns systematisch mit dem Hässlichen und Bösen beschäftigen. Das betrifft auch die tabuisierten Aspekte in uns selbst: Es sind unsere „Dämonen", die ihre gleichberechtigte Stimme in unserem inneren Team haben. Dazu dürfen wir sie aber nicht „verteufeln", sondern können sie und ihre innerpsychische Funktion ganz wortwörtlich nehmen: als daímōnes (griech.: „Durcheinanderwerfer"). Denn erst die Irritation gebiert Neues und öffnet die Wahrnehmung.

- **Unsere ⇒ These:** „Wechselbäder der Gefühle", die das analoge/physische Leben auch kennt, sind eine gute Grundlage für die mehrdimensionale virtuelle Welt. Denn Menschen, die ihr Ich mit allen ihren Emotionen konfrontieren und diese nicht überspielen, können auch von selbst Strategien der Lebensbewältigung entwickeln. Denn sie kommen auf dem Weg durch die reflektierte Melancholie mit ihren inneren Ressourcen in Kontakt. Insofern dient die reflektierte Melancholie der Steigerung Ihrer Resilienz.

Man muss selbst kein Melancholiker sein, um diesem Gemütszustand positive Seiten abzugewinnen. Religiöse Rituale dienen seit jeher auch dazu, der Schwermut einen Weg zu bahnen. Nur wer den „Karfreitag" kennt, kann „Ostern" richtig feiern. Diesen Zusammenhang gilt es auf schwierige Momente und Herausforderungen im virtuellen Raum zu übertragen.

Warum heißt nicht wozu

Wenn unsere ⇒ **These** zutrifft, dass die Verdichtung bei gleichzeitig zunehmender Zerfaserung im virtuellen Raum zu vermehrten unbewussten Reaktionen führt, dann muss unseres Erachtens auch nach den Möglichkeiten gefragt werden, wieder mehr ins bewusste Handeln zu gelangen. Die Psychologie weiß seit Jahren, dass eine starke Motivation keine hinreichende Garantie ist, ein bestimmtes Ziel auch wirklich zu erreichen. Konkurrierende Ziele werden als Grund dafür ebenso angeführt wie eine unzureichende Stimulierung in den für Emotionen zuständigen Gehirnarealen. Und so wundert es nicht, dass dieses Thema zu einer neuartigen Disziplin geführt hat, zur so genannten Zielpsychologie. Diese untersucht, welche Prozesse ablaufen, um vom Ziel auch wirklich zur Handlung zu kommen. Entscheidend ist dabei, dass die Frage nach dem Grund – „Warum?“ – in die Vergangenheit (die in der virtuellen Welt naturgemäß schneller zurückliegt) zurückführt, die nach dem „Wozu“ einzig nach vorn. Ähnlich wie in der analogen Alltagswelt lässt sich die Frage nach dem Warum aber oft nicht eindeutig beantworten. Unterstellt sie nämlich, dass wir immer ganz klare, rationale Gründe hätten. Je mehr also unbewusst abläuft, umso unklarer – und für uns selbst weniger erkennbar – werden auch die Gründe. Umso wichtiger wird damit aber auch die Frage nach den Zielen – dem „Wozu“ –, um in einer beschleunigten und komprimierten Wirklichkeit möglichst nicht einer Manipulationsfalle nach der anderen aufzusitzen. Neben den oben stark gemachten Aspekten des „bei der Sache“ sowie „im Moment“ Bleibens gehört es zur spirituellen Kompetenz auch, möglichst „bei sich“ zu bleiben. Denn hierin sehen wir die grundlegende Möglichkeit, sich vor übereilten Clicks und Entscheidungen unter Stress zu schützen. Denn nachgewiesener Weise werden Festlegungen in der digitalen Welt schneller getroffen, umso weiter entfernt man sich wähnt. In diese Falle nicht zu tappen und auch im beruflichen Alltag sich immer wieder einen notwendigen Moment der inneren Sammlung zu geben, kann die Kombination aus dem Blick auf das jeweilige – nächste! – Ziel und einem leichten Wenn-Dann-Plan helfen. Alternativ kann auch eine bewusst vollzogene kurze Atemübung Unterstützung bieten. In beiden Varianten geht es darum, sich Distanz und Zeit zu verschaffen. Beides unterstützt Sie im Aufbau einer angemessenen **Affektregulation**.

Bei der Wenn-Dann-Strategie ist es wichtig, konkret zu formulieren. Ein klassisches Beispiel aus dem Alltag kann dies verdeutlichen:

Eine Klientin wollte seit Jahren abnehmen, fiel aber immer wieder hinter ihren Vorsatz, „im nächsten Jahr endlich abzunehmen" zurück. Zielpsychologisch gedacht auch vollkommen verständlich, weil das Ziel zu abstrakt war. Also wurde im Coaching ein konkretes Ziel erarbeitet. Der → ***Wenn-Dann-Plan*** *der jungen Frau hieß dann: „Wenn ich mich am Abend vor den Fernseher setze, dann schneide ich mir einen Apfel." Im Fall einer anderen Frau, die unter den Ausbrüchen ihres Chefs litt, half im Gegensatz zum immer und immer wieder gesetzten Plan, „sich nicht anschreien zu lassen" das →* ***Motto****: „Wenn mein Chef sich im Ton vergreift, dann verlasse ich den Raum." (Beispiele und Anleitung vgl. Hanstein, 2018)*

Empirische Studien belegen, dass diese Art der Zielsetzung selbst in emotional stark besetzten Situationen – wozu eben nicht nur persönliche Herausforderungen zählen, sondern auch durch die Digitalisierung verursachter Stress – gut praktizierbar ist. Weil sie nutzt, was Menschen von Kindheit an kennen, die unbewusste **Automatisierung** von Handlungen (vgl. Gollwitzer, 2011). Wichtig dafür ist aber, das „Dann" auch im Trainieren dieses Musters mit zu verwenden, denn es fungiert gleich einem Schalter. Wenn Sie die Wenn-Dann-Strategie ausprobieren wollen, können Sie dies gern mit folgender Vorlage versuchen:

Nehmen Sie sich kurz Zeit für eine kritische → **Selbstreflexion** Ihrer stressigsten Situationen im virtuellen Raum. Spüren Sie diesen Momenten nach: Wie hat sich Ihr Körper damals verhalten? Wie war Ihre Stimme? Wo war Ihr Atem? Bringen Sie die somatischen Marker in entsprechende Bilder.

Überlegen Sie nun, an welcher Stelle Sie die Situation steuern könnten. Von hier aus lässt sich leicht auch im Selbstcoaching ein Wenn-Dann-Plan entwerfen. Zum Beispiel: *„Wenn mich Kollege X. mit seinem penetranten Ton wieder so unter Druck bringt, dann …"* Bedenken Sie auch, dass Ihre Möglichkeiten im virtuellen Raum um einiges höher sind. Aus einem analog-physischen könnten Sie sich nicht einfach so verabschieden, ohne Stil und Etikette zu verletzen. Nutzen Sie diese Vorteile.

Ergänzen Sie gern hier Ihre Beispiele:

____

____

____

Folgende Atemübung knüpft an den bislang vorgestellten Techniken an. Sie eignet sich zum regelmäßigen Praktizieren, wodurch Ihr Bewusstsein für die „Zeit dazwischen" – übertragen: zwischen Aktion und Reaktion, Anfrage und Antwort, Provokation und Gegenschlag – gestärkt wird. Sie können sie sich auch ohne diesen Kontext zum regelmäßigen, vielleicht täglichen – beim Aufwachen und/oder Einschlafen – Ritual ausbauen:

Für den Anfang ist es gut, wieder eine angebrachte Sitzhaltung einzunehmen. Mit ein wenig Übung schön genügt es, sich der Haltung, die Ihr Körper – im Sitzen oder Liegen, im Stehen oder Gehen – gerade innehat, bewusst zu werden. Beginnen Sie die → **Atempauseübung** dann damit, dass Sie diese Achtsamkeit für sich auf den Atem übertragen: Wo spüren Sie Ihren Atem im Moment, wie tief atmet es in Ihnen – wir verwenden bewusst diese Formulierung, weil wir unseren Atem nicht „machen". Der Rhythmus, den Sie gerade spüren, ist der, der gerade zu Ihrer Verfasstheit passt. Er wird sich im Laufe des Tages verändern, zum Beispiel bereits gleich, wenn Sie aufstehen und Ihr Kreislauf Ihren Körper in Bewegung bringt. Bleiben Sie nun dabei, sich auch auf die innere Bewegung Ihres Atems zu konzentrieren. Vielleicht haben Sie noch ein Bild aus der Nacht im Sinn. Dann legen Sie dieses an Ihren Atem, ebenso können Sie es mit Ihren Wünschen für den heutigen Tag machen, oder wenn Sie beim Einschlafen sind, können es dankbare Momente des heutigen Tages sein. Je achtsamer Sie für Ihren Atem werden – auch hier gilt wieder: Verändern Sie nichts und bewerten Sie nichts, lassen Sie alles laufen, so wie es ist! –, je klarer wird Ihnen dann die Dreiteilung Ihres Atems. Gemeinhin geht man vom Ein- und Ausatmen aus, auch wenn wir Sport treiben. Doch unser Atem hat drei Phasen. Zwischen dem Ein und Aus gibt es einen kurzen Moment der Ruhe. Ein Moment, in dem die Lunge sich vorzubereiten scheint auf diesen Wechsel zwischen Ein und Aus, Aus und Ein. Der kurze Moment erscheint nicht sehr lang. Doch wir atmen schätzungsweise 20.000 Mal pro Tag, da kommt schon einige Zeit zusammen, die unser Körper für Stille und den Wechsel einplant. Und zwar, ohne dass wir den Eindruck haben, dass da etwas fehlen würde, zum Beispiel bei höchster Aktivität. Insofern ist die Drei-Schritt-Atmung eine grundsätzliche Metapher für das Leben an sich. Genießen Sie diese Pause des Atems und nehmen Sie dieses Gefühl mit in den Tag bzw. in die Nacht. Es enthält die tiefe Lebensweisheit, dass nichts in der Natur ohne Pause ist. Und dass auch Sie – egal auf was oder wen – nicht unmittelbar und direkt reagieren müssen. Diese Pause Ihres eigenen Atems kann Ihnen in der entsprechenden Situation als Anker dienen. Halten Sie dann sich und Ihre Impulse, die Sie auch in Ihnen spüren, an ihm fest. Bleiben Sie vor allem bei sich und dieser Erfahrung. Reagieren Sie frühestens mit dem Ausatmen. – Und wenn Sie noch unangenehme somatische Marker spüren, dann erst beim nächsten oder übernächsten Mal. Sie steuern Ihre Reaktion – die im besten Fall mit dieser Übung zur Handlung wird –, kein anderer. Darin besteht das Ziel dieser Technik.

Die jeweilige Frequenz Ihres Atems wird über den sogenannten Säure-Base-Status festgelegt, der sich wiederum am Grad der aktuellen Belastung bemisst. Wenn wir die Erkenntnisse des Embodiment-Konzepts (vgl. S. 64–66) aber ernst nehmen, so lassen sich, **so unsere ⇒ These**, durch bewusste Wahrnehmung somatischer Marker dahinterliegende Muster positiv verändern. Wenn Sie in einer stressigen Situation diese Übung anwenden können bzw. sich Ihr Körpergedächtnis nur an diese Erfahrung der Pause erinnern kann, sind Sie bereits einen entscheidenden Schritt weiter.

Zwischenertrag

Nun war schon mehrfach von Transzendenz und metaphysischen Zugängen zur Wirklichkeit die Rede. Wie die „Schule von Athen" (La scuola di Atene, Fresko von Raffael) eindrücklich zeigt, sind es zwei grundsätzliche Ansätze, die seit der Antike allem philosophischen Denken die Richtung weisen. Mittig im Bild sind die zwei großen Denker abgebildet. Der eine zeigt den Finger nach oben, der andere nach unten. Erster ist Platon, der vom Reich der Ideen erzählt, der Zweite Aristoteles. Während sich all jene auf Platon berufen, die theoretische Philosophie betreiben, beginnt Aristoteles seine Philosophie bei der Anschauung der sichtbaren Welt, der Physis (griech.: „Natur"). Entsprechend baut er auch seine Bücher auf, so dass er nach seinen Abhandlungen über die Physis die zur Metaphysik verfasst, über jenes, nach der Natur/Physik. Bleibt man für den Moment, ohne die weitere philosophiegeschichtliche Entwicklung dieses Begriffes näher zu betrachten, bei der Bedeutung des Begriffes und beim aristotelischen Zugang auf die Dinge, so können wir ⇒ **schlussfolgern:**

Virtuelle Lebens- und Arbeitswelten sind an sich bereits – wörtlich verstanden – metaphysische Räume. Damit wären auch die Prozesse in diesen Räumen, die Kommunikationsweisen und Begegnungen metaphysischer Art. Doch was bedeutet dieser – durchaus radikale, also wörtlich (lat.): zur Wurzel reichende – Gedanke? Für unsere Fragestellung heißt er doch, dass unsere Forderung nach spiritueller Kompetenz nur folgerichtig sein kann. Und dass – mit Aristoteles gesprochen – die Physis nur bedingt auf die Metaphysik vorbereiten kann.

Wer entwirft, schafft, designt und produziert, der weiß auch, dass (physischen) Dingen eine „Seele" innewohnen kann. Sie wird ihnen – metaphorisch gesprochen – im Schaffensprozess gleichsam eingehaucht. Nur so ist es verständlich, dass die Architektur und das Interieur eines (an sich zum Beispiel alten und auch renovierungsbedürftigen) Hauses eine Atmosphäre ausstrahlen, die nicht gemacht werden kann, die sich ergibt, die einfach da ist. Diesen „Geist" eines Hauses kann man spüren, bei Gegenständen fühlt man ein Bedürfnis nach Berührung. Man möchte ein solches Faszinosum mit allen Sinnen genießen. Neben dem Gehör spielen in den Religionen der Tast- und Geruchssinn ebenfalls eine große Bedeutung, um Rituale und Zeremonien ganzheitlich wahrzunehmen – und so metaphysische, transzendente Erfahrungen anzubahnen. Was bedeutet aber diese Beobachtung für den virtuellen Raum – und eine hier notwendige spirituelle Kompetenz?

Mit diesen beiden Gedanken wollen wir unser Hauptkapitel beginnen.

Zeit für mich
Zeit für andere
Transaktions-analyse
Ich bin:
Suche Lebenssinn
Erwartungen nach einem Existenzial
Anpassung
Mein Anker
NOT-WENDIGKEIT
Werte als Kraftquelle
virtuelle Verbundenheit
Irritationsfähigkeit
Irgendwann
Offenheit
Umwege
Chance
Scheitern
EXISTENZial
Isolation
Selbstkultivierung
Ideen äußern
FAMILIE
PARTNERIN
Sport
WOW
Tribalität
ästhetische Erfahrung

Wandel
Anker
sich dehnen
Mein inneres Bild
In der eigenen Blase sitzen
Potential
Befürchtungen
schützt und ist robust!
Selbstliebe
erst X! dann X
negative + positive Freiheit
Sinn?
Verbundenheit
Reflexion
Selbstkompetenz
Verantwortung
Empathie
Selbstwert
Fokus

DIE KRONE

Sie haben mit uns gemeinsam gedanklich den Baum so gut wie bestiegen. Es freut uns, dass Sie uns soweit gefolgt und nicht wieder „abgestiegen" sind. Wir haben auf dem Aufstieg über die körperlichen, geistigen und seelischen Bezüge der virtuellen Lern- und Arbeitswelten nachgedacht.

Die durch die Digitalisierung entstandene Welt zeigt sich zunächst über die Hardware: Es sind die Geräte und Maschinen, die unsere Phantasie über eine mögliche Zukunft beflügeln. Diesem Nachdenken haben wir den menschlichen Geist vorgeschaltet, der nicht spontan und reflexhaft reagiert, sondern über Reflexion (oder gar Transflexion) den digital vermittelten Handlungen eine Absicht – einen Geist – verleiht. Die, bis hierhin gesammelten Techniken und Übungen möchten wir als Hinweise verstanden wissen, wie das „neue" Menschsein in diesen digitalen Umwelten glücken kann.

Über die Hard- und Software als Mittel zur Produktion von Sinn nachzudenken, ist dabei die Kernfrage. Gleichzeitig möchten wir im abschließenden Kapitel diesem „Geist" nachspüren. Daher ist wichtig vorauszuschicken, dass dieser Geist dadurch entsteht, dass wir als Subjekte der Digitalisierung unsere symbolisch vermittelten Handlungen eigenaktiv vollziehen müssen. Wir nehmen das entstehende gesellschaftliche und technologische Ganze nicht als gegeben hin.

In diesem Sinne steckt in der begrifflichen Bedeutung des „Geistes" eine zu findende, individuelle Absicht. Diese individuelle Absicht herauszufinden ist notwendig, um etwa eine Gegenposition gegenüber institutionalisierten Absichten von vor allem Internetunternehmen zu schaffen: Solcherlei Absichten in den digitalen Plattformen und Tools zu erkennen, ist zunehmend schwierig und benötigt eine vielschichtige Kritikfähigkeit und eine fundierte Handlungskompetenz: Alleine die Fundierung der derzeitigen Geschäftsmodelle der Plattformen auf die Werbung bringt mit sich, dass User die Analyse ihres Verhaltens gegen die Nutzung stets besser werdender Tools (Kucklick, 2015) eintauschen. Was mit diesen Tauschverhältnissen in Zukunft geschieht, ist offen.

Eine so verstandene spirituelle Kompetenz ist eine Handlungskompetenz, weil sie von den Bedeutungen ausgeht. Über diese Bedeutungen komplex, intuitiv und sich selbst zugewandt nachzudenken und das so Wahrgenommene in Handlungen zu übertragen, ist das Ziel dieser Handlungskompetenz. In einer digital strukturierten Welt, in der formale Bildung ihren absoluten Wert verliert, spricht Christoph Kucklick von der „Irritierbarkeit“ (ebd., S. 210). Dieses Gegenmodell besteht gerade darin, sich von „Dingen und Situationen anregen zu lassen und ergebnisoffene Prozesse zu starten“ (ebd.). Hier kommt zum Tragen, was spirituelle Kompetenz an Potenzial birgt: Sich auf die personale Kreativität und – in bewusst religiösen Worten ausgedrückt – schöpferische Macht fokussiert, stellt ein dauerhaft nicht künstlich herstellbares Potenzial dar. Zwei Beispiele zu dieser These werfen unterschiedlich komplexe Fragen auf: Im Hören von Musik, die von einer künstlichen Intelligenz komponiert wurde, drängt sich das Fehlen dieser schöpferischen, personalen Signatur auf. Vermutlich ist dieses Fehlen ein in der Informatik zu lösendes Problem und wir werden auch als Musikkenner Schwierigkeiten haben, Musik von Menschen oder Maschinen auseinanderhalten zu können. Aber das Phänomen, dass in dem Moment eine E-Mail eintrifft von jemandem, an den wir spontan denken mussten, ist vermutlich in der Informatik schwerer zu erklären. Um Phänomene diese Art geht es uns. Wir möchten dabei aber vorwegnehmen: Auf Phänomene dieser Art haben wir keine Antworten. Sie regen aber – wir hoffen auch Sie – zu weiteren Fragen an.

Praktische Ausgangslage: Ergebnisse einer Umfrage zum Thema

Wie in der Einleitung geschrieben, war ein Auslöser für dieses Buch eine Umfrage zum Thema „Studienorganisation – organisatorische Hindernisse und eigene Ressourcen" (vgl. die Fragen und Antworten sowie demographischen Angaben im Anhang). 767 Studierende und Alumni der DIPLOMA-Hochschule wurden dazu befragt und die bis zur Drucklegung dieses Buches vorliegenden Rückmeldungen und Datensätze wurden ausgewertet. Sie waren eine wertvolle Grundlage, um konkrete Bedarfe beim Schreibworkshop im Auge zu behalten und sich immer wieder an diesen auszurichten.

Die Befunde im Einzelnen lassen sich wie folgt zusammenfassen:

- Auf die Frage nach dem **Spannungsfeld Privatleben/Familie/Beruf/Studium** lagen die meisten Ausschläge bei den Kontexten *Familie/Partnerschaft* sowie dem *Gerecht werden des eigenen Anspruchs* im vorderen Bereich der Skala, das heißt, dass diese Bereiche als sehr stark beansprucht (selbst) eingeschätzt werden. Im Vergleich dazu zeigte sich beim Fragekontext *berufliche Ansprüche* während des berufsbegleitenden Studiums ein ausgeglicheneres Bild.
- Auf die Frage nach dem **größten Unterstützungsbedarf** lag der Schwerpunkt auf den Aspekten *Zeit- und Selbstmanagement*, in O-Tönen: „Strukturierung des Workloads", „sinnvolle Zeit-

einteilung“ oder „Strukturierung der eigenen Arbeitszeit“, ein zweiter auf *Softskills* und der *mentalen Betreuung* bei der, wieder im O-Ton: „Druckbewältigung“.

- Auch auf die Frage nach dem **mittleren Unterstützungsbedarf** lag der Schwerpunkt *Zeitmanagement* und, im O-Ton, „Organisation des Alltags“ vorn, gefolgt vom Bedarf an *fachübergreifender Beratung und Hilfestellung.*
- Auf die Frage nach **regelmäßig** angewandten **Strategien und Techniken**, der Mehrfachbelastung zu begegnen, wurden in über der Hälfte aller Rückmeldungen *Sport und Spaziergänge* genannt, gefolgt von der Wichtigkeit *sozialer Kontakte* für den persönlichen Ausgleich. An dritter Stelle werden *Entspannungsübungen* genannt. Diese reichen von Yoga (als deutliche Mehrfachnennung) über Power-Napping bis zu unspezifischen Angaben wie, im O-Ton: „einfach entspannen“.
- Auf die Konkretisierungsfrage nach der **häufigen** Anwendung der Techniken verschob sich das Bild. Hier lagen die sozialen Kontakte an erster Stelle, gefolgt von *Sport und Spaziergängen bzw. Wanderungen.*
- Diese Techniken in **stressigen Situationen aktivieren** zu können, gab die Mehrzahl mit *ausreichend bis mangelhaft* an.
- Die Frage nach der Selbsteinschätzung der aktuellen **Work-Lern-Life-Balance** ergab bei über der Hälfte der Rückmeldungen *negative Bewertungen.* Diese reichten, wieder in O-Tönen, von „verbesserungswürdig“, „unausgeglichen“, „schwankend“, „risikoreich“ bis zu „stressig“ und „katastrophal“.
- Bei der Frage nach der **größten Unzufriedenheit** wiederholte sich der bereits auf die Frage nach dem Unterstützungsbedarf geäußerte Schwerpunkt, das *Zeitmanagement.* Als zweiter Schwerpunkt zeigte sich hier der angezielte *Ausgleich zwischen Familie, Partnerschaft, Beruf und Studium.*

- Als weitgefächerter Antwortbereich gab sich die Frage nach der **Erfahrung von Sinn** zu erkennen. Nach konkreten Situationen im Studium befragt, konnte *durchweg eine Antwort* gegeben werden. Diese reichten von, wieder in O-Tönen: „in Projektarbeiten mit Praxisbezug", „bei der konzentrierten Bearbeitung von Projekten", der „Umsetzung ins Berufsleben" zu „Aha-Momenten im Studium" bis zu „Selbstverwirklichung". Deutlich wurden Mehrfachnennungen in den beiden Bereichen *Personale Kompetenz* und der *Erfahrung mit Neuem.*
- Bei der Frage nach den **belastenden Situationen** im Studium rankten diese wieder (erneut) um die Aspekte *Mehrfachbelastung* und *Zeitmanagement.*
- Die Frage nach dem **Verhältnis zu den Kommilitonen** wurde als hauptsächlich *positiv* eingestuft. Auffallend waren vor allem ein *professionelles Verständnis* von Verhältnis, ähnlich wie im Arbeitsleben, und die Feststellung einer vergleichbaren Qualität dieses Kontaktes zum analog-physischen Format. Im O-Ton: „… nie gedacht, dass man bei einem virtuellen Studium so einen engen Bezug herstellen kann …" Oder: „… wie auch im normalen Studium …"
- Die Frage nach **Schlüsselerlebnissen** im Studium, die der **Entwicklung als Mensch** grundsätzlich zuträglich gewesen sind, ergab (ähnlich wie bei der Frage nach Sinn und Sinnerfahrungen) ein *breitgefächertes Bild*, das sich schwer in Kategorien unterteilen lässt.
- Auf die Frage nach dem **Zugriff auf lernnotwendige Emotionen** wurden durchgängig mentale Techniken genannt, die – wenn auch zum Teil im Ansatz und unspezifisch – vorhanden sind. Diese reichen von der *Organisation des Arbeitsplatzes*, zum Beispiel als O-Ton, „durch Abschalten von anderen ‚Störfaktoren'" und „feste Zeiten, in denen die Persönlichkeits-

> rollen von Mutter, Ehefrau, Freundin, Hausfrau usw. auf Studentin reduziert werden", zu Bewusstmachungs-, Konzentrations- und Imaginationsübungen; wieder im O-Ton: durch „Fokussierung auf mein Ziel" (sinngemäß Mehrfachnennung).

Dieser Ratgeber versteht sich daher als Ergänzung zur fachlichen Begleitung. Neben dieser hat „unsere" Hochschule zum Beispiel auch bereits eine „Schreibberatung" etabliert. Unsere Beobachtungen wollen diese bisherigen Konzepte weiterentwickeln und für neue, bislang noch nicht gedachte Möglichkeiten sensibilisieren.

Die Ergebnisse der Befragung indizieren einen signifikanten Bedarf an mentaler Unterstützung im Kontext der virtuellen Lehre. Wir gehen soweit, diese Bedarfe auch als Hinweise für andere Formen und Formate des virtuellen Arbeitens zu verstehen. Unser Ansatz ist es nicht, klassische Aspekte beispielsweise des Zeitmanagements zu überarbeiten. Vielmehr liegt uns, an diesem Beispiel, daran, den Umgang mit der Zeit als Existenzial zu thematisieren, bewusst zu machen – und den Leser anzuleiten, daraus die notwendigen praktischen Konsequenzen zu ziehen. Deutlich wurde durch die Umfrage aber auch, dass der deutliche Großteil der Befragten seine mentale Kompetenz durch die Auseinandersetzung in und mit der virtuellen Lehre signifikant ausgebaut hat.

Da die größte Beteiligung an der Umfrage von Alumni ausging, können die Felder mit Entwicklungsbedarf auch als Rückmeldung an die Qualitätsentwicklung von Lehren, Lernen – und Arbeiten – in der virtuellen Welt verstanden werden. Und so sollen sie hier auch als Hintergrundfolie für die folgenden Aspekte dienen, deren Bewusstmachung und -haltung wir als unerlässlich für die Ausbildung einer spirituellen Kompetenz erachten.

Virtuelle Notwendigkeiten vs. Selbstwirksamkeit

Eine virtuelle Kompetenz ist kein Selbstzweck und keine romantische Mental-Wellness. Sie ist eine Anpassungsleistung an eine sich verändernde Umwelt. Wie bereits herausgestellt, sind die Ansätze wie das „virtuelle Fasten" Techniken, um dem reflexhaften Reagieren auf mediale und kommunikative Impulse durch eigenes bewusstes Handeln und reflektiertes Verhalten in kompetente und freiheitliche Bahnen zu lenken. Diese **Zweckgebundenheit** ist die zentrale These für diese Kompetenzbildung. Erst die Einsicht in die Notwendigkeit einer Anpassung begründet ihre Bedeutsamkeit.

Für das Kernprinzip der Notwendigkeit gibt es unterschiedliche Wege, Notwendigkeit zu begründen: Die naheliegendste ist sicherlich die zweckrationale Notwendigkeit, nicht über Gebühr Zeit in digitalen Medien zu verbringen, die von der eigentlichen produktiven Zeit abgeht. Hier begründet die Notwendigkeit das Fokussieren über eine professionalisierte spirituelle Kompetenz. Wie bereits herausgestellt, ist es hier die sinnhaft verstandene Bedeutsamkeit, die uns den Fokus angesichts eines endlichen **Existenzials** finden lässt. Eine weitere, weit wichtigere Begründung der Notwendigkeit ist das Prinzip der **Freiheit**: Realisieren wir – etwa über Askese, Gelassenheit oder Stille – ein Gegenmodell zu den systematischen Lernprozessen der Algorithmen auf der Seite der Plattformen, entziehen wir uns deren Wirkungsabsichten. Diese bestehen naturgemäß darin, die User in sozialen Medien zu binden; es wurden zwischenzeitlich vielerlei empirische Nachweise dafür erbracht, wie diese symbolischen Impulse das Belohnungssystem nutzen, um diese Wirkung zu erzielen. Aus dieser These ergibt sich die Frage, zu welchem Zweck die unterschiedlichen Plattformen die Alltagshandlungen beeinflussen – eine Zweckfreiheit ist dabei nicht das Ziel, sondern die Unterscheidung von externen und internen Zwecken. Hier spielt die traditionell religiöse Frage nach dem Sinn die zentrale Rolle. Gleichwohl läuft dieses Argument in die Richtung religiöser Heilsversprechen, das Empfinden von Stimmigkeit, Zufriedenheit und Glück aus einer mentalen Praxis zu beziehen. Das ist zugegebenermaßen ein hochgestecktes Ziel, reagiert aber auf zwei alternative Verhaltensmuster: Erstens sich den Zusammenhängen zu verweigern und digital „auszusteigen". Zweitens das Bestreben nach einer angemessenen Autonomie angesichts der differenzierter werdenden digitalen Vereinnahmungen. Da die zweite Alternative die produktivere der beiden Alternativen ist, möchten wir diese vertiefen: Beim Zweck spielen Tauschverhältnisse eine Rolle. Vermeintlich günstige oder kostenfreie Angebote dienen dem externen Zweck, Informationen über Verhalten zu sammeln, die auf Werbemärkten ihren Wert haben. Insofern wäre die wirtschaftliche Askese eine Verweigerung, die in die Irre führt: Plausibler wäre, für sinnvolle und hochwertige Dienstleistungen und Informationen auch den entsprechenden Preis zu zahlen.

Die These der **Not-Wendigkeit** spielt auf das Reframing der jeweiligen Zwecke an. Eine „Not" im Sinne eines Handlungsdrucks zu empfinden, ist eine Grundlage alles Lebendigen. Diese ist wichtig – es wäre ein fehlgeleitetes Ziel, diese „Not" verhindern zu wollen. Damit ist es ein Prinzip der Lebendigkeit, sich systematisch neuer „Nöte" im Sinne von Herausforderungen zu stellen. Im umgekehrten Fall bedeutete es Stillstand, sich vor Herausforderungen der digitalen Gesellschaft – in Analogie zu den angesprochenen religiösen Möglichkeiten: als Eremit – abzuschotten zu wollen. Gleichzeitig steckt im Wort der Notwendigkeit das „Wenden" und damit die Bedeutung des Veränderns der Richtung: Den notwendigen Zweck zu erreichen, muss nicht zwingend auf dem üblichen Weg der Plattformen, Tools und Technologien geschehen. Diesen Weg regelmäßig zu reflektieren – näherhin zu transflektieren – ist eine dauerhafte Aufgabe, die aus der professionellen angewendeten spirituellen Kompetenz erwächst. Denn die mit den aufgezeigten Dynamiken der virtuellen Welt einhergehenden – vom Subjekt gefühlten – **Entfremdungstendenzen** können entweder als Gefährdungen angesehen oder angenommen werden. Im ersten Fall werden sie und mit ihr alles Neue bekämpft oder bestenfalls verdrängt. Der kulturpessimistische Pädagoge ist hierfür der Prototyp, der auch nicht die Neuerungen aufgreift, die nachgewiesener Weise dem Lernerfolg und der intrinsischen Motivation dienen. Stattdessen wähnt er sich in einer „guten alten" Zeit (die es nie gab). Im zweiten Fall ist es der Prototyp des Junglehrers, der selbst mit den „neuen" Medien aufgewachsen ist und sie von Kindheit an zu handeln gelernt hat. Er weiß, wann es gut ist, einen Youtube-Link als Hausaufgabe aufzugeben anstatt eine Textarbeit zu erwarten. Und er kann in der nächsten Stunde wie selbstverständlich daran anknüpfen, weil es keine leidigen Diskussionen (und Tagebucheinträge) über nicht erledigte Hausaufgaben gab. Freilich arbeiten wir an dieser Stelle mit Stereotypen – der Leser mag sich hier selbst einordnen.

Das Entscheidende ist dabei die Haltung, sich in seiner Freiheit und seinem Selbststand von den medialen Entscheidungen nicht tangieren zu lassen. Freilich hat jeder leidenschaftliche Lehrer auch Leidenschaften für bestimmte Methoden und Sozialformen. Doch entscheidend ist auch hier die Stimmigkeit zwischen der Lernausgangslage, dem Thema/Inhalt, den Zielen und der verfügbaren Zeit. Jeder professionelle Lehrer wird es nicht als Eingriff in sein Selbst und sein **Selbstkonzept** begreifen, wenn er variieren muss – ebenso wenig, wie er Hinweise und Bemerkungen von Seiten der Schüler als persönliche „Angriffe" wertet. Er bleibt bei sich und ganz und gar selbstwirksam. Denn das Gegenteil wäre die Manipulierbarkeit. Aber er weiß auch um die Notwendigkeit, es so oder so zu tun. Spirituell gesprochen: Er ordnet sich einem bestimmten Zweck unter, verhält sich asketisch – bleibt aber authentisch. Was für den physischen Unterrichtsraum gilt, lässt sich ebenso auf den virtuellen Lern- und Arbeitsraum übertragen.

Virtuelle Verbundenheit vs. subjektive Robustheit

Im Alltag der virtuellen Lehre ist der Wechsel aus dem familiären Umfeld am Samstag in eine halböffentliche Online-Vorlesung eine große Herausforderung. Hier geben wir als Dozenten mit Stille-, Atem- und Fokusübungen mentale Hilfestellungen, diesen Wechsel aus der **Isolation** heraus hin in eine digital konstituierte Gruppe gelingen zu lassen. Der darauffolgende Zustand ist ebenso neuartig und herausfordernd: Es entsteht eine virtuelle gemeinschaftliche Situation, die als Realität wahrgenommen wird und in Erfahrungsberichten keinen Mangel aus ihrer Virtualität mehr trägt, wie folgendes Zitat zeigt: „Also es ist wirklich wie ein Familientreffen. Wir freuen uns alle sehr." (Lanig, 2019). Die individuellen Entwicklungen und Bildungseffekte (vgl. Wenger, 1998) sind aus Lehrendensicht qualitativ mit Präsenzformen vergleichbar, so dass diese Virtualisierung ihre bildungstheoretisch nachweisbaren Wirkungen entfaltet. In der kunstpädagogischen Konzeption kann dies durch die Interaktion der virtuell manifestierten Gruppe erklärt werden. Denn nur so werden die Dynamiken und Entwicklungen im Selbstbild von Lernenden verstehbar. Es geschieht also auch hier ein Lernen „vom anderen her" (Arnold). Die didaktische Diskussion um die Formate des blended learning sollen an dieser Stelle nicht vertieft werden. Es geht uns darum, die mentalen und spirituellen Herausforderungen dieses Format herauszustellen: Auf der einen Seite die Isoliertheit des Subjektes, dass sich mit der Komplexität und Neuartigkeit dieses Formats konfrontiert sieht und auf der anderen Seite die virtuelle Gruppe, in der ästhetische Lernerfahrungen gemacht werden.

In diesem Sinne lernen zum Beispiel Studierende im ersten Studienjahr, eine individuelle Robustheit über Selbstsorge und den Ritualen der Fokussierung gelingen zu lassen. Dies geschieht anfänglich über eine „kühle" Opportunität im Sinne des Komforts, diese halböffentliche Situation in den privaten Rahmen hinein- und herholen zu können (Lanig, 2019). Dem weicht im zweiten Studienjahr die Einsicht, über eine intensive „warme" Aneignung dieses Formats die erforderliche Effizienz für die gesteigerten, gestiegenen Anforderungen des Studiums entstehen zu lassen. Diese Aneignung geschieht über die Bedeutsamkeit und die Erfahrung von Sinn aus dem Lernen selbst. Dies ist keine Linearität. Es ist in einigen Biografien auch ein Scheitern dieser Entwicklung nachzuzeichnen. So erweist sich die Robustheit als notwendige Entwicklung von virtuell Studierenden, über Sinnerfahrung eine Resilienz in neuen digitalen Bildungsformaten zu bilden. Diese Resilienz ist bei allen Beteiligten mit einer grundsätzlichen Komplexität und Kontingenz gekennzeichnet, so dass die Robustheit eine Bewältigungsstrategie von „Murpy's Law" ist. Diese Selbstkompetenz ist eine notwendige Voraussetzung, die **Verbundenheit** mit anderen einzugehen.

Die digitale Öffentlichkeit eines virtuellen Seminars verlangt eine eigenaktiv hergestellte Sichtbarkeit der einzelnen Personen. Diese äußert sich unsere Beobachtung nach am nachhaltigsten mit dem Äußern von Ideen – diese Ideen tragen die individuelle, persönliche Signatur der Menschen. Über diese symbolische Kommunikation (vgl. Truninger, 2019) entsteht ein virtueller „Klassenverband". Hier sind gemeinsame Erfahrungen, Geschichten und Rituale ein verbindendes Element, wie sie auch in realen Gemeinschaften entstehen. Diese Verbundenheit der Gruppe ist eine Gegenposition zur Robustheit des Einzelnen. Eine Analogie aus unserem Seminaralltag kann dies illustrieren: Vielleicht kennen Sie diese Übung, in der die Teilnehmer einen Holzklotz in der Mitte über Schnüre aufeinanderstapeln sollen. In dieser Übung stellt sich stets die Erkenntnis ein, dass das Aufeinanderstapeln der Holzklötze nicht über Sprache geführt werden kann: Die Teilnehmer fangen stattdessen an, körpersprachlich und darüber hinaus diese Bewegungen zu koordinieren und sind (meist) damit erfolgreich. Es stellt sich die Frage, wie diese neben- und körpersprachliche Kommunikation im virtuellen Raum geschehen kann. Man kann vorwegnehmen, dass eine solche diffizile Koordination zum jetzigen Stand der Technik (noch) nicht funktioniert. Aber im übertragenen Sinne geschieht die virtuelle Verbundenheit über einerseits eigenaktive Kommunikation, die die anderen in der Gruppe über das jeweilige Handlungsziel in Kenntnis setzen. Andererseits bedarf es einer darüber hinaus gehenden „virtuellen Gruppenintelligenz", Handlungen oder gar Vorhaben bei anderen wahrzunehmen und auf neuartige Signale zu achten: Das kann wie auch im traditionellen realen Raum Gesichtsausdruck, Intonation der Stimme und Körperhaltung vor dem Computer sein. Hinzu kommen aber auch Kriterien wie Reaktionszeit, die eine Chat-Nachricht braucht, die sprachliche Analyse des Geschriebenen, die Postings in den sozialen Medien der Gruppenmitglieder unabhängig vom Projekt etc. – kurzum, diese soziale Wahrnehmung entfernt sich aus dem situativen Rahmen und ist im Makrokontext des virtuellen (Um-)Raums verlagert.

Die verbindende Linie zwischen beiden Positionen ist die selbstorganisierte Öffnung bzw. Schließung dieser Sphären. Die Metapher „Ich sitze in meiner eigenen Blase" (Lanig, 2019) zeigt diese gegensätzlichen Positionen recht deutlich. Gleichzeitig gelingt es den Studierenden in der ersten Studienhälfte, diese „Blasen" temporär und themenorientiert zu öffnen. Hier drängt sich das Bild der Zellmembran auf, die in einer **Semipermeabilität** diese Diffusion zulässt. Dieses Bild in seiner Plastizität verlangt eine Selbstkompetenz der digitalen Gesellschaft: sich in einer digital manifestierten Gemeinschaft und mit einer über Sinn erfahrene gemeinsame Mission als Person sicht- und hörbar zu machen. Das verlangt von den Einzelnen solidarische **Selbstsorge**, einen kompetenten Umgang mit **Kontingenz** und damit – im Ergebnis – eine individuelle **Robustheit**. Erst dann kann sich dieses selbst-kompetente Subjekt in die Verbundenheit der digitalen Öffentlichkeit begeben. Denn dann ist das Subjekt resilient, sich den Risiken einer (vermeintlichen) digitalen Auflösung zu stellen: Weil es – erst – dann als Person wahrnehmbar und handlungsfähig ist.

Anthropologisch lässt sich diese Erfahrung mit zwei philosophischen Ansätzen unterstreichen: Der jüdische Philosoph Martin Buber spricht vom „Ich-Werden am Du", von einer Art Selbst-Verwirklichung, die so erst durch den oder die Andere – durch das innere sich Öffnen auf ihn hin – entsteht, letztlich entstehen kann (vgl. Buber, 1995). Dieser Ansatz sieht das Subjekt nicht als isoliertes, atomistisches Einzelwesen an, sondern als angewiesen auf ein Gegenüber. In diesem Sinne hat der Künstler Roland Litzenburger eines seiner Bücher überschrieben: „Wer bin ich, wenn mich niemand anschaut" (Litzenburger, 1987). Denn erst, indem sich das Ich im Gegenüber spiegelt, kann es sich mehr und mehr selbst erkennen – entsprechend des „gnṓthi seautón" aus dem antiken Delphi (latinisiert: „nosce te ipsum").

Diese These lässt sich nicht nur philosophisch entfalten – man denke nur an Platons Gleichnis von den Kugelmenschen, die sich exakt brauchen, um ganz und um eins zu werden –, und kommunikationstheoretisch untermauern, sondern auch ganz alltagspraktisch: Jeder Mensch – und jedes System – braucht ein Korrektiv, um die Ideen und Vorstellungen des eigenen Kopfkinos mit einer anderen Perspektive abzugleichen, braucht eine Ergänzung, um kein zu glattes, zu idealistisches Selbstbild auszubilden. Virtuell ist dieses Gegenüber in seiner Fähigkeit zur Spiegelung eingeschränkt, da es nicht alle in der analog-physischen Welt wahrnehmbaren Aspekte erkennt. Die ganzkörperliche Sprache bleibt in der Regel bis zur ersten analogen Begegnung verborgen – und damit wesentliche Aspekte der Identität. Dieser erste physische Kontakt ist daher in aller Regel ein Aha-Effekt für beide Seiten. An diesem Begegnungs-Moment wird auch die Intensität und Vertrautheit deutlich, die bisher – oft über etliche Semester – entstanden ist: Es sind intensive, längere Blicke, mit denen beide Seiten ihr bisheriges Bild vom je anderen checken. Ein intensiver Abgleich findet statt, bevor man an dem Punkt weitermachen kann, an dem man virtuell als letztes gemeinsam geendet hat. Dass dieses Phänomen Auswirkungen auf Konflikte im virtuellen Raum, eine adäquate Konfliktkultur und alternative Konfliktbewältigung hat, kann an dieser Stelle nur angemerkt werden. Diese Beobachtungen wären ein eigenes Büchlein wert.

Für Platon bestand Selbsterkenntnis – was in diesem Kontext interessant sein dürfte, da seine Philosophie vorchristlich ist – in der Sorge um die Seele. Insofern sehen wir in dem ebenfalls jüdischen Philosophen Emmanuel Levinas eine wichtige Ergänzung zu Martin Buber: Levinas hat den anderen als stets „bleibend Anderen" definiert (vgl. Levinas, 1983). Anschaulich wird dies am Beispiel der Paarbeziehung: Egal, ob man fünf Monate oder fünfzig Jahre zusammen ist, ist es wichtig – wird aber zugleich bei wachsender Zahl an gemeinsamen Jahren nicht einfacher –, das Ich des Partners nicht gegen sein Bild vom Partner auszutauschen. Diese Prozesse verlaufen aber nicht bewusst, sie sind schleichend.

In der **Seelsorge** und im **Paarcoaching** zum Beispiel wird wieder erarbeitet, wie es gelingen kann, dem anderen hinreichend Eigenes zu belassen und trotzdem nicht an der Gemeinsamkeit und am gegenseitigen Vertrauen zu zweifeln. Es mag eine Kunst sein, dies immer wieder hinzubekommen, vielmehr zu probieren, eine Lebenskunst im wahrsten Sinne des Wortes. Und es wird eine Kunst bleiben müssen, um nicht zur Selbstverständlichkeit zu werden. Denn diese mag zwar Sicherheit geben, tritt dann aber an die Stelle der persönlichen Weiterentwicklung. Eine Art von Selbstverständlichkeit, die die gute und erotische Spannung zweier Menschen letztlich mehr und mehr auflösen und eine Beziehung zu einem Grab werden lassen kann.

Jede Beziehung ist nur so stark wie jeder einzelne Partner, analog verhält es sich mit – egal ob privat oder beruflich – Gemeinschaften. Alle Tendenzen, in denen Menschen in Gruppen – und hier ist der Begriff bereits sehr bezeichnend – aufgehen, lassen geschwächte Individuen zurück. In einem humanistischen Sinne ist das „Ich" wichtiger als das „Wir-Gefühl". So gilt es, das Subjekt zu stärken, um seinen Selbstwert nicht aus Gruppenprozessen heraus definieren zu müssen. Dies sehen wir als wichtige Voraussetzung einer spirituellen Kompetenz im Kontext virtueller Lebens- und Arbeitswelten an. Denn diese (neuen) Räume beinhalten weit mehr Möglichkeiten der Zerstreuung – letztlich: des Selbst.

Virtuelle Eigenartigkeit vs. Andersartigkeit

Damit wird deutlich, dass die spirituelle Kompetenz auf das Handeln des Individuums innerhalb einer digitalen Gesellschaft ausgerichtet ist. Doch in diesem Handeln sind zwei paradoxe Phänomene zu beobachten: Einerseits erzeugt die Verbundenheit mit der schieren Größe des Internet ein hohes Maß an Ähnlichkeiten zwischen Personen, die sehr spezielle und auch **seltene Phänomene** aufweisen: Es ist ein großes Potenzial, sich mit Menschen austauschen zu können, die ein ganz spezielles und kleines Feld verbindet. Dies ist ein Phänomen, das Studierende zum Beispiel mit „Brüder und Schwestern im Geiste" (Hanstein/Lanig, 2019) umschreiben; gerade, weil sie mit einer solchen „Seelenverwandtschaft" in virtuellen Hochschulen nicht gerechnet haben. Andererseits gibt es den rätselhaften Effekt, dass Personen offen ihre Intoleranz und Ablehnung im Internet zeigen – und dies, je weniger sie diese vermeintliche Andersheit im Alltag betrifft. Dieser Effekt ist im US-Wahlkampf ebenso sichtbar geworden wie er in der deutschen Provinz vorherrscht. Er wird zu populistischen Zwecken missbraucht, ohne dass die entsprechenden Personen dies unter Umständen so wollen. Dieser Effekt ist ein dramatisches Negativbeispiel fehlenden virtueller, ethisch verantwortbarer Handlungskompetenz.

Während der erstgenannte Effekt ein Potenzial im Sinne einer humanistischen Denkweise darstellt, und zwar seinen individuellen persönlichen Entwicklungsweg zu gehen, ist der zweite Effekt als gesellschaftliches Risiko zu bewerten. Unter der Begrifflichkeit der „Filterblase" zeigt er einen gegensätzlichen Effekt der digitalen Gesellschaft. Die Folge ist, dass eine neue Form von **Tribalität** entsteht, die sich in einer Art Klangraum Widerhall verschafft. Hier kommt der psychologische Effekt zum Tragen, dass eine Botschaft – unabhängig vom Wahrheitsgehalt – umso glaubwürdiger erscheint, je öfter sie wiederholt wird (vgl. Koch/Peter/Obermaier, 2013). Es entsteht eine vermeintliche Plausibilität, die durch mediale Wiederholung zustande kommt. Insofern ist dieser Wirkungszusammenhang für die Selbstkompetenz relevant, um systematisch und (selbst-)kritisch (im Hinblick auf das eigene Reagieren und Verhalten) diese Filterblasen zu hinterfragen, soweit es geht zu verhindern und Vorkehrungen gegen den **Gebetsmühlen-Effekt** zu treffen. Auf diesem Weg kann es gelingen, das Potenzial einer digitalen Gesellschaft zu stärken; die Voraussetzung dazu aber sind digital und – wie wir hier dargelegt haben – spirituell kompetente Subjekte.

Was aber beinhaltet ein so verstandener Kompetenzbegriff? Die tatsächliche Einzigartigkeit jeder Person ist zu stärken – diese Kompetenz trägt also die klassische humanistische Idee der **Selbstkultivierung**. Dieses zunächst romantisch klingende Bildungsziel ist im Rahmen einer digitalen Gesellschaft aber eine Notwendigkeit: Mit den virtuell werdenden Institutionen schwinden auch die sozialisierenden Effekte klassischer Milieus – war früher die Hochschule ein Ort, an denen konkrete, mithin leibliche Erfahrungen diese Statuspassage prägten, stehen an dieser Stelle heutzutage nun symbolisch vermittelte Verbindungen. Diese Leerstelle muss notwendigerweise gefüllt werden – ansonsten füllt sie sich unbewusst, durch Manipulation oder Verweigerung –, und zwar mit der selbstorganisierten Konstruktion von Identität. Dies klingt zunächst vielleicht nach Subjektivismus, doch ist das Wissen um die eigene Identität für uns der Schlüssel zur Ausbildung einer ausgereiften, erwachsenen spirituellen Kompetenz.

Entwicklungspsychologisch entwickelt jeder Mensch bereits im Laufe seiner Kindheit ein Bild von sich selbst, das stets weiter gezeichnet wird. Dieses Bild wird in der Psychologie Selbstkonzept genannt. Wir machen Erfahrungen durch Begegnungen mit anderen Menschen, die wiederum unterschiedlich auf uns reagieren. Dadurch entsteht ein Konzept von dem, was ich bin und wie ich wirke. Diese zwischenmenschlichen Begegnungen beeinflussen unbewusst das eigene Verhältnis zu mir selbst, zu meinen Gefühlen, Haltungen und Bewertungen. Ein gesundes, positives Selbstbild kann dabei offen für neue Erfahrungen mit anderen Menschen bleiben. Das Erlebte kann in das bisherige Selbstkonzept integriert werden, ohne dies selbst in Frage zu stellen. Die Psychologie geht davon aus, dass tief in jedem Menschen der Wunsch nach Entfaltung gegeben ist: Jeder Mensch möchte sich entwickeln. So überlegen Kleinkinder nicht, ob sie nach einem Sturz wieder aufstehen sollen: Sie wollen weiterkommen und lassen sich beim Laufen lernen nicht aufhalten. Neben dem Bild, das der Einzelne von sich hat, bildet der Mensch auch ein subjektives Gefühl darüber aus, wie seine Einstellung zum eigenen Ich ist.

An dieser Stelle kommt die humanistische Idee der Selbstkultivierung zum Tragen. Denn diese braucht die Auseinandersetzung mit der Andersartigkeit, die Reibung und Spannung im Lernen „von anderen her“ entstehen lassen kann. Rolf Arnold unterscheidet die traditionelle mechanistische Pädagogik und Didaktik von einer systemischen. Erstere setze auf „Einheit, Inputsteuerung und Standardisierung“, insofern sei sie „immer schon unrealistisch (...), da Kopf und Herz mit diesen Außensteuerungen machen, was sie machen – fast könnte man sagen: was sie ,wollen'". Und er konstatiert in diesem Zusammenhang: Erst eine **„systemische-konstruktivistische Pädagogik"** drängt und darüber hinaus auch zu einer Neubestimmung des lernenden Subjekts, dessen Kompetenzentwicklung ohne eine Stärkung seiner ,Ich-Kräfte' nicht wirklich gelingen kann" (Arnold, 2012, S. 123).

Bleibt diese Perspektive aus, entsteht unseres Erachtens die Gebetsmühle einer Filterblase, die paradoxerweise ihre Energie aus der Abgrenzung vermeintlicher Andersartigkeit entwickelt. Blaise Pascal beschrieb vor über 300 Jahren den Wirkungszusammenhang „Knie nieder, bewege die Lippen zum Gebet, und du wirst glauben". Diesen Zusammenhang zwischen leiblicher Praxis und einer sich dadurch konstituierenden Ideologie hat Louis Althusser (vgl. Althusser, 2010) aus einer marxistischen Perspektive herausgearbeitet: Die argumentative Verbindung hier ist die Prägung der Subjekte über ihre in diesem Fall zunehmend digitalisierten Rahmenbedingungen.

Daher ist dieses zunächst vielleicht romantisch erscheinende Person-Sein ein neuartiges Bildungsprojekt. Denn wenn wir vorrangig symbolisch und digital vermittelt kommunizieren, stellt sich die zentrale Frage, wie wir unsere Identität unter den geänderten Rahmenbedingungen ganzheitlich bilden und wie wir über diese auch adäquat erkennbar werden. Hier kommen die **Ideen** als solche ins Spiel, mit denen eine personale Signatur in den symbolischen Kommunikationsprozess Eingang finden kann. Wenn wir die Ideen als Äußerung unserer Eigenartigkeit ernstnehmen, können wir die Interaktion mit den anderen eingehen. So profitieren wir von der Heterogenität anderer als notwendige Basis für eine humanistische, personale Entwicklung. Voraussetzung ist jedoch – und hier sei an den eingangs genannten Lehrstreit zwischen Platon und Aristoteles erinnert –, dass sich Ideen konkretisieren, so zu sagen „erden". Die Konkretion ist nicht nur in der analog-physischen Welt von Relevanz, sondern auch virtuelle Räume brauchen Klarheit im Sinne von Anwendbarkeit und Verstehbarkeit. Insofern liegt in der Digitalisierung genügend Potenzial für den Abgleich von Idee und konkreter Anwendung und Erprobung. Die digital vermittelte Andersartigkeit ist damit das Fundament, auf dem diese humanistische Entwicklung aufsetzt.

Ausgehend von diesen Beobachtungen, trägt uns die Digitalisierung einmal mehr auf, mit einer von Institutionen abgekoppelten kulturellen und spirituellen Praxis die Grundlage für eine auf sozial ausgehandelten Werten aufbauenden digitalen Gesellschaft zu legen.

Virtuelle Abstraktion vs. Leiblichkeit

Die neu entstehenden Lebenswelten, in denen gelernt und gearbeitet wird, sind an sich abstrakte, wenn nicht sogar – wie sprachlich und philosophisch dargelegt – metaphysische Räume. Dieser bereits eingetretene Paradigmenwechsel bringt eine riskante Überbetonung rationaler und abstrakter Begriffe mit sich. Dieses Risiko ist indessen alles andere als neu: „Man soll sich den Dingen selbst zuwenden. Nicht Konstrukten und Modellen. [Sonst] hat man keinen Leib mehr." (Metzger, 2005. 4:00–6:00. Zusatz im Sinne der Lesbarkeit durch die Autoren). Die leibliche Phänomenologie formuliert in der Tradition von Husserl und Merleau-Ponty (vgl. Westphal, 2014) eine Gegenposition zu der rein kognitiven Auffassung der Erkenntnis. Demnach seien das körperliche, sinnlich erfahrende Subjekt und die konkrete, räumliche Situation Bezugspunkte des Erkenntnisprozesses.

Dieser Auffassung folgen wir, wenn wir bereits im „Stamm" vom Menschen als Geist-Leib-Seele-Wesen sprechen. Dieser Begriff beinhaltet so verstanden mehr als nur physiologische Prozesse. Besonders relevant in der Fragestellung der spirituellen Kompetenz ist der Leib deswegen, weil er ein Medium für das **Gewahrwerden** von Ideen ist.

Dieses Gewahrwerden ist der zentrale Hinweis auf die unbewussten Prozesse – theologisch gesprochen: die Inspiration –, die die eigentliche bildungstheoretische Größe der spirituellen Kompetenz ist.

Offenbarungstheologisch gesprochen, gibt sich im christlichen Glauben Gott im Leib eines Menschen zu erkennen. Da ist keine hehre philosophische Theologie, da ist auch kein pures Schöpferwort mehr (wie im Alten Testament), sondern ein Mensch mit Fleisch und Blut. Anders als die Evangelien nach Markus, Matthäus und Lukas, die das Leben des historischen Jesus von Nazareth beschrieben, versucht der Evangelist Johannes, die christliche Botschaft in die philosophischen Strömungen der damaligen Zeit hineinzustellen. Schon der Prolog *„Am Anfang war was Wort und das Wort war bei Gott"* (Die Bibel, Evangelium nach Johannes, Kap. 1) ist bestimmt von der Auseinandersetzung mit der Gnosis, einer Heilslehre im späten Judentum und im Hellenismus, die den einzig selig machenden Weg des Menschen darin sah, dass er vom fleischlichen Menschen zum geistigen wird: Während das biblische Judentum noch davon ausging, dass, bildlich gesprochen, Gott immer wieder an einzelnen Punkten die Welt „berührt" hat, trennte eine wesentliche Richtung der griechischen Philosophie, gegenüber der sich der neue christliche Glauben zu behaupten hatte, den göttlichen Bereich radikal vom weltlichen ab – so sehr, dass alles Weltliche zum „Abfall" wurde. Spannend ist vor diesem Hintergrund, wie der Evangelist, dem es anders als den anderen Evangelisten nicht um das Wie der Menschwerdung geht, mit den in der Gnosis grundgelegten Dualismen umgeht. Wer den Text mit dem Original bei Johannes vergleicht, der wird feststellen, dass auch der Evangelist mit Gegensatzpaaren arbeitet: Licht gegen Finsternis, Transzendenz gegen Welt, Wort gegen Fleisch. Doch Johannes lässt diese Dualismen nicht nebeneinanderstehen, er löst sie auf geniale Weise auf, und zwar, indem er sie verbindet: *„Und das Wort ist Fleisch geworden"* – dort steht Fleisch (griech.: „sarx"), nicht Mensch (griech.: „ánthropos"). Denn auch, wenn eine systematische Leibfeindlichkeit die Kirchengeschichte über Jahrhunderte hin-

> weg bestimmt hat, feiert das Christentum genau dies an Weihnachten: die Fleisch-Werdung Gottes, mit allem, was zur Leiblichkeit gehört: Freud und Leid zu erfahren, Schmerzen zu durchstehen, nach dem Sinn seines Lebens zu fragen, existenzielle Finsternisse und seelische Abgründe zu durchleben, Angst zu spüren – sogar Lebensangst. In dieser Verbindung der Gegensätze besteht für Johannes der christliche Glaube an einen Gott, als Mensch aus Fleisch und Blut.

Vor diesem Hintergrund ist es daher auch eine theologisch existenzielle Frage, wie der Mensch mit seinem „Fleisch" – kann dann heißen: mit den Kräften und Ressourcen des Körpers und der Seele – umgeht und auch, wie Systeme, Prozesse und Dynamiken diese Energien von uns einfordern. Denn so philosophisch das Evangelium eines Johannes auch angelegt sein mag, es führt uns mit seinem anthropologischen Ansatz die Grundspannung der menschlichen Existenz vor Augen: den Ausgleich zu bewältigen zwischen Geist und Leib, zwischen „Vor-Sätzen", „Ver-Sprechen", „Leit-Gedanken", Idealen, und der je realisierbaren Wirklichkeit und dem, was mit unserer eigenen Identität kompatibel ist.

Insofern ist ein buchstäblicher Selbstbezug zum eigenen Körper eine notwendige Bedingung, um dem Risiko einer rationalen Überbetonung zu begegnen. Dieses freundschaftliche Verhältnis zum eigenen Leib ist für die Kommunikation in virtuellen Räumen eine besondere Herausforderung: Durch die fehlende Möglichkeit, eben jene körperliche Präsenz der anderen im realen Raum zu spüren, ist eine **Antizipation** dieser Vorgänge notwendig. Dazu gehört auch, den Studierenden, Schülern, Kommilitonen und Kollegen diese notwendige Selbstsorge über eine virtuelle Kultur nahezulegen. Diese Selbstsorge in virtuellen Lern- und Arbeitswelten ist demnach nicht zentralistisch und institutionell als Verpflichtung anzuordnen: Es obliegt der eigenen persönlichen Verantwortung, diese einzuüben und die leibliche Selbstwahrnehmung situativ und angemessen in die virtuellen Prozesse einzubringen.

Ein **Beispiel**: Zur bereits thematisierten Herausforderung, Studierende aus dem privaten und familiären Umfeld in eine **Online-Vorlesung** zu bringen, sind die bisher vorgestellten Stilleübungen eine wichtige mentale Einstimmung. Hinzu kann aber auch das Ritual einer leichten Gymnastik treten, die über eine Atemübung mit einer Mobilisation von Kopf und Schulterbereich kombiniert wird. Über diesen körperlichen Reiz kann es gelingen, diese Eingangsphase über einen leiblichen Lernprozess zu ritualisieren und effizient werden zu lassen. Über diese „Etüden" wird es möglich, diesen leiblichen Aspekt der spirituellen Kompetenz nachhaltig anzuleiten und zu einer persönlichen Gewohnheit werden zu lassen. So kann das Ziel erreicht werden, diese leibliche Selbstsorge – wenn man so will – zu einer „virtuellen Arbeitsfähigkeit" zu trainieren.

Und konkret, für Sie: Beobachten Sie sich einmal, wie Ihr Körper bei einem wichtigen Telefonat reagiert, indem Sie vielleicht sogar aufgebracht sind, aber auf jeden Fall etwas erreichen wollen. Nur die vermeintlich „abgebrühtesten" Manager bleiben dabei im Lehnsessel liegen. Vielmehr ist Ihr Körper ganz involviert, vielleicht erhebt er sich irgendwann sogar oder Sie laufen im Raum umher – in der Regel unbewusst. Dieser Hinweis soll hier als Vergleich zum Virtuellen dienen. Denn in beiden Fällen – dem fernmündlichen Kommunizieren und dem virtuellen Raum – kann Ihr Leib nicht alle Energien kanalisieren, die in ihm aufkommen. Es bleibt ein „Rest". Zuerst wird man es an der Stimme hören, später werden Sie es vielleicht an einer Verspanntheit im Nackenbereich spüren. Ihr Körper hat reagiert, wie es oben als Zusammenhang zwischen somatischen Markern und der mentalen Ebene beschrieben wurde.

Sich bewusst zu halten, dass der ganze Leib nicht nur als Appendix des Geistes mit vor dem Bildschirm „hängt", sondern ganz und gar beteiligt sein will, ist ein wichtiges grundlegendes Axiom. Einige verinnerlichen dies damit, dass sie – wie die Autoren dieses Buches zum Beispiel im Wechsel mit anderen Formen – Phasen haben, in denen sie im Stehen im virtuellen Raum senden. Hier kann der Vergleich zur bekannten Lehre und Arbeit im physischen Raum immer wieder als Unterstützung dienen. Welcher Lehrer zum Beispiel unterrichtet den ganzen Tag vom Schreibtisch im Klassenzimmer aus? Das virtuelle Klassenzimmer indes lässt dies zu, weil es eine gleichwertige Verbindung durch Ton und maximal Gesicht suggeriert. Dies ist unseres Erachtens immer wieder neu zu prüfen. Da, wie bereits dargestellt, ganzkörperliche Rückmeldungen im virtuellen Raum eingeschränkt(er) (als im analog-physischen) möglich sind, wird man auch nicht umhinkommen, sich entsprechendes Feedback hinsichtlich der eigenen körperlichen Präsenz einzuholen. Auch diese Rückmeldekultur will eingeführt und geübt sein. Sie beginnt mit vermeintlichen Kleinigkeiten: Wie kommt der Ton an, wie sind Stimme und Modulation? Wie stark ist die Kamera auf den Kopf fokussiert? Wie gelingt es, körperliche Bewegungen auch am Bildschirm und vor der Kamera vorzunehmen? All diese Hinweise sensibilisieren für den – uns wichtigen – Aspekt der Präsenz des Leibes. Nicht nur beim Gegenüber und der jeweiligen Gruppe, sondern auch bei Ihnen selbst. Das Bedürfnis daran wird bei jeder virtuellen Veranstaltung erneut deutlich: Denn am Ende verabschiedet man sich nicht – was technisch ebenso gut möglich wäre – mit Symbolen oder Emojies, sondern mit den eigenen – realen – Händen, die in die Kamera gehalten werden. Wir winken uns ganz real und körperlich zu. Was verdeutlicht: Auch im Virtuellen besteht ein Bedürfnis nach buchstäblich leibhaftigem Austausch.

Virtuelle Sinnsuche vs. fokussierte Sinnfindung

Interessante Antworten erbrachte in der zugrunde liegenden Umfrage auch der Frageaspekt nach Sinnerfahrungen: Von „intellektueller und fachlicher Evolution“, vom Überstieg „über den Mimimi-Punkt“, wenn man „Neues schöpfe“ oder sich in der gemeinsamen Bewältigung einer gestellten Aufgabe „neu kennenlerne“ zum Beispiel (vgl. Anhang). Dabei erstreckt sich die Sinnsuche nicht nur auf ein virtuelles Studium, vielmehr hat diese mit der Vielfalt der digitalen Möglichkeiten grundsätzlich und überall exponentiell zugenommen (vgl. https://t3n.de/news/digitalisierung-sinnsuche–1167429/Zugriff 19.08.2019).

„Es macht keinen Sinn“, ist ein geflügeltes Wort in der – völlig unabhängig von Digitalisierung und Virtualität – Umgangssprache. Mag es an der Betonung des Machens im zentraleuropäischen Raum liegen oder am stärker gewordenen Einfluss der Amerikanismen – dieser Satz macht philosophisch keinen Sinn. Suggeriert er nämlich, dass wir Sinn herstellen könnten. Hier kommt die oben angesprochene Unterscheidung zwischen dem altgriechischen Verständnis von Poēsis und/oder Praxis zum Tragen. Das englische „That makes no sense“ betont das Machen ebenso stark, allerdings nur, wenn es wörtlich ins Deutsche übertragen wird. Denn der Satz „It all makes sense now“ zum Beispiel kann sehr treffend als „Nun wird einem alles klar“ übersetzt werden. Und damit kommt die Übersetzung dem Sinn von Sinn relativ nahe. Es gäbe zwar unzählige philosophische Schulen, die jeweils eine andere Definition zur Grundlage nehmen würden, aber die erlangte **Klarheit** über etwas ist eine verbindende Größe. Es ist nämlich ein Unterschied, ob man den Sinn an ein Ziel der Handlung bindet. Dann wäre es philosophisch die Frage nach dem Handlungssinn wie nach dem teleologischen Sinn und nach der Bedeutung einer Aussage. Hierzu müsste man sich auf die

Semantik und Bedeutungstheorie einlassen. Oder, ob man Sinn und Ziel in einem metaphysischen Sinn versteht, und damit angebunden an eine transzendente Ebene. Diese Sinnebene überschreitet dann aber auch die Kontextualität von Raum und Zeit.

Damit ist die Frage nach dem Sinn auch immer an die Frage nach dem jeweiligen Kontext – und, auch hier: an eine hinreichende Klarheit über diesen – gebunden. Denn einen „Sinn an sich" kann es insofern nicht geben. Damit eröffnet sich die Reflexion des Gegensatzpaares „Suchen" und „Finden": Wenn es keinen apriorischen „Sinn an sich" gibt, sondern nur einen aposteriorischen „Sinn für mich", dann mag die Sinnsuche zwar ein verständliches menschliches Ansinnen sein, da wir alle Glaubenssätze in uns tragen, die im Fleiß – hier in Form einer Suche – die Grundlage des Erfolgs – hier im Ziel des Findens – definieren.

Doch wer rätselhafte Situationen kennt, in denen sich wichtige Weichen seines Lebens gestellt haben – zum Beispiel das vermeintlich zufällige Zusammentreffen mit der Liebe seines Lebens –, der weiß auch um das Phänomen der Unberechenbarkeit und Unplanbarkeit des – sogenannten – Schicksals. Insofern liegt die größere Qualität spiritueller Haltung auf dem Schwerpunkt des Findens. Ohne suchen aber finden zu wollen, irritiert zutiefst unsere erlernten Muster. Doch wer kennt nicht auch solche Situationen, dass man stunden- oder vielleicht tagelang einen verlegten Gegenstand sucht, ihn nicht findet, darüber viel Ärger und Frust in der Familie freigelegt wird, bis er irgendwann an einem gänzlich nicht erwarteten Ort wieder auftaucht – und einer gegebenenfalls diesem Phänomen mit der Weisheit „Das Haus verliert nichts" begegnet. In beiden Beispielen kommt es auf eine – neben der Klarheit zusätzliche – wichtige Eigenschaft an: die **Offenheit**. Beide Komponenten bedingen sich bei der Sinnfindung gegenseitig. Und machen **Sinnerfahrung** erst möglich. Sinnerfahrung ist ein ganzheitliches Gewahrwerden, sie schließt alle – und hier zeigt sich beispielhaft, wie sinnhaft Sprache aufgebaut ist – Sinne mit ein. Da nun aber die virtuelle Lebens- und Arbeitswelt die Anwendung der Sinne verschoben hat, erscheint uns ein systemischer Zugang wesentlich.

Nach der soziologischen Systemtheorie Niklas Luhmanns definieren und konstituieren sich soziale Systeme durch ihren selbstreferenziellen Charakter. Dies bedeutet, dass soziale Systeme „die Elemente, aus denen sie bestehen, durch die Elemente, aus denen sie bestehen, selbst produzieren und reproduzieren" (Luhmann, 1987, S. 403). Damit wird die Komplexität der Welt auf ein verarbeitbares Maß reduziert. Was positiv mit dem Begriff der **Autopoiese** gedeutet werden kann, bedeutet aber auch symbolische und kommunikative Abgrenzung gegenüber seiner Umwelt und anderen Systemen. So wird es möglich, dass ein bestimmtes System – ein Milieu, ein Arbeitsteam, ein Paar oder auch ein Mensch – aus gleichen Beobachtungen andere Deutungen und damit Bewertungen ableitet. Aus diesen entsteht dann Sinn. Dieser ist damit ein Resultat des systemimmanenten Austauschs und best case – bei offenen Systemen, also solchen, die den Außenblick in ihr eigenes Bild (noch) integrieren (können) – des Abgleichs mit Fremdwahrnehmung. Luhmann definiert Sinn als „laufendes Aktualisieren von Möglichkeiten". Ein weiteres Charakteristikum von Systemen ist, dass sie sich – mehr oder weniger – von anderen Systemen abgrenzen. Rolf Arnold spricht hier von der „ärgerlichen Tatsache der systemischen Geschlossenheit" (Arnold, 2012, S. 118). Um den systemintern je definierten Sinn immer wieder zu aktualisieren, bedarf es des Überstiegs über die Grenze des eigenen Systems, braucht es zur systemischen Weiterentwicklung die Fähigkeit des **systemischen Transzendierens**. Die Systemtheorie Luhmanns – der biologische um soziale und psychische Systeme erweiterte – basierte auf der autopoetischen Systemtheorie der Zellbiologen Humberto Maturana und Francisco Varela (vgl. Maturana/Varela, 2009). Aufbauend auf der evolutionären Systemtheorie von Rupert Riedl (vgl. weiterführend Riedl/Delpos, 1996) entwickelten sie eine Theorie auf dem Ansatz zirkulärer Kausalitätsverhältnisse. Systeme sind, so verstanden, hoch komplexe und zugleich kommunikativ-dynamische Einheiten, in denen eine Vielzahl von „Wechselwirkungs- und Ergänzungsprozesse(n)“ (Berninger-Schäfer, 2011, S. 53) stattfinden. Diese befinden sich in so genannten Fließgleichgewichten, welche sich entsprechend der Chaosforschung stets „im Fluss“ befinden und dabei immer wieder neue Formen und Ordnungen ausbilden. Die Frage nach dem Sinn ist dabei an diesen jeweiligen – nie statischen – Referenzrahmen gebunden.

Klarheit, Offenheit und Kontextualität sind nun nicht unabhängig von den Existenzialen Zeit und Raum. Insofern scheint – uns – die Trennung beider Ebenen in einer virtuellen Lebens- und Arbeitswelt wichtig:

Welchen Sinn erfahren Sie hinter dem Ganzen (zum Beispiel Ihrem Studium) bzw. welchen Sinn erhoffen Sie sich? Diese Frage zielt in Richtung einer **metaphysischen Bedeutung von Sinn**, um (in diesem Beispiel das Studium) nicht auf eine Zweckrationalität einzugrenzen – ganz im Sinn der Theologin Dorothee Sölle: „Es muss doch mehr als alles geben ...“ (Sölle, 2006).

Und: Welchen Wert würden Sie der Sinnfrage bei dieser oder jener Veranstaltung/diesem oder jenem Meeting geben? Vielleicht kennen Sie die Aufforderung zur **Skalierung** vom Arzt, der Sie nach der Stärke Ihres Schmerzes befragt. Ähnlich verhält es sich mit der Frage nach dem Sinn, die ein System – Ihr Arbeitsteam, Sie und Ihr Partner oder Sie als System allein – der aktuellen Situation beimessen. Nur Sie können diesen gefühlten Wert „messen“. Dabei verhilft Ihnen die Skalierung dazu, der Sinnerfahrung durch die zahlenmäßige Erfassung (in der Regel: 1 – wenig ausgeprägt, 10 – sehr ausgeprägt) in eine fassbare Größe zu bringen. Wenn Sie (von sich aus oder aufgrund der vorangegangenen Übungen) gut mit Ihren inneren Bildern arbeiten können, bietet es sich an, Ihre Skalierung zu visualisieren. Lassen Sie sie im Anschluss eine Zeit auf sich wirken.

Denn: Sie können Sinn nicht „machen", aber Sie können ihn ganzheitlich wahrnehmen. Sinn wird gestiftet in der jeweiligen Interaktion eines Systems – im Blick auf das Subjekt also mit sich selbst bzw. seinem „inneren Team" – und der Klarheit über sein Wollen und Sollen. Sinn kann – und muss – empfangen werden. Das System oder Individuum deutet diesen zwar innerhalb seines Referenzrahmens, ist aber nicht Subjekt des Geschehens. Ist die Offenheit dazu aber vorhanden und der Sinn aber erkannt, steht er Ihnen klar vor Augen, dann gilt es im spirituellen Sinn ihm zu folgen. Denn Sinnerfahrung macht keinen Druck, sie versetzt Sie vielmehr in einen Sog. Die spirituelle Kompetenz besteht im virtuellen Raum – mehr als im analogphysischen Bereich – aber darin, bei der vorherrschenden Gleichzeitigkeit und Beschleunigung der Prozesse und Reize, ebenso offen für die Sinnerfahrung wie zugleich bei sich zu bleiben. Wenn sich beides trifft, entsteht **spirituelle Korrelation**. Und mit dieser schließt sich der Kreis zum Thema Glück.

Virtuelle Uniformität vs. subjektive Authentizität

Derartige Sinn- und Glückserfahrungen sind nach unserem Verständnis transzendente Erlebnisse. Denn sie setzen, neben den angesprochenen Aspekten einer hinreichenden Klarheit für die Situation und Offenheit über die Grenze zu gehen, Authentizität voraus. Obwohl dieser Begriff hinreichend strapaziert ist, findet er an dieser Stelle Verwendung, jedoch nicht in einem umgangssprachlichen Sinn. Der amerikanische Psychologe und Psychotherapeut Carl Rogers hat in seinem humanistisch-psychologischen Ansatz die Grundhaltungen Wahrhaftigkeit, wertschätzende Anteilnahme und einfühlendes **Verstehen** zur Basis gemacht.

Statt des Begriffes der Wahrhaftigkeit findet sich in der Literatur heute oft die Bezeichnung **Echtheit**, an der Stelle des einfühlenden Verstehens der Begriff **Empathie**. Ausgangspunkt des diesem Ansatz zugrundeliegenden humanistischen Menschenbildes und der darauf von Rogers – in den 40er Jahren des 20. Jahrhunderts – entwickelten klientenzentrierten Psychotherapie ist die so genannte Aktualisierungstendenz. Dahinter steht die Überzeugung, dass – in aller Regel – der Mensch von seinem Wesen her an Selbstverantwortlichkeit und Selbstbestimmung, Reife und Selbstgestaltung des Lebens weiterwachsen möchte: Er „hat die Tendenz, seine Möglichkeiten zu werden" (Rogers, 1973; zitiert nach Schmid, 1999, S. 77). Rogers davon aus, dass das Individuum von einem Bedürfnis nach Beachtung geprägt ist. Als ganzheitliches Wesen, das wechselseitig auf den Ebenen der Emotion, Kognition und Motivation agiert, ist der Mensch mit einer inneren Bewertungstendenz ausgestattet.

Das rationale und willentliche Bestreben nach Beachtung kann jedoch, entgegen der „gefühlten" – ggf. verdeckten und aktuell daher nicht bewusst wahrnehmbaren – inneren Bewertung, in Handlungen überführt werden. Die Folge davon nennt Rogers **Inkongruenz**, die sich ganzheitlich niederschlagen, sich wortwörtlich „organisieren" kann: Körper, Geist und Seele reagieren auf diese Unstimmigkeit zwischen Selbst(konzept) und den aktuell erlebten, aber als nicht stimmig bewerteten Erfahrungen. Dabei gerät auch die organische Symbolisierung – die Übereinstimmung einer bewussten Erfahrung mit einer dazugehörigen adäquaten Empfindung – in Ungleichgewicht (vgl. Rogers, 1973). Oder anders ausgedrückt: Immer dann, wenn der Mensch eine solche Inkongruenz spürt, ist sein aktueller Zustand nicht authentisch – folglich auch nicht das, was er sagt, wie er es sagt, und was er daraufhin tut. Die von Rogers betonten Grundhaltungen können jeweils eine Auswirkung beim Gegenüber zeitigen: So spiegelt sich die Echtheit der Körpersprache eines Menschen in der Regel in der entstehenden Offenheit beim Gesprächspartner. Hier wird bedeutsam, was die Neuropsychologie in den letzten Jahren über die Funktion der Spiegelneuronen erforscht hat. Der Aspekt der Empathie setzt sich aus den Komponenten des einfühlenden Verstehens – qua Ratio – und des verstehenden Einfühlens – qua Emotion – zusammen, wobei im Zusammenspiel beider Größen das innere Thema des betreffenden Menschen erst zum Vorschein kommt. Als **Selbstexploration** bezeichnet Rogers dieses Phänomen, sie ist der Weg zur kontextuellen Umsetzung jener Aktualisierungstendenz.

Es dürfte evident sein, dass diese Zusammenhänge umso mehr herausgefordert sind, je weniger direkt Menschen – und Systeme – miteinander kommunizieren können. Eine Gefahr der Digitalisierung besteht darin, dass das Subjekt hinter die Uniformität – und damit die gesetzten Standards – des virtuellen Raumes zurücktritt.

Ein **Beispiel** mag dies verdeutlichen: Eine Frau, Ende 40, nutzt auf einer Wanderung das Smartphone einer Freundin dazu, eine wichtige Nachricht an ihre Familie abzusetzen. Bei den Empfängern, dem Ehemann und den Kindern, steht jedoch nicht der Inhalt im Vordergrund, sondern eine nicht geringe Irritation darüber, dass die Freundin ihnen – vermeintlich – schreibt. Darauf folgt eine lautstarke Diskussion darüber, warum diese denn – vermeintlich – geschrieben habe. Bis irgendwann jemand – in diesem Fall eines der Kinder, Teenager – einwendet, dass da doch stehe, dass die Mama ... und so fort, Sie können sich den Fortgang ausmalen.

Diese Situation verdeutlicht die kommunikative Verschiebung durch social media und damit die besondere Relevanz der Aspekte Anteilnahme, Echtheit, Empathie und Kongruenz für das Verstehen – also ein authentisches Senden und ein adäquates Empfangen. Für das Lehren, Lernen und Arbeiten im virtuellen Raum bedeutet dies, dass dem Kennenlernen ein entsprechend großer Raum gegeben werden sollte. Dazu zählt nicht nur der Name und die Herkunft der Teilnehmer eines Meetings. Sondern im Prozess selbst sollten vom Moderator die aufkommenden Besonderheiten sensibel gespiegelt werden. Hierzu bietet sich – im Sinn des einfühlenden Verstehens nach Rogers – ein fragender Stil an, verbunden mit der Haltung einer gesunden Fehlerfreundlichkeit. So können sich nicht nur alle nach und nach besser kennenlernen, sondern es kann auch das entstehen, was auch für die Kommunikation im analog-physischen Raum wichtig ist: Smalltalk und Emotionen, vor allem das Lachen. Denn eine Leichtigkeit im Virtuellen erleichtert – und kompensiert – vieles. Und vor allem überträgt sie sich – ähnlich schnell wie in herkömmlichen Lehr- und Arbeitskontexten – relativ schnell auf die Gruppe.

Für all jene, die **Teamprozesse** virtuell anleiten, moderieren oder begleiten, bedeuten diese Beobachtungen, dass sich auch die üblichen Schritte der Teambildung verschieben. Hier ist das Wissen um die Phasen der Teamentwicklung (Forming/Storming/Norming/Performing, vgl. Haeske, 2014; Seibel/Rickert, 2019) nur das theoretische Mindmap, die eigene Geschwindigkeit eines jeden Teams und vor allem im Virtuellen die Wahrnehmung üblicher Ungleichförmigkeiten sind die Aspekte, auf die unseres Erachtens besonders geachtet werden sollte. Denn der virtuelle Raum suggeriert eine mögliche Beschleunigung in Richtung der Phase des Handelns. Wenn dann zum Beispiel wichtige Nachfragen – warum auch immer – ausbleiben, befinden Sie sich auch relativ schnell an diesem Punkt, müssen dann aber später unter Umständen feststellen, dass es nicht so lief wie erwartet. Investieren Sie daher genügend – in der Regel mehr als üblich – Zeit in die Findungs-, Grenzziehungs- und Kooperationsphase. Und rechnen Sie – und seien Sie geduldig – mit wiederkehrenden Schleifen. Selbst wenn die Impulse dazu von Einzelnen kommen, können Sie im virtuellen Raum davon ausgehen, dass die Frage mehreren unter den Nägeln gebrannt hat.

Virtuelle Funktionalität vs. Ästhetik

Von Zweckrationalität und Nützlichkeit war bisher die Rede. Gleichzeitig kommen diese in einer Dienstleistungsgesellschaft nicht unwichtigen Aspekte nicht ohne eine angemessene Darstellung aus, die vom Gegenüber als angenehm, ansprechend, im besten Falle schön wahrgenommen wird. Das „Erscheinungsbild" (zum Beispiel einer neu designten Homepage) macht diesen Zusammenhang deutlich, ist aber zugleich ein schillernder Begriff – verrät er doch eine auf Äußerlichkeit setzende Entwicklung. Und so kann es nicht wundern, dass die Lehre über die Wahrnehmung (griech.: „Aisthesis") von Anfang an mit der Frage nach dem Schönen verbunden ist.

Platon und Aristoteles hatten, wie oben angedeutet, verschiedene Antworten darauf, ob die Theorie oder eher die Anschauung zur Wirklichkeit führt. Ihr gemeinsames Interesse aber galt der Frage nach dem Schönen – und so zog sich dieses fortan und bis heute durch die philosophischen Traktate. Für Platon existiert – konsequent zu seiner Ideenlehre – das Schöne völlig unabhängig von jeder menschlichen Kunstregung, es ist – im elementaren Wortsinn – vor und ohne den Künstler. Ein „Kunstschaffen", wie später oft verwendet, wäre damit für Platon undenkbar gewesen. Das Schöne liegt als Art Urbild im Dunkel, ist der menschlichen Wahrnehmung nicht zugänglich. Der Mensch vermag ihr nur näherungsweise zu begegnen. Im Gegensatz zur Philosophie kommt Kunst bei Platon damit auch kein Wahrheitsanspruch zu. Mehr noch: Ihr kommt ein noch niederer Rang zu als der handwerklichen „Techné". Denn während der Handwerker aus einer Idee einer dinglichen Materie diese durch handwerkliches Können erstellt, vermag es der Künstler lediglich, sich an dieser Nachbildung zu orientieren und von ihr abermals eine Abbildung zu erstellen. So wird der Künstler zum „Nachahmer des Nachbildners“ und Kunst zur **„Mimesis** der Mimesis“ (griech.: „Nachahmung“) (vgl. Gadamer, 1960; ders., 1967). Anders bei Aristoteles, dessen wesentliche Gedanken zum Schönen sich in seiner Metaphysik finden. Bereits diese Verortung zeigt an, dass auch für ihn das Schöne keine rein physische Größe darstellt, sondern sich metaphysisch und transsubjektiv bestimmt. Indem Aristoteles den Begriff des Schönen an den der „Ordnung“ bindet, definiert er neben dieser „Gleichmaß“ und „Begrenzung“ als Kennzeichen des Schönen (vgl. Aristoteles, 1078). Die aristotelische Kunsttheorie geht über die Mimesis hinaus, indem Kunst zu einer **„Katharsis“** (griech. für Reinigung) anregt, die letztlich in die **„Praxis“** (griech. für Handlung) führt. Hier bekommt Kunst einen ethischen Impetus. Denn im Gegensatz zum Produzieren und „Hervorbringen“ (griech. „Poēsis“) liegt darin eine Handlung, die einen Sinn in sich hat. Diesen Unterschied führt Aristoteles am Beispiel eines Baumeisters, der ein Haus baue oder eines Schreiners, der einen Stuhl produziere, aus. Denn: „Das Hervorbringen hat ein Endziel außerhalb seiner selbst, beim Handeln kann dies nicht so sein, denn wertvolles Handeln ist selbst Endziel.“ (Aristoteles, 1140). Diese Ansätze platonischer und aristotelischer Provenienz haben das philosophische Denken bis in das Mittelalter und die Moderne hinein beeinflusst. Maßgebliche Vertreter wie Augustinus, Plotin oder Areopagita, Herder, Horkheimer oder Baumgartner, Hegel, Kant oder Adorno, Marcuse, Heidegger oder Gadamer u. v. m. können hier nur angeschnitten werden (vgl. weiterführend Hanstein, 2008). Diese Ansätze habe auch die Differenzierungen in ästhetische Bildung, ästhetische Erfahrung, ästhetische Wahrnehmung und etwa ästhetisches Urteil mit sich gebracht (vgl. ebd.). Von diesen erscheinen, unter der Fragestellung dieses Buches, die Aspekte der Wahrnehmung und der Erfahrung am bedeutsamsten.

Neurologisch betrachtet unterscheidet sich eine „ästhetische Wahrnehmung" nicht von einer „nichtästhetischen" – wobei gefragt werden muss, ob es „nichtästhetische" Wahrnehmung überhaupt geben kann. Schließlich arbeitet dieser Begriff bereits mit einer Dopplung des Begriffs Wahrnehmung. Der Pädagoge Klaus Mollenhauer hat diese Frage mit den zwei Seiten einer ästhetischen Wahrnehmung beantwortet (vgl. Mollenhauer, 1986). Auf der einen Seite konkretisiere sich in ihr auf kontextuelle Weise kulturell kommunizierbarer Zeichengehalt. Auf der anderen leite sich das Selbst zur eigenen Auseinandersetzung zum Wahrgenommenen an. So fokussiert sich die Aufmerksamkeit des wahrnehmenden Subjekts auch gleichzeitig auf beide Ebenen: auf objektive, meist vertraute Kulturobjekte und auf das Subjekt selbst. Sinneseindrücke werden so bewusst und initiieren eine innere Bewegung. So stellt sich ein „Wechselspiel von Ich und Selbst" ein, gleichsam „ein Selbstgespräch, bei dem sich neue Empfindungen einstellen" (ebd., S. 29).

In diesem reflexiven Verhältnis von Ich und Selbst sieht Mollenhauer den wesentlichen Unterschied zu anderen Beobachtungen. Denn dieses „Wechselspiel" ist derart konstituiert, dass es beim ästhetischen Vorgang der Wahrnehmung Moralität und Öffentlichkeit ausblenden kann. Das lässt eine tiefe Konfrontation mit der eigenen Innenwelt zu, so dass dem Selbst seine Sinne als thematische aufgehen. Die thematische innere Reflexion richtet sich dann – nach dem Prinzip kultureller Kontexte und Diskurse – auf die inneren Empfindungen, die zwischen der Wahrnehmung und der Erfahrung angesiedelt sind. Diese lösen nun eine Kaskade möglicher Reaktionen, wie Ergriffensein, Zweifeln, Bestürzung, Nachdenken ... aus, so dass sich eine neuartige Qualität des Verhaltens und Handelns einstellt. In diese Richtung entwickelte auch der französische Philosoph Maurice Merleau-Ponty seine Existenzialphilosophie (vgl. Merleau-Ponty, 1966). In Anknüpfung an die Gestaltpsychologie bezeichnet er das ursprünglich Wahrnehmbare als Gestalt, wobei die Wahrnehmung einen ersten Bezug zur Wirklichkeit herstelle. Er entfaltet seinen Ansatz gegen ein sensualistisches Verständnis von Wahrnehmung, als reine Rezeption von Sinnesdaten. Ebenso wenig sei die Wahrnehmung aber eine reine Konstruktionsleistung des menschlichen Gehirns. Sie besitzt vielmehr eine ursprüngliche Qualität, durch die ihr die Aufgabe zukommt – wie Peter Biehl es formuliert hat – „die Welt wieder sehen zu lernen, ihren Sinn **in statu nascendi** zu entziffern" (Biehl, 1997, S. 389, Hervorhebung durch die Autoren).

Der Begriff der „ästhetischen Erfahrung" wurde von der Kunstphilosophie der 70er Jahre des letzten Jahrhunderts entscheidend geprägt. Vorausgegangen waren philosophische Werke zu diesem Thema, vor allem von Gadamer (ders, 1960) und Adorno (ders, 1970). Der Literaturwissenschaftler Hans-Robert Jauß führte den Gedanken einer „ästhetischen Urerfahrung" in die wissenschaftliche Diskussion ein, die als umfassend und ursprünglich zu begreifen sei: als von Etwas zu Etwas hin Öffnendes (vgl. Jauß, 1972). Interessant ist, dass diese Definition gerade nicht aus den Disziplinen Philosophie und Theologie kam. Insofern ist der transzendente Aspekt ästhetischer Erfahrung auch keine religiöse Glaubensfrage. Vielmehr gibt sich in ihr eine anthropologische Verfasstheit zu erkennen. Denn ästhetische Erfahrung vollzieht sich als – den Alltag und seine Abläufe – transzendierendes Geschehen, indem „plötzlich (...) der gewohnte Lebenszusammenhang unterbrochen und die Alltagsproblematik für den Augenblick suspendiert" wird. Durch diesen Prozess wird die Trennung zwischen Subjektivität und Objektivität überwunden – gleichsam ebenso transzendiert –, indem „eine neue Erfahrung mit der Erfahrung (...) möglich wird, wenn eine veränderte und verändernde Rückkehr in den gewohnten Lebenszusammenhang erfolgt" (Biehl, 1988, S. 12). Die Anknüpfung an das Phänomen, das im aristotelischen Sinne „Katharsis" genannt wird, scheint deutlich.

Dieses kann folglich eine Änderung der Einstellung und der Haltung mit sich bringen. Deutlich wird daran auch, wie Ästhetik damit im klassischen Sinn mit der **Urteilsfähigkeit** verbunden ist. Die durch die ästhetische Erfahrung (erst) ausgelöste Irritation steht in diesem Vollzug in der Spannung zwischen spontanem Ergriffensein und der Ermöglichung gestalterischer **Freiheit**. Indem sie eine buchstäbliche Grenz-Erfahrung ist, die für ein Verlassen – Transzendieren – des Gewohnten und Bisherigen votiert, ermöglicht sie gleichermaßen eine sich wiederum neu einbringende Erweiterung gewohnter Handlungs- und Denkmuster. Dieses wird durch freiheitliches Agieren möglich. Insofern kommt einer ästhetischen Erfahrung ein projektiver Wesenszug zu, der dem wahrnehmenden Subjekt einen (kurzen) Einblick in die Andersartigkeit der Wirklichkeit zuteilwerden lässt und ihm damit – als immer auch handelndem Subjekt – neue potenzielle Spielräume für das Hier und Jetzt ermöglicht. Insofern bringt eine ästhetische Erfahrung „einen Komparativ in unsere Erfahrung" (Biehl, 1997, vgl. und zitiert nach Hanstein, 2008, S. 74).

So umfassend die Abhandlungen zum Thema in den zurückliegenden Jahrzehnten auch erscheinen, zeigt sich bei der Beschäftigung auch und vor allem: Schönheit und Ästhetik im Kontext Digitalisierung sind noch näher und spezieller zu definieren, denn hier besteht ein Desiderat. Sie sind aber keine l'art pour l'art – und sollten dies, bei allen Herausforderungen der virtuellen Welt, auch nicht werden. Eine grundständige ästhetische Kompetenz auf dem Boden der hier als wesentlich erkannten Aspekte gehört nach unserem Verständnis zur spirituellen Kompetenz zweifelsfrei mit dazu.

Virtuelle Irritationen vs. Ausgespanntheit

Die Ganzheit von Körper, Geist und Seele ist das Zentrum unseres Verständnisses von spiritueller Kompetenz. Dabei darf nicht missverstanden werden, dass Techniken der Stille- und Atemübungen sowie insgesamt die meditativen Techniken eine generelle Entspanntheit zum Ziel haben. Die **Bequemlichkeit** ist das Risiko, die einer gedanklichen Spannkraft entgegensteht und -wirkt. Aus dem bereits beschriebenen Prinzip des „Entspannt aufgespannt sein" möchten wir eine weitere Begriffspaarung ableiten: Den Begriff der „Ausgespanntheit", der in der „Irritation" eine Erweiterung erfährt.

Der Begriff der Ausgespanntheit stammt aus der Gestaltung und beschreibt eine Theorie, in der die kompositorischen Aspekte eines Layouts in einem „ausgespannten" Verhältnis zueinanderstehen: Einerseits harmonisch, andererseits auch spannungsreich. Diese als Ideal verstandene Theorie eines gelungenen Bildes studieren wir anhand von Meisterwerken. Interessant dabei ist, wie man diese harmonischen und gleichzeitig spannungsreichen Verhältnisse nicht allein über mathematische Größenverhältnisse erfassen kann: „Wenn eine Kunst in allen Komponenten und Teilleistungen gekonnt ist, wenn alle Teil-Handlungen gelingend durchgeführt werden und wenn das Ganze vom Anfang bis zum Ende durch das Fließen der ‚Energeia' zusammengebunden wird, dann ist die Kunst an der Kunst offenbar: Man ‚bringt etwas zusammen', wie es im populären Sprachgebrauch heißt, oder man schafft es eben eine ‚Einheit des Mannigfaltigen' zu erzeugen." (Sowa, 2019, S. 149) Wenn man Künstler nach diesen Maßen befragt, äußern diese eine zutiefst gefühlsmäßig empfundene **Stimmigkeit**, die ihnen quasi diese Verhältnisse diktieren. Nicht nur auf dieser Makroebene des Werk-Schaffens sind diese Gestaltprinzipien erkenntlich, sondern auch über wahrnehmungspsychologische Zusammenhänge wie die Gestaltgesetze selbst. Hier ist auf formaler

Ebene von Punkt, Linie und Fläche in direkter Anschauung nachzuempfinden, wie der Mensch ein Bedürfnis nach Ganzheit, innerem Zusammenhang, aber eben auch nach Differenz hat.

In diesen schöpferischen Vorgängen offenbart sich die gestalterische Tätigkeit als transzendent – dessen Ergebnis sich wiederum von einem rein rationalen Begriff entzieht. Insofern ist die Ausgespanntheit von Werken und in deren Erweiterung auch von Menschen ein vitales Prinzip und eine Gegenposition zu einer Bequemlichkeit. In der Natur finden sich für jeden zugängliche Beispiele dieser Lebenskraft: Man denke an die Kraft des Frühlings, wie die Natur nach einer langen Phase der Ruhe sich wie aus dem Nichts wieder erhebt. Oder wie ein Baum an einem über die Jahre abrutschenden Hang sich immer wieder neu gegen die Schwerkraft stemmt, um dem Licht entgegen zu streben und Wasser aus dem Boden zu ziehen. Hier kann selbstredend keine Bequemlichkeit erkannt werden, sondern eine notwendige Umsetzung des Lebens selbst.

Und diese Kraft zu entwickeln, ist die spirituelle Kompetenz als mentale Praxis das professionelle Ziel – und nicht in erster Linie eine als Wellness verstandene Entspanntheit.

Kontrastieren möchten wir diese Analogie zwischen spiritueller Praxis und designtheoretischen Grundlagen mit dem Begriff der **Irritationsfähigkeit**. Dieser Begriff trägt die Ausgespanntheit als Modus des Denkens in sich und ist weiterhin eine Technik des Denkprozesses selbst. Auch hier ist es erhellend, die Irritation im Lichte der Kreativitätstechniken zu betrachten. In Abgrenzung zur Provokation versucht die Irritation eine Veränderung der Perspektive und zielt darauf ab, die im Alltag gewonnenen Gewohnheiten aufzubrechen. Über diese Bisoziation fokussiert das bewusste Denken einen zunächst widersprüchlichen Begriff, um über diese vermeintliche Ablenkung den unbewussten Prozessen Raum zur Entfaltung zu geben. Gleichzeitig ist die Irritation als Prinzip des Lernens produktiv, um über diese paradoxe Beschäftigung die Neugier des Prozesshaften entdecken zu lassen. Hierbei entstehen komplexe sinnliche, lebensnahe und im besten Sinne faszinierende Wege, sich Wissen anzueignen (vgl. Hameyer, 2013). Diese Analogie offenbart für die spirituelle Praxis, dass es keinen direkten Weg zu einem bestimmten mentalen Ziel gibt. Jeder hat seinen eigenen Weg in und zur spirituellen Praxis: Es sind vielmehr die individuellen und subjektiven Bewegungen, die oft als „Umwege" empfunden werden, über die sich letztlich aber auch der eigentliche Kompetenzgewinn herausstellt.

Das Ziel der Irritation als mentale Taktik ist es, über diese neue Sicht zu neuen ästhetischen Erfahrungen zu gelangen. Nicht zuletzt ist ja auch Ihre Lektüre unserer Irritationen eine praktische Technik: Sie interessieren sich für die Irritationen, die sich Theologie und Kunstpädagogik verschaffen können. Diese Strategie der Irritation wird damit zu einer aktiven „Selbstprovokation". Und damit zu einer konkreten Technik einer Selbstsorge in virtuellen Lern- und Arbeitswelten.

Um die Analogie des Frühlings nochmals aufzugreifen: Nach einem Winter, der lang und lebensfeindlich war, hat der Frühling eine elementare Lebenskraft. Immer wieder neu zeigt die Natur ihr Bestreben, sich neu zu erfinden. Bezogen auf die Lebensführung ist es die Neugier, die innerhalb der neuen Rahmenbedingungen der Digitalisierung ihr bisheriges vitales Prinzip neu erprobt. Es ist eine positive Ambition und damit eine lebenspraktische Umsetzung dieses Prinzips.

Gleichzeitig sind Improvisation, Innovation und Variation natürliche Prinzipien schlechthin. Dabei sei auch vermerkt, dass es – bei dem Beispiel oben – für den Baum im Frühling eine notwendige Anpassung ist. Scheitert diese, stirbt der Baum. Diese **Not-Wendigkeit** ist eine immer wieder neu zu suchende Konstellation, seiner Sehnsucht nach Entfaltung die entsprechende Herausforderung zu verschaffen. Die jüdische Schriftstellerin Elly Sachs hat dies ihrerzeit mit dem Satz „Alles beginnt mit der Sehnsucht“ treffend auf den Punkt gebracht. Biblisch wird diese menschliche Sehnsucht so erklärt: „Gott hat die Ewigkeit in ihr Herz gelegt.“ (Die Bibel, Buch Prediger/Kohelet 3,11) So wird auch unabhängig von der religiösen Einstellung eines Menschen verständlich, warum wir uns Herausforderungen suchen, in die wir unsere Lebensenergie investieren, diese auf eine Sinnebene transformieren und – angesichts eines möglichen Scheiterns – auch auf die Probe stellen.

Hier schließt sich der Kreis: Wir appellieren an eine ästhetische Bildung auf subjektiver, individueller Ebene. Wir raten zu einer Selbstsorge auf einer spirituellen Ebene, die aus einem reichen Fundus an Angeboten schöpft, um Herausforderungen der digitalen Gesellschaft vorweg zu nehmen. Diese Führungsqualität der Antizipation kann unserer Ansicht nur über ethische Werte plausibel gemacht werden: Systeme der digitalen Gesellschaft benötigen handlungsfähige, reflexive Subjekte in ihren virtuellen „Blasen“. Diese höchst individuelle persönliche Selbstsorge liegt nicht auf institutioneller Ebene, sondern auf der Ebene jedes Einzelnen.

Virtuelle Omnipotenz vs. Ethos

Die Digitalisierung hat nicht nur den bisherigen Rhythmus der Arbeitswelt und des privaten Lebens – man denke nur an feste Zeiten im Familienleben – herausgefordert und Strukturen der Zeit in Frage gestellt, die als unumstößlich galten. Alles scheint zu jeder Zeit möglich – und dies unabhängig vom Ort, an dem man sich gerade befindet und der jeweiligen Ortszeit. Die Digitalisierung hat damit auf vielfache Weise entgrenzt und zusammengeführt und damit die Globalisierung auf dem aktuellen Level erst möglich gemacht. So viele Beispiele es als Beleg für diese Dynamik anzuführen gäbe, so viele ließen sich für ein Phänomen finden, das es alltäglich zu beobachten gibt: Dass täglich von irgendwem in der großen virtuellen Welt **Regeln** gebrochen und Standards verletzt werden. Der Facebook-Skandal ist dafür nur ein gravierender Fall. Hier spiegelt sich auch die Geschwindigkeit, welche die Digitalisierung mit sich gebracht hat, auf negative Weise. Denn Behörden und Aktivisten können längst nicht mehr alle Verstöße identifizieren, auch nicht die größten und schwerwiegendsten. Und wenn, dann springen sie hinterher, reagieren, wie die Polizei in einer unübersichtlichen Großstadt. Gleichzeitig hat das Vertrauen in Institutionen nachgelassen, wie am Vertrauensverlust der Kirche – die in Mitteleuropa und Amerika über Jahrhunderte als Moralinstitution per se galt – beispielhaft zu sehen ist. Befragt man Jugendliche und junge Erwachsene im Ethikunterricht nach der Relevanz ethischer Systeme, so reagieren sie in aller Regel eher pessimistisch und nicht sehr vertrauensselig. Und wer wollte es ihnen im Angesicht der Vorkommnisse in den letzten Jahren verübeln?

Die virtuelle Büchse der Pandora entlässt derweil eine Kreatur um die nächste. Es geht uns nicht darum, kulturpessimistisch auf unser Zeitalter zu schauen und die Digitalisierung in grauen Tönen zu malen. Die Digitalisierung hat unseres Erachtens mehr Vorteile mit sich gebracht als das Industriezeitalter. Die Möglichkeit eines virtuellen Studiums ist nur ein gelungenes Beispiel für die erfolgreiche Nutzung der positiven Aspekte der Digitalisierung. Tausende interessierter Menschen profitieren davon – jährlich. Aber wie jede Veränderung – und diese ist epochal und einschneidend, nimmt sie keinen Bereich unseres Lebens aus – muss die Digitalisierung kritisch begleitet werden. Ein anderes Phänomen besteht in einer leichter möglichen Manipulierbarkeit der Massen, zum Beispiel durch Fake News oder einen gezielten shitstorm. In aller Regel reagiert die „Masse“ darauf. Ein ethisches Reflexions- und Urteilsvermögen auszubauen, das diesen Fallstricken gut und professionell entgegentreten kann, ist daher im digitalen Zeitalter unerlässlich.

Damit sind wir von der individuellen Ebene auf die kollektive Ebene gelangt. Auf dieser Ebene drängt sich die Diskussion um **Werte** auf. Werte regeln das kollektive Miteinander. Diese Werte sind ausgehend vom oben ausgeführten Begriff der Selbstsorge Kraftquellen: Im lateinischen „Virtus" steckt dieser Gedanke, dass diese Werte eine **Kraft** seien – obgleich man spontan übersetzen würde, dass sie Kraft kosten. Nach Werten zu leben und zu arbeiten, kann mit dem Begriff des Maßhaltens zu einer Ressource werden. Das Maßnehmen ist neben der Tapferkeit, der Gerechtigkeit und der Klugheit eine von vier Kardinaltugenden Platons (vgl. Cicero, Marcus Tullius: De officiis I, 1.). Eine besondere Relevanz bekommt diese zugegebenermaßen antike Überlegung dadurch, dass es in medialen Lebenswelten ein Risiko gibt, an einem zu großen **Selbstbild** und einer überzogenen Erwartung an sich selbst zu leiden. Wir sehen es in Antworten von Studierenden, dass die internen Stressfaktoren über die Ansprüche an sich selbst als herausfordernd eingeordnet werden: Dem eigenen fachlichen Anspruch im Studium gerecht zu werden, halten über die Hälfte der Befragten für sehr herausfordernd (Hanstein/Lanig, 2019). Im Studienverlauf ist die Wahl eines Themas, sobald es freigestellt ist, eine Quelle von tiefgehender Spannung. Es versetzt die Studierenden in eine existenzielle Fragestellung, aus welchen Gründen das jeweilige Thema zu ihrem Selbstbild passe. Dies ist insofern relevant, als dass dieses Selbstbild durch das Studieren selbst erst im Entstehen begriffen ist. Am Ende dieses im besten Sinne spannungsreichen Prozesses steht die berufspraktische, aber auch existenzielle Identität der Studierenden. Das gelungene, resiliente Selbstbild ist damit auch ein Resultat eines innerlichen Aushandlungsprozesses mit Werten.

Regeln fallen nicht vom Himmel. Sie wollen erarbeitet und vereinbart sein, vor allem aber fußen sie auf der jeweiligen Moral einer Gesellschaft oder eines Systems. Eine Gesellschaft in Südamerika zum Beispiel hat aber andere moralische Vorstellungen – Normen und

Werte – als in einem asiatischen Land. Denn Moral, als Gesamt dieser Grundsätze, entsteht auf der Grundlage des jeweiligen kulturellen Mindsets. Ähnlich verhält es sich mit einer Firma, die sich ein Leitbild und damit einen verbindlichen Werte- und Verhaltenskatalog gibt. Es kann zwar „verordnet" werden, in diesem Fall hängt es quasi als Tapete an der Wand, wird aber so kaum verinnerlicht werden. Denn, um das Leitbild auch zu leben, müssen sich die Mitarbeiter auch mit den darin festgeschriebenen Grundsätzen identifizieren (können). In interkulturellen Teams gilt es, dafür kulturspezifische Barrieren zu überwinden. Coachings in interkulturell besetzten Arbeitsgruppen sind oft als längere Begleitungsprozesse angelegt, weil es bei der Bearbeitung von Fragestellungen in der Regel zu Ungleichzeitigkeiten kommt. Da sind die deutschen Mitarbeiter, die unter einer gründlichen Vorbereitung auf das Meeting beispielhaft etwas ganz anderes verstanden haben als die holländischen Kollegen – und hierbei sind die internationalen Märkte noch nicht einmal berücksichtigt. Ähnlich verhält es sich in der Politik. Diese Beispiele machen deutlich, dass es die eine Moral für die Fragen der Digitalisierung nicht geben kann. Ethische Grundsätze wären vielmehr kulturübergreifend festzulegen, wobei die Kulturspezifik aller beteiligten Kulturkreise unbedingt zu berücksichtigen wäre (vgl. Hofstede, 2011). An dieser Stelle tut sich eine interessante Parallele auf: Der schweizerisch-deutsche Theologe Hans Küng erkannte bereits vor über zwanzig Jahren, dass es für das Ziel Weltfrieden ein „Weltethos" braucht. In seinem „Projekt Weltethos" geht es um das Wissen und Anwenden grundlegender gemeinsamer Werte aller Kulturen und Religionen. Diese Parallele und die Erfahrungen der Stiftung (vgl. https://www.weltethos.org/) könnten für ein – wie wir es an dieser Stelle als Arbeitstitel vorschlagen wollen – **„virtuelles Welt-Ethos"** als Grundlage dienen.

Doch, analog zum angeführten Richtungsstreit zwischen Platon und Aristoteles, darf nicht ein solches übersubjektives und transkulturelles **Ethos** das Ziel aller Bemühungen sein, sondern die ethische Mündigkeit und Kompetenz des Subjekts. Auch dies lässt sich wieder mit Befragungen von Jugendlichen und jungen Erwachsenen im Ethikunterricht belegen: Wenn eigene Beispiele von ethischen Instanzen zu benennen sind, sind es in der Regel keine Institutionen, sondern Menschen – wie beispielhaft der Dalei Lama oder Mahatma Ghandi. Auf die einschlägigen Studien zur moralischen Entwicklung (vgl. zum Beispiel bei Lawrence Kohlberg: Kohlberg/Turiel, 1978) bzw. ethischen Urteilsfähigkeit sei an dieser Stelle nur verwiesen. Unabhängig davon, an welchem Modell man sich reflexiv jeweils orientieren mag, wird die digitalisierte Gesellschaft nicht ohne ein hinreichendes Maß an ethischem Bewusstsein auskommen. Und dieses setzt – anders als die Moral, die kollektiv gefasst wird – am Ethos des Einzelnen an. Auf ihn allein fällt die Verantwortlichkeit seines Tuns und Lassens zurück. Dabei interessiert es keinen, ob – um ein einfaches Beispiel zu wählen – der Kauf einer neuen Bluse unter Zeitdruck erfolgt ist oder ob die AGB's auch wirklich zur Kenntnis genommen worden sind oder der Haken dazu nur gesetzt wurde. So viel Omnipotenz die virtuelle Welt auch suggerieren mag, die Verantwortung für personale Verantwortlichkeit wird sie – da nicht greifbar – nicht abnehmen (können). Das macht deutlich, dass sich das Ethos praktisch aus den beiden Komponenten des ethischen Urteilens und ethischen Handelns zusammensetzt. Ethik ist damit, im aristotelischen Sinn, eine theoretische Wissenschaft, aber in praktische Absicht. Die, auch ethisch relevante Unterscheidung zwischen Verhalten und Handeln wurde einführend bereits angesprochen. In allen Situationen, in denen wir als Subjekte tätig sind – im Privaten wie im Beruflichen –, treten wir immer dann mit einem hohen Ethos auf, wenn unser Handeln kein reines passives Verhalten, sondern wenn es reflektiert, gegenüber der jeweiligen Umwelt und dem eigenen inneren ethischen Kompass (Gewissen) verantwortbar ist und als autonomes Subjekt verantwortet wird. Hinsichtlich der Thematik dieses Buches – und fernab aller möglichen juristischen Fragen – wird damit deutlich, dass eine ausgeprägte, reife, autonome ethische Haltung zur spirituellen Kompetenz unmittelbar dazugehört.

Virtuelle Gebundenheit vs. subjektive Freiheit

Die dynamisierten Prozesse im virtuellen Raum bringen einen sozialen **Gruppenzwang** mit sich, der für digitale Lehr- und Lernprozesse unseres Erachtens durchaus sinnvoll, aber auch kritisch zu betrachten ist. Aufgrund der Vielzahl an möglichen Zerstreuungen im Virtuellen ist es von Vorteil, Einzelne immer wieder in den Gruppenprozess zurückzubinden. Hierzu sind eine Reihe einfacher Techniken – wie die direkte Ansprache, direkte Fragen – möglich, ohne dabei „schulmeisterliche" Penetranz aufkommen zu lassen. Gleichzeitig sind diese Eingriffe ethisch zu reflektieren und bei Bedarf zu korrigieren. Hierzu ist Feedback ein regelmäßiges, erprobtes Instrument. Virtuelle Formate, in die man eintritt, zu denen man sich in der Regel auch einzuloggen hat, fungieren als Systeme – mit allen oben beschriebenen Kennzeichen eines solchen. Dieser gruppenspezifischen An- und Eingebundenheit steht nun die Freiheit des Einzelnen gegenüber. Wir verstehen Freiheit, zusammen mit **Verantwortlichkeit** und der **Vernunft** des Einzelnen, als Voraussetzung für ein konkretisierbares Ethos an. „Der Mensch ist frei, und ist er in Ketten geboren", schrieb einst der Humanist Friedrich Schiller; „Freiheit ist auch immer die Freiheit der Andersdenkenden", die Sozialistin Rosa Luxemburg. In die neurowissenschaftliche Debatte, ob und inwiefern der Mensch überhaupt frei handeln kann, wollen wir hier nicht einsteigen.

Hinweisen möchten wir indes auf die philosophische Unterscheidung zwischen negativer und positiver Freiheit, die auf Immanuel Kant zurückgeht (vgl. Kant, 1914). Denn beide zusammen ergeben erst die Willensfreiheit, also eine ethische Mündigkeit, dies zu tun und jenes zu lassen. Der negative Freiheitsbegriff impliziert somit Handlungen – nicht Verhalten –, die sich bewusst und reflektiert von etwas absetzen, etwas also nicht umsetzen wollen. Die positive Freiheit indes meint das Ja zu etwas – ebenfalls bewusst und aus einer inneren freien Haltung heraus. Mich für ein virtuelles Studium zu entscheiden, bedeutet nach dieser Differenzierung auch, sich nicht auf ein herkömmliches einzulassen. Dieses Beispiel macht den Zusammenhang beider Formen von Freiheit erkennbar. Der berühmte „kategorische Imperativ" Kants macht auch den Anspruch einer so verstandenen Freiheit deutlich: „Handle so, dass die Maxime deines Willens jederzeit zugleich als Prinzip einer allgemeinen Gesetzgebung gelten könne." (vgl. Kant, 1913) In unserem Beispiel: Nicht der Gruppenzwang wäre für Kant ein akzeptables Motiv einer eigenen Willensentscheidung, sondern erst die Einsicht qua Vernunft in das Gute und Richtige dieses Wir-Handelns. Erst dann wäre es ein ethisches Urteil von hoher Qualität, weil es sich der **Autonomie** des Einzelnen (vgl. Auer, 2016) verdankt.

Vernünftig und autonom handeln zu können, setzt nach unserem Verständnis aber auch einen guten Kontakt zu den eigenen Emotionen und zur eigenen inneren Landschaft voraus. Hier verlassen wir den klassischen Ansatz Kants. Denn wie wir aus dem Design wie der Seelsorge wissen, sind diese Zugänge zum Unbewussten für ganzheitliche und nachhaltige Entscheidungen unerlässlich. Anstatt die Vernunft über Gebühr zu strapazieren – denn wie viele unvernünftige Entscheidungen auf deutschem Boden sind auch nach einem Immanuel Kant getroffen worden –, setzen wir als Humanisten darauf, dass der Mensch von sich aus ein Gespür für seine inneren und äußeren

Ressourcen hat – und wenn er es, warum auch immer, verloren hat, wiedererlangen kann. Ausgehend von dieser Theorie hat dies Folgen für die Führungspraxis. Das industrielle Erbe unserer Führungsprozesse trägt die vermeintliche Notwendigkeit von Kontrolle in sich. Durch die hier dargelegten notwendigen Selbststeuerungen sind diese ein Relikt. Das Prinzip der Kontrolle ist zu ersetzen durch das Prinzip des virtuellen Vertrauens in die Handlungsfähigkeit und Selbstsorge des anderen. Anhand dieser – in einer gesunden Stimmigkeit und inneren Balance – zu entscheiden, was der Einzelne will und was nicht, ist eine Mündigkeit, die in der digitalen Welt wichtiger denn je ist. Je authentischer und klarer Sie in einer konkreten Situation diese Mündigkeit autonom ins Wort bringen können, umso freier sind und handeln Sie im philosophischen und ethischen Sinne.

Zwischenertrag: virtuelle Gleichzeitigkeiten vs. Priorisierung

Die virtuelle Mehrperspektivität und die teilweise unüberschaubaren gleichzeitigen Abläufe im Zeitalter der Digitalisierung bringen auch neuartige Erwartungen – und damit ein Gefühl des Druckes, das auf das Individuum einwirkt – mit sich. Neben dem Selbstmanagement ist daher seit einigen Jahren das Zeitmanagement hoch im Kurs. Die meisten Seminare folgen dabei dem Effizienzgedanken, in weniger Zeit mehr unterbekommen zu können. Denn Zeit ist bekanntlich Geld. Eine Reihe von Fortbildungen zum Zeitmanagement könnten leicht auf die Digitalisierung und ihre Besonderheiten übertragen werden, zum Beispiel das „Pareto-Zeitprinzip“ oder das „Eisenhower-Prinzip“. Beim ersten Prinzip – der These, dass 80 Prozent der Ziele mit 20 Prozent Zeitaufwand erbracht werden können – wäre die Vorbereitungszeit für das technische Onboarding in virtuellen Räumen zu berücksichtigen. Beim zweiten wird zwischen Wichtigkeit und Dringlichkeit unterschieden, was grundsätzlich keinen großen Unterschied im Hinblick auf die Nutzung virtueller Räume macht. Vielmehr erleichtern die digitalen Medien und auch virtuelle Schulungs- und Seminarräume die Visualisierung der entsprechenden Prioritäts- und Zeitstrukturen. Ebenso können diese Darstellungen leicht geteilt werden und erlangen damit eine entsprechende Transparenz und Verbindlichkeit.

Vor dem Aspekt einer spirituellen Kompetenz ist aber nicht entscheidend, wie schematisch es gelingt Zeit zu planen und damit sich und seine verfügbare Zeit zu organisieren. Denn auch das Zeitmanagement bindet – im Sinne des technischen Vollzugs – wiederum Zeit. So kommt dem Gespür, das auch im Miteinander der analogphysischen Welt entscheidend ist, in der Digitalisierung eine besondere Rolle zu. Denn wenn der Kopf Aufgaben und Termine plant, Herz und Seele aber nicht mitgehen, wird es unweigerlich zu Verschiebungen und zu unbewussten Verdrängungsprozessen kommen. Solche Vermeidungsstrategien sind in der virtuellen Welt leichter möglich: Wenn der Rechner zum Beispiel einfach ausgestellt wird, kann man den Chatverlauf schlichtweg nicht mehr nachvollziehen. Wenn bislang nur auf dieser Ebene kommuniziert wurde, wird auch niemand zum Handy greifen. Man hat sich so das Thema erstmal vom Leib gehalten. Ein feines Gespür dafür zu entwickeln, was jetzt im Moment „dran" ist, ist daher eine Grundkompetenz im Virtuellen. Denn auch die besten Priorisierungen können sich unter digitalen Vorzeichen blitzschnell verschieben. Hier ist ein gutes Gefühl gefragt, das in einem agilen Handeln mündet. Beides setzt all das voraus, was bisher in diesem Kapitel ausgeführt worden ist: eine selbstwirksame Robustheit, einen krisensicheren Umgang mit Andersartigkeit, das Zusammenspiel von Kopf, Herz und Hand, Authentizität und Echtheit, ästhetische Wahrnehmung und eine angemessene, reflektierte und ethisch verantwortete Freiheit im Handeln.

SÜSSE FRÜCHTE UND DUFTENDE BLÜTEN – 11 meditative Angebote zur spirituellen Kompetenz

Sie haben sich mit uns bis zur Krone vorgewagt. Hier oben wird unser Baum immer verzweigter und weiter. Schon bereits dieses Bild kann als Metapher dafür stehen, wie wir spirituelle Kompetenz verstehen. Welche Äste des Baumes weiterwachsen und letztlich Früchte tragen, hängt von vielen Faktoren ab. So steht es auch um Ihre spirituelle Kompetenz. Auch wenn wir Ihnen hier Anregungen, Impulse und bewusst auch Irritationen mitgeben konnten, sind und bleiben Sie Ihr eigener Chairman und dafür verantwortlich, was Sie letztlich aus dieser Herausforderung machen.

Zum Abschluss finden Sie einige Angebote unsererseits. Wir orientieren uns dabei an Begriffen, die uns im Laufe des Schreibens zu Keywords geworden sind. Sie finden unsere Angebote in alphabetischer Reihenfolge dieser Schlagwörter, was lediglich der Übersichtlichkeit dient. Die Reihung erhebt weder Anspruch auf Vollständigkeit noch auf einen abschließenden Charakter. Wenn Sie nach der Lektüre und Meditation unserer Texte den Eindruck haben, dass für Sie noch vieles unausgesprochen ist, dann waren wir mit unserem Ansinnen erfolgreich. Deshalb finden Sie auch nach jeder Meditation ein Angebot zur Visualisierung. Dieser Teil des Buches kann Ihnen so vielleicht zum Erlebnisbuch werden. Wir würden uns freuen, wenn Sie jeweils Ihre Assoziationen, Irritationen, inneren Bilder und weitergehenden Gedanken festhalten – für sich und Ihre Einübung in die spirituelle Praxis.

Bewusst entschleunigen

Das Phänomen der zunehmenden Beschleunigung bedarf wohl keiner zusätzlichen Worte. Wir haben uns vermeintlich daran „gewöhnt" und „funktionieren" entsprechend. Es macht hin und wieder Sinn, die Auswirkungen bei sich – ehrlich zu sich selbst – wahrzunehmen.

Gönnen Sie sich in einer freien Minute die Erfahrung, einen Krimi der 80er Jahre des letzten Jahrhunderts anzuschauen (unter Youtube finden Sie zum Beispiel einige Folgen der ersten Staffel von „Der Alte"). Nehmen Sie wahr, was die Geschwindigkeit und die Effekte bei Ihnen auslösen.

Halten Sie Ihre ***Gefühle und Assoziationen*** *dabei fest. Welche unbewussten Reaktionen haben Sie ggf. bei sich festgestellt, diese „Langsamkeit" zu überspielen. Versuchen Sie – jedoch ohne sich damit Druck zu machen –, all dieses irgendwann beiseite zu legen und sich ganz auf den Film und seine Wirkung zu konzentrieren. Halten Sie fest, wie viel Zeit dies gebraucht hat (aber bewerten Sie es nicht).*

⇒ Vielleicht spüren Sie: Entschleunigung lässt sich nicht verordnen. Wir laufen alle so „gut" im „Hamsterrad", dass wir auf vermeintliche Langsamkeit ungeduldig reagieren. Es braucht folglich einen **Anker**, der als Schalter dienen kann, sich auf andere Geschwindigkeiten einzulassen, sie zuzulassen, auch wenn ein gegenläufiges Gefühl in Ihnen auch Stimmung macht. Dieser Anker kann eine bestimmte Zeit oder ein bestimmter Ort sein und sogar ritualisiert werden. Finden Sie diesen für sich heraus, geben Sie ihm einen Namen, zeichnen Sie ihn.

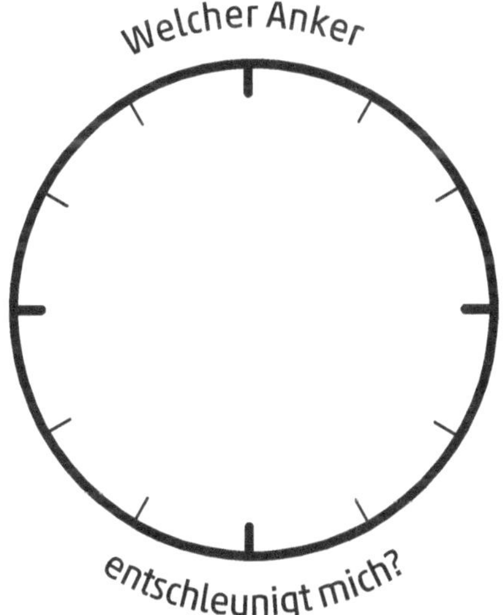

Gewahr werden

Es gibt Momente, in denen die Konzentration nachlässt, vielleicht auch die Lust. Wir merken das im virtuellen Kontext daran, dass man unbewusst die Möglichkeiten nutzt, die die Technik bietet. Und ohne sich zu versehen, schweift man nicht nur gedanklich ab, sondern checkt man seine E-Mails oder landet auf Seiten, mit denen die aktuelle Veranstaltung nichts zu tun hat.

Meditation: Nehmen Sie den nächsten dieser Momente doch zum Anlass, sich das Lied „Irgendwann" von Gerhard Schöne (https://www.youtube.com/watch?v=VL1R5Np406I, Zugriff: 08.04.2019) anzuhören und den Text auf sich wirken zu lassen: „Irgendwann siehst du ... irgendwann schmeckst du ... irgendwann hörst du ..." Versuchen Sie dabei nicht viel nachzudenken, sondern der

***Stimmigkeit** aus Inhalt, Melodie und Intonation zu folgen. Um dann die letzte Strophe wahrzunehmen: „Irgendwann heißt, es kann morgen gescheh'n und dass wir uns heut' das letzte Mal sehn. Drum, was du erlebst, erleb' es total, denn alles, alles gibt's ein letztes Mal ... letztes Mal ..." (aus: Schöne, 1992, Die sieben Gaben, Titel 18)*

Mindmap: Halten Sie spontan Ihre Assoziationen fest: An wen oder was haben Sie gedacht? Welche Emotionen hat das Lied in Ihnen ausgelöst? Hat das Lied etwas mit Ihnen zu tun, und was? Was „macht" seine Botschaft mit Ihnen?

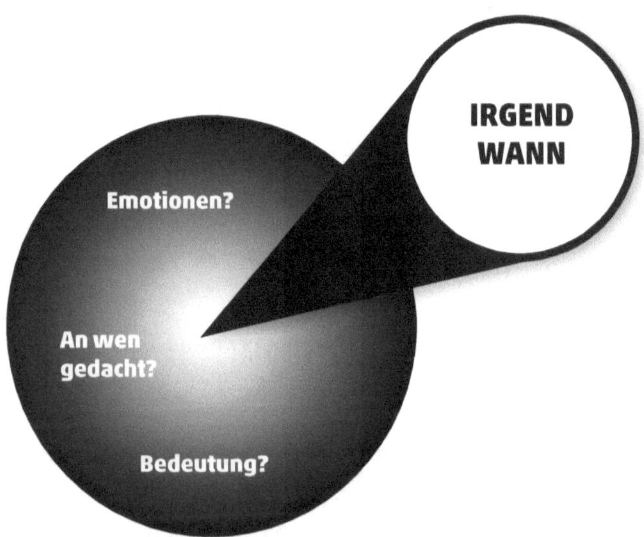

⇒ Ganz unabhängig davon, wie Sie die letzten Erfahrungen in virtuellen Veranstaltungen bewerten, eines ist ihnen gemeinsam: Sie waren einmalig. Doch das als rationales Wissen zu reflektieren, ist wenig wirksam und nachhaltig. Bedeutsam wird diese Erfahrung erst durch ihr **Gewahrwerden** in derartigen Aha-Erfahrungen. Diese wollen freilich zugelassen sein.

Innere und äußere Gestalten wahrnehmen

Sie haben Ihre drei „Walts“ nun kennen gelernt. Wir gehen nun von innen nach außen:

Werden Sie sich Ihres ***Selbstbildes*** *gewahr. Drücken Sie dieses dadurch aus, indem sie lediglich die Formen Kreis, Quadrat und Dreieck benutzen. Stellen Sie durch Größe, Position und Menge dar, wie Sie sich selbst sehen.*

⇒ Bitten Sie Personen Ihres Vertrauens darum, dieses Bild als **Fremdbild** zu visualisieren. Sprechen Sie über Gemeinsamkeiten und Unterschiede. Testen Sie Ihr Fremdbild bei Personen, die Sie hauptsächlich über die virtuelle Ebene kennen. Vergleichen Sie dies auch gern mit analog-physischen Kontakten. Reflecktieren Sie.

Sich irritieren lassen

Wir haben vom „inneren Team“ als Bild für die innere Pluralität des Menschen geschrieben. Aber auch davon, dass es zur ästhetischen Erfahrung und spirituellen Kompetenz gehört, sich und seine gewöhnlichen Muster irritieren zu lassen. Hierzu kann eine Kreativitätstechnik gut anleiten.

Einführung: Mit der ***Walt-Disney-Strategie****, die von Robert Dilts entwickelt wurde, lassen sich eingefahrene Gleise irritieren und so neue Perspektiven entdecken. Dilts sah in dem berühmten Kollegen „drei Walts“, die ihn nicht nur sehr erfolgreich gemacht hatten, sondern mit denen er sich immer wieder selbst übertraf: den Träumer („the dreamer“), den Realisten („the realist“) und den Kritiker („the spoiler“).*

Mindmap: Machen Sie diese drei „Walts“ für sich sichtbar. Schreiben Sie dazu, wann und mit welchen konkreten Gedanken und Bemerkungen diese auftreten. Gehen Sie dann auf oder in eine bestimmte Rolle. Spüren Sie, was dies in Ihnen auslöst. Halten Sie dies ebenfalls auf dem entsprechenden Feld fest. Der Wechsel der einzelnen Positionen kann in der Regel mit drei Stühlen für die drei Rollen entsprechend Walt Disney erleichtert werden. Wer noch ungeübt im Selbstcoaching ist, sollte dies unter Anleitung tun. Und Sie werden sehr schnell sehen: Der bewusste Wechsel zwischen den „Stühlen“ setzt in jedem Fall Assoziationen frei, die bisher unbewusst, verborgen, unausgesprochen waren. In einem weiteren Schritt werden diese nun in einen Austausch zwischen den drei Perspektiven gebracht.

⇒ Übungen wie diese vergrößern Ihren Wahrnehmungsraum. Sie setzen neue Handlungsstrategien mit veränderten inneren Teamkonstellationen frei. Vor allem kann **Irritation** auch zu **Klarheit** durch **Fokussierung** führen.

Innere und äußere Rhythmen

Der Körper ist mit dem ihm eingeschriebenen 7-Tages-Rhythmus und dem 24-Stunden-Raster das **Maß**, an dem wir uns in der folgenden Übung orientieren: In welchen Zeiten sind Sie „für sich"? Welche körperlichen Notwendigkeiten hängen damit zusammen? Und in welchen Zeiten sind Sie „für andere"?

Zeichnen Sie sich sieben Tage auf und markieren Sie beide Zeitkategorien mit unterschiedlichen Farben.

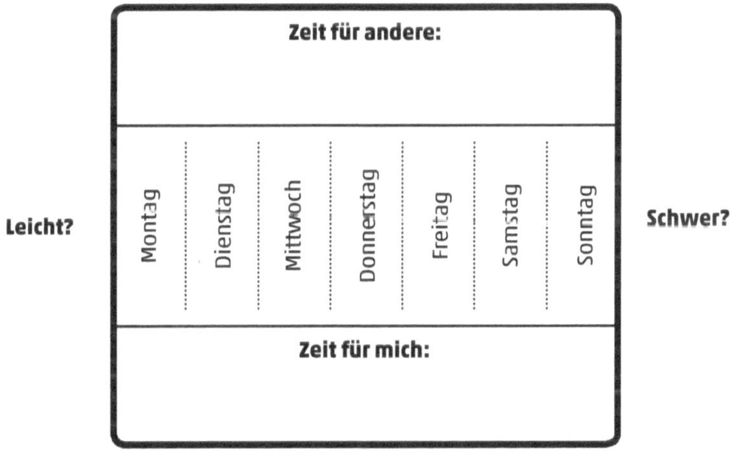

Zeit für andere:

Leicht?

Montag | Dienstag | Mittwoch | Donnerstag | Freitag | Samstag | Sonntag

Schwer?

Zeit für mich:

⇒ Reflektieren Sie: Welche Möglichkeiten der **asynchronen Kommunikation** sind möglich, diese Zeiten „für andere" zu einer Zeit „für sich" werden zu lassen? Welche Zeiten „für sich" sind so „heilig" – für andere unantastbar –, dass Sie Ihre eigenen bleiben müssen. Wie können Sie dies – in einer gefühlten Leichtigkeit – erreichen? Formulieren Sie ggf. konkrete Maßnahmen dazu.

Think outside the (In)Box

Stellen Sie sich noch vor dem Beginn Ihres Tagwerks vor, alle Nachrichten Ihres E-Mail-Postfachs wären Briefe; die WhatsApp-Chats vom Vorabend wären Faxe sowie Telefonate, Telefonkonferenzen und Online-Meetings reale Konferenzen.

*Machen Sie sich Ihr **inneres Bild** bewusst, das bei dieser Vorstellung in Ihnen auftaucht. Halten Sie es graphisch fest.*

Vergegenwärtigen Sie sich nun den Zugewinn an organisationaler Freiheit, die Ihnen die digitalen Medien gewähren. Ergänzen Sie nun Ihre Visualisierung durch das neue Bild.

Mein inneres Bild:

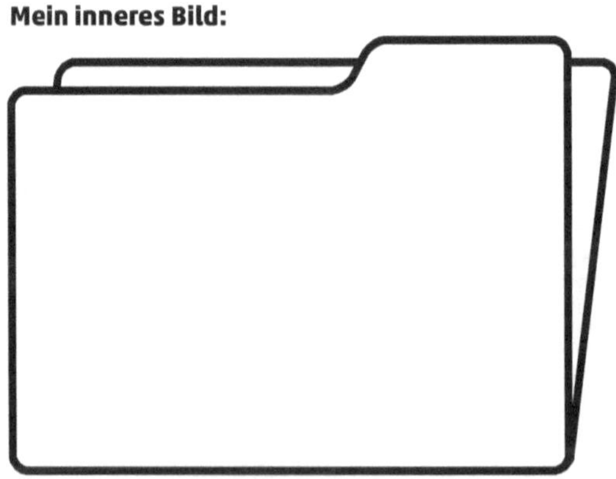

⇒ Meditieren Sie abschließend beide Bilder im Vergleich: Fokussieren Sie sich auf die Ihnen bedeutsamsten Themen, die Sie in diesem Zeitgewinn verwirklichen wollen. Halten Sie diese Themen fest und geben Sie ihnen einen entsprechenden Ort auf Ihrer Visualisierung. Gelingt es Ihnen, aus diesem **Reframing** sich Ihrer relativen Autonomie gewahr zu werden?

Digital-Angst durch Zugewandtheit trösten

Wirkungsmechanismen des Interagierens von Gruppen sind auch im virtuellen Raum von zwei Polen geprägt: Die Angst voreinander und die Zugewandtheit der einzelnen. Sind diese Affekte im realen Raum ganzheitlich und körperlich spürbar, müssen wir den Umgang im virtuellen Raum über die Reflexion erlernen.

Dabei helfen ***Fokussierungsfragen****: „Welche Potenziale sehe ich, schätze ich an meiner virtuellen Gemeinschaft?" und „Welche Befürchtungen habe ich im Hinblick auf diese virtuelle Veranstaltung?" Geben Sie diesen Assoziationen einen Begriff, ein Motto oder ein Thema. Halten Sie diese Gedanken in unterschiedlichen Farben fest.*

Betrachten Sie Ihre Notiz/Visualisierung und lassen Sie sie auf sich wirken. Meditieren Sie nun diese Fragen. Gelingt es Ihnen dabei, Aspekte der Zugewandtheit in sich zu erspüren? Können Sie auf das Vertrauen ihrer Gruppe bauen?

⇒ Finden Sie eine Mehrzahl von Befürchtungen, führt dies erfahrungsgemäß früher oder später zu einer Betonung der Kontrolle und der kleinteiligen, präzisen Anleitung. Welche Art von **Selbstführung** wollen Sie verwirklichen?

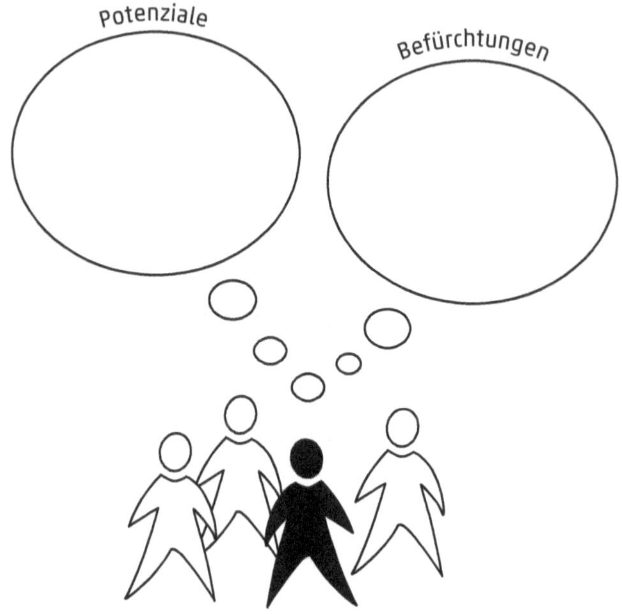

Geöffnet in die Dehnung kommen

Nicht nur von modernen Postern kennt man ihn, den „vitruvianischen Menschen“. Vitruvius war ein Architekt, der bereits in der Antike Forschungen zur Proportionslehre anstellte. Der Maler und Philosoph Leonardo da Vinci fertigte daraus im 15. Jahrhundert eine Skizze an, die berühmt geworden ist. Leonardo bildete in der Skizze gleichzeitig den „homo ad quadratum“ und den „homo ad circulum“ ab. Die darin zur Anwendung kommende Proportionenlehre wurde bis zum heutigen Tage vielfach aufgegriffen. Die Zeichnung verdeutlicht aber nicht nur die Proportionen des Menschen (die sich im Laufe der Jahrhunderte auch leicht verschoben hat), sondern sie gilt als Symbol vollendeter Ästhetik und **Harmonie**. Der Bauhaus-Lehrer Johannes Itten (der vor allem durch den sogenannten Farbkreis berühmt geworden ist) zum Beispiel leitete seine Studenten zu einfachen Körperübungen an, bevor diese sich künstlerisch ausdrücken sollten. Für Itten konnte der Künstler erst authentisch wirken, wenn es eine Harmonie zwischen der inneren und äußeren Haltung gab.

Besonders für das stundenlang am Rechner sitzende „moderne Arbeitstier" ist es wichtig, seine Haltung immer wieder zu verändern. Denn Kopf, Arme und Nacken verharren über Stunden in einer eingeschränkten Position. Entsprechende ergonomische Möbel können ein erster Schritt sein, ein Stehpult zum Beispiel ein weiterer. Für die Arbeit am PC bietet sich zum Beispiel die kleinste Variante des denefhoop (www.denefhoop.com, Zugriff: 20.10.2019) an. Sein Entwickler hat sich an der vitruvianischen Vorlage orientiert. Dieser Reifen kann zu einer Größe geformt werden, mit der er bequem seitlich am Schreibtisch angebracht werden kann.

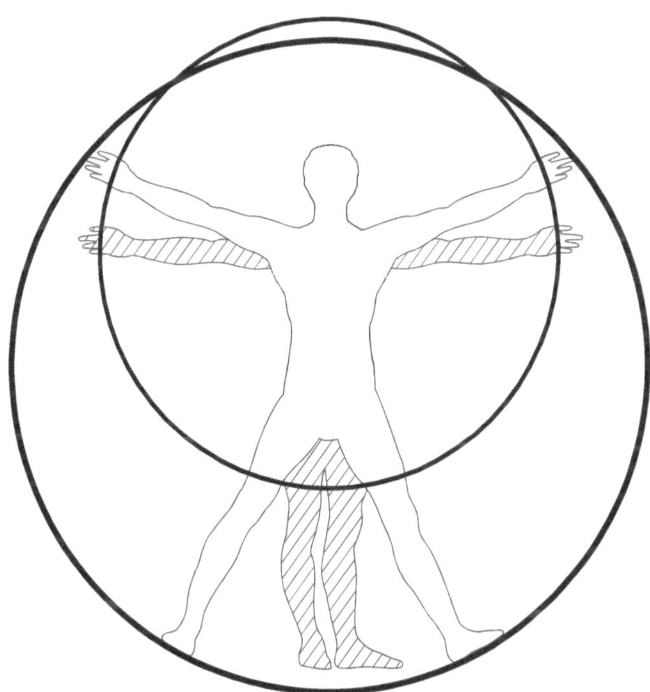

⇒ Strecken Sie sich mit Hilfe des Reifens und entsprechend der Proportionsstudie. Geben Sie dabei keine übergroße Kraft in Ihre Bewegungen. Besonders Hals, Wirbelsäule und Nacken reagieren schnell auf die Dehnungen. Ihre Muskelketten, die selten beansprucht werden und verspannt sind, werden sich alsbald melden. Atmen Sie ruhig in diese Bereiche hinein. Der Reifen wird Sie auch haptisch dabei unterstützen, „Dehnungspausen" als Ritual in Ihren Alltag zu implementieren.

Gelassen auf sich selbst schauen

Wir haben oben auf die verschiedenen Bereiche der Persönlichkeit hingewiesen, mit denen die Transaktionsanalyse arbeitet. Alternativ können Sie natürlich auch andere Modelle zu Hilfe nehmen (beispielsweise das DISG-Modell, vgl. weiterführend Dauth, 2012) und die Anleitung entsprechend darauf anpassen.

Zur Erinnerung: Da gibt es das „kritische Eltern-Ich" in Ihnen, das durch hohe Ansprüche und verantwortbare ad-hoc-Entscheidungen gekennzeichnet ist. Ebenso das „fürsorgliche Eltern-Ich", das umsorgt, Schutz bietet, Geborgenheit vermittelt. Gleichzeitig gibt es die Bereiche des „hilflosen Kindes", das überangepasst ist, Angst vor Fehlern hat und daher schnell aufgibt, des „trotzigen Kindes", das sich stark emotional oder auch stark fordernd zeigen kann, schließlich noch das „natürliche Kind", das spontan, kreativ, offen, direkt und humorvoll ist. Unter virtuellen Vorzeichen ist es durchaus möglich, dass die bei Ihnen übliche Verteilung sich verschiebt. Das bringt die Frage mit sich, wie Sie überhaupt (authentisch) wahrgenommen werden.

Nehmen Sie wertfrei an, alle diese Bereiche sind auch in Ihnen. Verteilen Sie Prozentzahlen (bis insgesamt 100 %), wie Sie die Bereiche grundsätzlich ver-

teilen würden. Befragen Sie ggf. auch Ihren Partner/besten Freund. Erstellen Sie nun eine persönliche Abbildung dieser Felder.

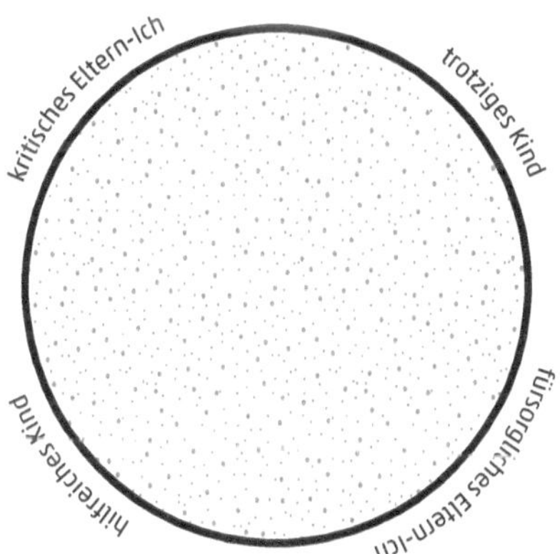

⇒ Mit dieser Visualisierung haben Sie nun ein grundsätzliches Bild. Es ist schon eine wertvolle Unterstützung, sagt aber über Ihr kontextuelles Verhalten noch nicht viel aus. Erweitern Sie diese Bild nach und nach mit konkreten Situationen. Reflektieren Sie: Gibt es ähnliche Muster, Emotionen, innere Bilder in vergleichbaren Situationen? Erstellen Sie, ausgehend davon, ein Zielbild, eine **Skalierung** kann Ihnen in der Umsetzung wieder helfen: Wie viel Prozent dieses oder jenes Anteils wollen Sie in einer vergleichbaren Situation (lediglich) Raum geben? Durch welche Maßnahmen ist dies möglich?

Physisches auf Virtuelles fokussieren

Die Arbeit in und für virtuelle Gemeinschaften ist für den körperlichen Rhythmus nicht unproblematisch: Denn es fehlt der Ortswechsel. Mit dem fehlenden körperlich-seelischen Impuls kommt es zu dem Phänomen, das wir als **„virtuellen Jetlag"** bezeichnen. Es fällt dann schwer, sich auf eine neue Situation – wir nannten es Existenzial – einzulassen. Jede virtuelle Arbeit ist auf einer **Makroebene** eingebettet. In diesen großen Ablauf des Projektes oder Werkes sind wiederum ganz unterschiedliche Personen integriert. Damit gibt es eine Makroebene als Existenzial und eine **Mikroebene**, die ebenfalls ein Existenzial beinhaltet. Gleichzeitig sind Sie vor einem Termin darin begriffen, das vorherige Existenzial zu verlassen.

Stellen Sie sich Fragen wie: „Was ist für die Menschen auf den unterschiedlichen Ebenen wichtig?", „Was ist mein eigener Beitrag daran und welche Dinge muss ich dabei als gegeben hinnehmen?" oder „Wenn dieses Existenzial vorüber sein wird, was muss das notwendige Ergebnis dabei sein?"

⇒ Schreiben Sie es stichwortartig nieder oder visualisieren Sie. Es wird Ihnen helfen, in dieses Thema hinein zu finden. Geben Sie der Visualisierung einen festen Ort und versuchen Sie, sie bei der nächsten Auseinandersetzung mit diesem Thema als Unterstützung heranzuziehen.

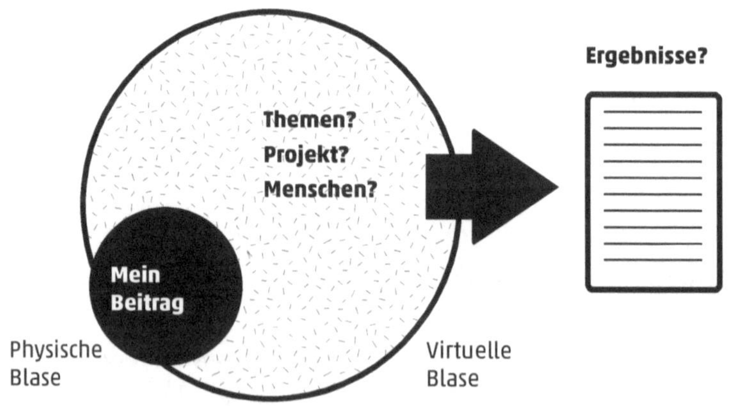

In den Wolken ankern

In der letzten Übung geht es um die Zusammenführung von zwei hier ausgebreiteten Ideen: Die Reflexionen über mögliche Veränderungen („Transflexion“) und die Ankerübung. Die Kultur der Digitalisierung trägt uns eine grundsätzliche Bereitschaft auf, Diskurse in Frage zu stellen und unsere alltäglichen Praktiken zu reflektieren. Diese Selbstkritik hat zum Ziel, aus der Reaktion heraus in die Handlungsfähigkeit zu gelangen. Darin steckt vor allem der Gedanke, angemessen auf eine unbeständige, unsichere, komplexe und mehrdeutige VUCA-Welt zu reagieren. Auf der anderen Seite verbindet uns die Ankerübung mit unseren individuellen Ressourcen und legt die emotionale Bereitschaft, sich auf die instinktiven Vorbehalte gegenüber Veränderungen emotional einzulassen.

*Zwei **konkurrierende Fragen** können uns dabei leiten: A) Welche Veränderung in meinem direkten persönlichen und professionellen Umfeld ist denkbar im „Existenzial“ des heutigen Tages? B) Welche Ressource (welcher „Anker“) gibt mir die Energie, diese Veränderung produktiv und affirmativ anzugehen?*

⇒ Beschränken Sie die Antwort auf jeweils einen Themenkontext – lassen Sie damit ruhig zu, weitere denkbare Veränderungen „fallen“ zu lassen und an einem anderen Tag zum Thema zu machen.

Wandel ist für mich:

____

____

____

Anker sind für mich:

____

____

____

Virtuelle Resilienz durch spirituelle Kompetenz – (k)ein Schlusswort

Ebenso, wie Sie nun Ihren eigenen „spirituellen Baum" selbst zum Blüten bringen dürfen, seine Wurzeln nähren, seine Äste auch mal stutzen ..., so endet hier vorerst auch ein gemeinsames Projekt. Das gemeinsame Anliegen indes geht weiter: Denn eine „professionelle Spiritualität" – so die interdisziplinäre Erkenntnis der Autoren – ist ein Bedarf, von dem jede intellektuelle Entwicklung (auch jenseits der Hochschulen) heute profitieren kann. Dazu muss aber der noch immer wirkende – und noch immer richtige – aufklärerische Gedanke der Rationalität wissenschaftstheoretisch relativiert werden. Dazu möge dieses gemeinsame Buch einen Beitrag leisten. Begonnen hat die Arbeit an dieser Fragestellung mit einer gemeinsamen Ringvorlesung der Autoren vor anderthalb Jahren zum Zusammenhang von Stille und Kreativität. Darauf folgten punktuelle, aber im Letzten produktive Gespräche, deren Ertrag hiermit nun auch schriftlich vorliegt. So soll hier am Ende auch kein gemeinsames Schlusswort stehen, sondern für die Autoren gilt dasselbe wie für die Leser: letztlich wieder auf sich selbst „zurückgeworfen" zu sein. Doch dieser Aspekt ist, wie mehrfach aufgezeigt, auch wesentlicher Bestandteil dessen, worum es beiden ging: Spirituelle Kompetenz. Eine Einschränkung muss aber noch angemerkt werden: Auch wenn dieses Buch durch sein „Ende" sich auch einem Existenzial stellen muss – dem begrenzten Umfang –, wollen die persönlichen Gedanken beider Autoren zum „Schluss“ keine abschließenden sein. Vielmehr soll damit für Sie als Leser ein Anfang gesetzt werden, Ihre virtuelle Resilienz durch spirituelle Kompetenz weiter auszubauen. Autoren und Verlag hoffen, Ihnen damit ein paar reflexive und praktische Anregungen gegeben zu haben. Die Reihenfolge der „Schlussworte“ orientiert sich übrigens weder am Alter noch am akademischen Rang. Sie ist schlicht eine Notwendigkeit – auch hier wiederholt sich praktisch ein Thema des Buches – und wurde nach dem Alphabet entschieden.

Von der Notwendigkeit, über den eigenen Tellerrand (nicht nur) zu schauen

Bereits in meiner Studienzeit habe ich es genossen, den philosophisch-theologischen Zirkel verlassen zu können. Als Stipendiat und späterer Hochschulsprecher einer nicht theologisch affinen Studienstiftung kam ich hauptsächlich mit Studierenden und Promovenden anderer Fachrichtungen in Kontakt. Die sogenannte Begabtenförderung der Friedrich-Ebert-Stiftung richtet sich mehrheitlich an Personen, die politisch und gesellschaftlich aktiv sind. Dadurch war in allen Seminaren, Treffen und Gesprächen immer auch eine breite Perspektive präsent, die meinen eigenen Blick auf Dinge, Umstände, Menschen, letztlich auch mich selbst nachhaltig geprägt hat. Diese Interdisziplinarität hat sich mit diesem Buch wiederholt. Es war ein herrlich sprudelnder Prozess, eigene Ideen von einem Fachmann ganz anderer Ausrichtung spiegeln zu lassen. Dabei habe ich wieder das erfahren, was ich bereits damals genossen habe: Dass sich das Eigene nicht verliert, wenn man es einem gemeinsamen Prozess zur Verfügung stellt. Sondern das, was vom Anderen zurückkommt, enthält wieder neue Aspekte und bereichert so die eigenen Assoziationen. Ich durfte erneut erfahren: Der Blick über den eigenen Tellerrand ist in jedem Fall lohnenswert. Doch es sollte auch nicht beim Schauen bleiben. Erst, wenn man in eine echte, ernst gemeinte Bewegung kommt, ist ein Prozess wie unserer möglich. Ich bin Andreas Lanig für diese kreative, wechselseitige – und im Übrigen auch digital unterstützte – „Ping-Pong"-Erfahrung sehr dankbar.

Der Mensch gilt (zumindest bis zum gegenwärtigen Stand des Wissens) als Wesen mit dem höchsten Grad an Bewusstheit. Auch ein Hund leidet freilich, wenn es ihm nicht gutgeht. Aber man geht davon aus, dass er sein Sterben und seinen Tod nicht reflektieren, rational und emotional antizipieren kann. Diese dem Menschen zugeschriebene Fähigkeit setzt das Individuum aber auch unter einen gewissen Druck. Es muss mit seiner Endlichkeit umgehen können, aber auch mit unguten Gefühlen, bis hin zu Leid und Tod. Was nach theoretischer Philosophie und Theologie klingen mag, ist aber nicht nur real, konkret und existenziell, sondern auch alltägliche Herausforderung. Denn die Endlichkeit ist uns täglich gesetzt, Zeit, Raum und Begegnungen stehen in konsequentem Bezug zur ihr. Ebenso ist jede einzelne Situation damit nicht nur endlich, sondern folglich einmalig. Und Sterben und Tod sind, systemisch verstanden, Aspekte dynamischer Prozesse, der Umgang mit dem Ende ist die Bedingung Neues beginnen zu können. Die Digitalisierung und die virtuellen Räume haben diese Zusammenhänge beschleunigt und potenziert. Vielleicht gibt es ebenso viele Strategien des Umgangs mit dieser Aufgabe, wie es Menschen gibt. Im Grunde aber kann man sich diesen Bedingtheiten nur stellen, sie verdrängen oder leugnen. Sie so anzunehmen, wie sie sind, ist auch der Ansatz dieses Buches; und das Beste daraus zu machen. Denn, wer sich der Endlichkeit stellt, der lernt Achtsamkeit für den Moment. Wer sich mit seiner Verletzlichkeit konfrontiert, der bekommt einen tiefen Zugang zu seinen inneren Kraftquellen. Die Grundlage dafür bietet eine spirituelle Kompetenz, für die wir sensibilisieren wollten. Dieses Buch ist, nach einer Reihe eigener, das erste gemeinsame. Das Brainstormen und Schreiben war nicht nur ein produktiver Prozess, sondern auch bei uns ein spiritueller. Denn Gedanken und Ideen von zwei – nicht nur fachlich – verschiedenen Menschen zusammen zu binden und am Ende das Gefühl zu haben, dass nichts „Eigenes“ verlorengegangen ist, sondern sich durch die gemeinsame Auseinandersetzung die je einzelnen Fäden nur noch verdichtet und zu einem stimmigeren Gewebe verbunden haben, war eine bereichernde Erfahrung. Sie hat auch bei uns viel von dem vorausgesetzt, was wir mit diesem Buch teilen wollen.

Thomas Hanstein

Die geistlichen Aspekte geistiger Arbeit

Das irritierende Gefühl, einen epistemisch diffusen Raum zu betreten, hat mich zum Beginn dieses Projektes mit der Vorbereitung des gemeinsamen Vortrags „Stille – Ressourcen für kreative Prozesse“ begleitet. Gleichzeitig war es aber eine schwer zu übersehene Ahnung, die sich mit diesem Buch glücklich gefügt hat: Dass die Irritation von Design und Theologie eine höchst fruchtbare ist. Die zentrale Fragestellung, wie virtuelle Gemeinschaften zu strukturieren und zu führen sind und wie die Kommunikation ohne physische Komponenten arbeitsfähig wird, führte uns zusammen. Das Design, das über mögliche Zukünfte nachzudenken hat, hat von der Theologie, die aus einer reichen Historizität schöpft, ein großes Synthesepotenzial gewonnen. Das liegt für mich in jeder hier beschriebenen Meta-Physis, die wiederum über die Effizienz entscheidet, wie Menschen virtuell gemeinsam Neues schaffen.

Nicht zuletzt hat dieses Projekt für mich eine persönliche Frage beantwortet: Ob und welche Ähnlichkeiten es zwischen theologischer und designtheoretischer Sicht zur schöpferischen Arbeit gibt. Diese

Frage hat sich verifiziert: Der Diskurs zur Innovation und Kreativität tut gut daran, die spirituellen Potenziale der Theologie als theoretischen Zugang wahrzunehmen (dazu gehört sicher ein akademischer Mut) und ernst zu nehmen (dazu gehört eine klassische textanalytische Auseinandersetzung in der Designtheorie). So kann es gelingen, die Denkstrukturen unserer geistigen Arbeitskultur aus ihrer industriellen Prägung zu lösen. Dieses kulturelle Projekt kann dadurch gelingen, indem wir spirituelle Kompetenzen in den professionellen Alltag zurückführen und als Grundlage beruflicher, individueller und wissenschaftlicher Entwicklung begreifen.

Für diese Erkenntnis bin ich der Arbeit mit Thomas Hanstein zutiefst dankbar.

Andreas Ken Lanig

Und wer noch nicht genug hat:

Die Autoren bieten maßgeschneiderte Seminare zur spirituellen Kompetenz an, z. B.: „In die Stille gehen“, „Wüstentage für Führungskräfte“, „In der Ruhe liegt die Kraft“, „Der Seele Raum zum Atmen geben“. Sie freuen sich über Ihre direkte Kontaktaufnahme unter:

info@coaching-hanstein.de bzw. info@ken.de

Nennen Sie dabei möglichst Ihr Anliegen und die Größe Ihrer Gruppe. Auch Einzel- und Paarcoachings sind möglich.

Anhang: Literaturverzeichnis

Adorno, Theodor (1995): Ästhetische Theorie, hrsg. von Gretel Adorno und Rolf Tiedemann, 13. Aufl. (Originalausgabe 1970), Berlin.

Althusser, Louis (2010): Ideologie und ideologische Staatsapparate, Hamburg.

Aristoteles (2003): Metaphysik, übersetzt von Thomas Szlezák, Berlin.

Aristoteles (2006): Nikomachische Ethik, übersetzt und hrsg. von Ursula Wolf, 2. Aufl., Reinbek.

Arnold, Rolf (2012): Ich lerne, also bin ich. Eine systemisch-konstruktivistische Didaktik, 2. Aufl., Heidelberg.

Auer, Alfons (2016): Autonome Moral und christlicher Glaube (Originalausgabe 1971), Ostfildern.

Bader, Reinhold (1988): Didaktische Entwicklungen am Lernort Betrieb und ihre Rückwirkungen auf die Berufsschule, Dortmund.

Berninger-Schäfer, Elke (2011): Orientierung im Coaching (Schriftenreihe der Führungsakademie Baden-Württemberg), Stuttgart.

Biehl, Peter (1988): Religionspädagogik und Ästhetik, in: *Biehl, Peter u. a.*, Jahrbuch der Religionspädagogik 5, Neukirchen-Vluyn.

Biehl, Peter (1997): Wahrnehmung und ästhetische Erfahrung. Zur Bedeutung ästhetischen Denkens für eine Religionspädagogik als Wahrnehmungslehre, in: *Grözinger, Albrecht/Lott, Jürgen* (Hrsg.), Gelebte Religion. Im Brennpunkt praktisch-theologischen Denkens und Handelns (Festschrift für Gert Otto), Zug, S. 13 u. S. 380–411.

Boekaerts, Monique (1999): Self-regulated leraning: Where we are today, in: International Journal of Educational Research, 31, S. 445–457.

Buber, Martin (1995): Ich und Du (Originalausgabe 1923), Leipzig.

Bucci, Wilma (2002): The referential process, consciousness and the sense of self, in: Psychoanalytical Inquiry 22 (5), S. 776–793.

Cantieni, Benita (2011): Wie gesundes Embodiment selbst gemacht wird, in: *Storch, Maja/Cantieni, Benita/Hüther, Gerald/Tschacher, Wolfgang* (2011), Embodiment. Die Wechselwirkung von Körper und Psyche verstehen und nutzen, 2. Aufl., Bern, S. 99–125.

Chomsky, Noam (2001): The architecture of language, Oxford.

Csíkszentmihályi, Mihály (2003): Kreativität, 6. Aufl., Stuttgart.

Damasio, Antonio (1994): Descartes Irrtum. Fühlen, Denken und das menschliche Gehirn, München.

Damasio, Antonio (2011): Ich fühle, also bin ich. Die Entschlüsselung des Bewusstseins, 9. Aufl., München.

Dauth, Georg (2012): Führen mit dem DISG®-Persönlichkeitsprofil, 3. Aufl., Offenbach.

Erlinghagen, Robert/Witzel, Rainer (2019): Jetzt seid Ihr dran, in: Beiträge zur Beratung in der Arbeitswelt, hrsg. von Stefan Busse, Rolf Haubl, Silja Kotte und Heidi Möller, Köln.

Erpenbeck, John (1999): Die Kompetenzbiographie, Strategien der Kompetenzentwicklung durch selbstorganisiertes Lernen und multimediale Kommunikation, Berlin/München/Münster/New-York.

Fritz, Annemarie/Herzog, Moritz/Orbach, Lars (2019): State- und Trait-Mathematikängste – hemmende Prädiktoren mathematischer Leistungsfähigkeit), in: Empirische Sonderpädagogik, 2019, Nr. 1, S. 3–30.

Gadamer, Hans-Georg (1960): Wahrheit und Methode (Originalausgabe), Tübingen.

Gadamer, Hans-Georg (1967): Kleine Schriften. Interpretationen, Bd. II (Originalausgabe), Tübingen.

Gallwey, Timothy W. (2012): Tennis – Das innere Spiel: Durch entspannte Konzentration zur Bestleistung (dtsch. überarbeitete Erstausgabe), München.

Gendlin, Eugene (1981): Focusing. Selbsthilfe bei der Lösung persönlicher Probleme (dtsch. Erstausgabe), Salzburg.

Gollwitzer, Peter (2011): Mindset theory of action phases, in: *Van Lange, Paul/ Kruglanski, Arie/Higgins, Edward* (Hrsg.): Theories of social psychology, Thousand Oaks, S. 526–545.

Habermas, Jürgen (1981): Theorie des kommunikativen Handelns (Band 1 und 2), Berlin.

Haeske, Udo (2014): Team- und Konfliktmanagement. Teams erfolgreich führen – Konflikte konstruktiv lösen, 4. Aufl., Berlin.

Hameyer, Uwe (2013): Die Irritation der Gewohnheit, in: *Kemper, Matthias/Pauls, Torben/Schulz-Grade, Henning:* Kindheit, Gesellschaft, Geschichte – pädagogische Perspektiven, Ergon Verlag, Seite 33–37.

Han, Byung-Chul (2014): Duft der Zeit, Bielefeld.

Hanstein, Thomas (2008): Ästhetische Kompetenz und religiöse Lernprozesse. Ein Beitrag zur Unterrichtsforschung im Religionsunterricht an berufsbildenden (gewerblich-technischen) Schulen (Schriften des Instituts für berufsorientierte Religionspädagogik: gott-leben-beruf, Bd. 8), Tübingen/Norderstedt.

Hanstein, Thomas (2013): Vom Schaffertum befreit. Denkanstöße eines Diakons in Schwaben, in: vivat! Glaube verbindet, 09/2013, S. 18–19.

Hanstein, Thomas (2014): Das einzig Beständige ist der Wandel – Sicherheit in Veränderungsprozessen gewinnen, in: www.nachhaltig-predigen.de (publiziert zum zweiten Adventssonntag 2014).

Hanstein, Thomas (2014): Dem Moment Raum geben. Bibelauslegungen eines Querdenkers, Saarbrücken.

Hanstein, Thomas (2016): Das Heilige in allem hören. 40 Impulse zur Achtsamkeit, Leipzig.

Hanstein, Thomas (2017): Coaching in der Seelsorge. Ein methodischer Ansatz zur Perspektivenerweiterung im kirchlich-katholischen Milieu, Marburg.

Hanstein, Thomas (2018): Selbstmanagement – mit Coachingtools. Ressourcen erkennen, nutzen und pflegen, Baden-Baden.

Hanstein, Thomas/Lanig, Andreas (2019): Befragung Work-Life-Lern-Balance, siehe Anhang zur Umfrage.

Harari, Yuval Noah (2018): Homo Deus, 4. Aufl., München.

Hattie, John (2008): Visible Learning. A Synthesis of over 800 Meta-Analyses relating to Achievement. London.

Heidegger, Martin (2006): Sein und Zeit (Erstausgabe 1927), Berlin.

Heckhausen, Heinz/Heckhausen, Jutta (2010): Motivation und Handeln. Berlin/Heidelberg.

Hilbrecht, Heinz (2010): Meditation und Gehirn. Alte Weisheit und moderne Wissenschaft, Stuttgart.

Hofstede, Geert/Hofstede, Gert (2011): Lokales Denken, globales Handeln. Interkulturelle Zusammenarbeit und globales Management, 5. Aufl., München.

Hüther, Gerald (2006): Bedienungsanleitung für ein menschliches Gehirn, 2. Aufl., Göttingen.

Hüther, Gerald (2011): Wie Embodiment neurobiologisch erklärt werden kann, in: *Storch, Maja/Cantieni, Benita/Hüther, Gerald/Tschacher, Wolfgang:* Embodiment. Die Wechselwirkung von Körper und Psyche verstehen und nutzen, 2. Aufl., Bern, S. 73–82.

Jauß, Hans Robert (1972): Kleine Apologie der ästhetischen Erfahrung (Originalausgabe), Konstanz.

Kahneman, Daniel (2011): Schnelles Denken, langsames Denken, 2. Aufl., München.

Kant, Immanuel (1913): Kritik der praktischen Vernunft (Gesammelte Schriften, Bd. 5), hrsg. von der kgl. preußischen Akademie der Wissenschaften (Originalausgabe), Berlin.

Kant, Immanuel (1914): Metaphysik der Sitten (Gesammelte Schriften, Bd. 6), hrsg. von der kgl. preußischen Akademie der Wissenschaften (Originalausgabe), Berlin.

Keller, Erwin (1969): Johann Baptist Hirscher – Wegbereiter heutiger Theologie, Graz.

Koch, Thomas/Peter, Christina/Obermaier, Magdalena (2013): Optimisten glaubt man nicht – Wie sich valenzbasiertes Framing auf die Glaubwürdigkeit von Aussagen und deren Kommunikator auswirkt, in: M&K Medien & Kommunikationswissenschaft, Jahrgang 61 (2013), Heft 4, Seite 551–567, Hamburg.

Kohlberg, Lawrence/Turiel, Elliot (1978): Moralische Entwicklung und Moralerziehung, in: *Portele, Gerhard* (Hrsg.): Sozialisation und Moral. Neue Ansätze zur moralischen Entwicklung und Erziehung, Weinheim.

Kucklick, Christoph (2015): Die granulare Gesellschaft, 2. Aufl., Berlin.

Kühl, Wolfgang/Schäfer, Erich/Lampert, Andreas (2018): Coaching als Führungskompetenz. Konzeptionelle Überlegungen und Methoden, Göttingen.

Lanig, Andreas (2020): Virtuelle Fernlehre in gestalterischen Fachbereichen. Dissertation Universität Vechta. Transkript 3–2, Transkript 5–1, Transkript 5–2, Transkript 6–1, Transkript 12–1, Transkript 17–1, Vechta.

Lazarus, Richard S. (2001): Relational meaning and discrete emotions, in: *Scherer, Klaus R./Schorr, Angela/Johnstone, Tom* (Eds.): Series in affective science. Appraisal processes in emotion: Theory, methods, research, New York.

Levinas, Emmanuel (1983): Die Spur des Anderen. Untersuchungen zur Phänomenologie und Sozialphilosophie, übersetzt und hrsg. von Wolfgang Krewan), Freiburg/München.

Litzenburger, Roland (1987): Wer bin ich, wenn mich niemand anschaut, München.

Luhmann, Niklas (1991): Soziale Systeme – Grundriss einer Allgemeinen Theorie, 4. Aufl. (Erstausgabe 1987), Frankfurt.

Maturana, Humberto/Varela, Francisco (2009): Der Baum der Erkenntnis. Die biologischen Wurzeln menschlichen Erkennens, 7. Aufl., Frankfurt.

Merleau-Ponty, Maurice (1966): Phänomenologie der Wahrnehmung (Originalausgabe), Berlin.

Metzger, Stephanie (2005): Sinne und Künste im Wechselspiel. Stephanie Metzger im Gespräch mit Bernhard Waldenfels, http://www.br.de/radio/bayern2/programm kalendersendung189612.html, letzter Zugriff am 24.07.2017.

Mollenhauer, Klaus (1986): Grundfragen ästhetischer Bildung. Theoretische und empirische Befunde zur ästhetischen Erfahrung von Kindern (Erstauflage), Weinheim/München.

Polet, Sybren (1993): Der kreative Faktor – Kleine Kritik der kreativen Unvernunft, 1. Aufl., Bensheim/Düsseldorf.

Rahner, Karl (1965): Schriften zur Theologie (Bd. 1–16), Einsiedeln.

Riedl, Rupert/Delphos, Manuela (1996): Die Evolutionäre Erkenntnistheorie im Spiegel der Wissenschaften, Wien.

Rogers, Carl (1973, Original 1961): Entwicklung der Persönlichkeit, Stuttgart.

Sachse, Rainer/Langens, Thomas (2014): Emotionen und Affekte in der Psychotherapie, Göttingen.

Satir, Virginia/Baldwin, Michele (1991): Familientherapie in Aktion. Die Konzepte von Virginia Satir in Theorie und Praxis, 3. Aufl., Paderborn.

Schliemann, Jochen (2018): P – Trauriges Reisen, 1. Aufl., Berlin.

Schmid, Peter (1990): Personenzentrierte seelsorgliche Beratung und Begleitung im Einzelgespräch, in: *Baumgartner, Konrad/Müller, Wunibald* (Hrsg.), Handbuch für das seelsorgliche Gespräch (Erstauflage), Freiburg, S. 74–82.

Schöler, Gina (2016): Das kleine Glück möchte abgeholt werden. Frankfurt.

Schulz von Thun, Friedemann (1998): Miteinander reden. Das „Innere Team“ und die situationsgerechte Kommunikation, 3. Bd. (Originalausgabe), Reinbek.

Seibel, Tobias/Rickert, Katja (2019): Teamdynamik entwickeln, begleiten und gestalten. Ein Workbook für Trainer, Coachs und Facilitators, Bonn.

Sölle, Dorothee (2006): Es muss doch mehr als alles geben. Nachdenken über Gott, 3. Aufl., Freiburg.

Sowa, Hubert (2019): Die Kunst und ihre Lehre, 1. Aufl., München.

Steiner, Rudolf (2015): Theosophie, 9. Aufl., Basel.

Storch, Maja (2011): Embodiment im Züricher Ressourcenmodell (ZRM), in: *Storch, Maja/Cantieni, Benita/Hüther, Gerald/Tschacher, Wolfgang:* Embodiment. Die Wechselwirkung von Körper und Psyche verstehen und nutzen, 2. Aufl., Bern, S. 127–142.

Storch, Maja/Cantieni, Benita/Hüther, Gerald/Tschacher, Wolfgang (2011): Embodiment. Die Wechselwirkung von Körper und Psyche verstehen und nutzen, 2. Aufl., Bern.

Storch, Maja/Krause, Frank (2017): Selbstmanagement – ressourcenorientiert. Grundlagen und Trainingsmanual für die Arbeit mit dem Züricher Ressourcen Modell, 6. Aufl., Bern.

Storch, Maja/Kuhl, Julius (2013): Die Kraft aus dem Selbst. Sieben PsychoGyms für das Unbewusste, 2. Aufl., Göttingen.

Ten Hoevel, Christiane (2017): Kunst als tätiges Denken, 1. Aufl., Eigenverlag, Berlin.

Truninger, Peter (2019): Die Lehrperson als Coach – Beratung in kreativen und künstlerischen Prozessen, 1. Aufl., München.

Tschacher, Wolfgang (2011): Wie Embodiment zum Thema wurde, in: *Storch, Maja/Cantieni, Benita/Hüther, Gerald/Tschacher, Wolfgang:* Embodiment. Die Wechselwirkung von Körper und Psyche verstehen und nutzen, 2. Aufl., Bern, S. 11–34.

Waldenfels, Bernhard (2002): Bruchlinien der Erfahrung – Phänomenologie, Psychoanalyse, Phänomenotechnik, 1. Aufl., Frankfurt.

Warner, Brad (2010): Hardcore Zen, 1. Aufl., Bielefeld.

Wenger, Etienne (1998): Community of practice – Learning, meaning and identity, 1. Aufl., Cambridge.

Westphal, Kristin (2014): Phänomenologie als Forschungsstil und seine Bedeutung für die kulturelle und ästhetische Bildung, in: KULTURELLE BILDUNG ONLINE https://www.kubi-online.de/artikel/phaenomenologie-forschungsstil-seine-bedeutung-kulturelle-aesthetische-bildung (Zugriff am 14.06.2019).

Anhang: Schlagwortregister

A

B

C

D

E

Anhang: Umfrage

Per Onlinefragebogen an 767 Studierende in der internen Facebookgruppe im Zeitraum 1.–30. August 2019. Gesamtheit 49 Datensätze.

Fragen zur Studienorganisation *(geschlossene Fragen; Skalen oder Auswahlfragen)*

1. Welche Bereiche im Spannungsfeld Privat/Familie/Beruf/ Studium empfinden Sie durch die Mehrfachbelastung am meisten beansprucht?

   1.1. Der Familie bzw. der Partnerschaft gerecht werden.

   1.2. Meinem eigenen fachlichen Anspruch gerecht werden.

   1.3. Den Ansprüchen des Berufs im Studium zu entsprechen.

2. In welchen Bereichen sehen Sie Bedarf an Unterstützung im Studium über das Fachliche hinaus? Drei Nennungen sind möglich, bitte priorisieren:

3. Was tun Sie zur Erholung, um die Mehrfachbelastung zu schaffen? Nennen Sie spontan Ihre Erfahrungen und Techniken. Drei Nennungen sind möglich, bitte priorisieren:

4. Wie gut können Sie Ihre mentalen Ressourcen in stressigen Situationen aktivieren?

5. Wie beschreiben Sie Ihre Work-Lern-Life-Balance aktuell? Nennen Sie *ein* Adjektiv: ______________________________

   Wo spüren Sie dabei Unzufriedenheit?

   ____

Fragen zu mentalen Techniken im Studium *(offene Frage, Freitext)*

6. In welchen Situationen des Studiums erfahren Sie Sinn?

___

7. Welche belastenden Situationen gibt es im Studium?

___

8. Beschreiben Sie das Verhältnis zu Ihren Kommilitonen:

___

9. Welche Schlüsselerlebnisse im Studium fallen Ihnen spontan ein, die für Ihre Entwicklung als Mensch im Studium wichtig waren?

___

10. Wie stellen Sie die – zum Lernen notwendigen – Emotionen her?

___

Demografische Fragen

11. Alter
12. Geschlecht: m / w / d
13. Arbeitssituation: Vollzeit / Teilzeit / keine Angaben
14. Familiärer Status: Solo / verpartnert / verheiratet
15. Studienphase: 1. / 2. / 3. / 4. Studienjahr / Alumni

Formular:

https://docs.google.com/forms/d/e/1FAIpQLScZne98XA6Pz18zbFj4Uzu54D-sPegco2_DjnuEeIpGuFkG7jA/viewform?usp=sf_link

Welche Bereiche im Spannungsfeld Privates / Familie / Beruf / Studium empfinden Sie durch die Mehrfachbelastung am meisten beansprucht?

Der Familie bzw. der Partnerschaft gerecht werden ...

47 Antworten

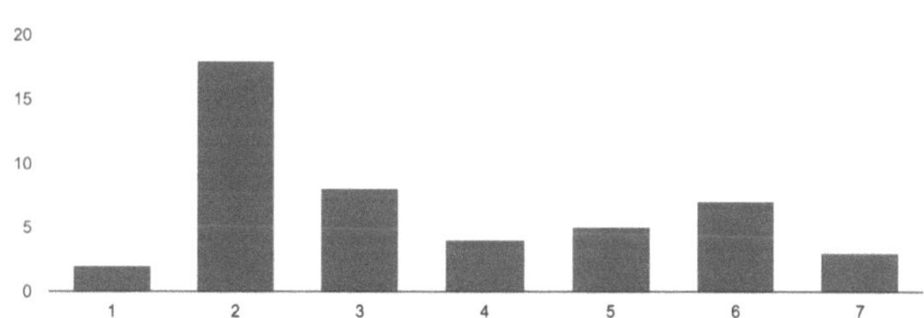

Meinem eigenen fachlichen Anspruch gerecht werden ...

47 Antworten

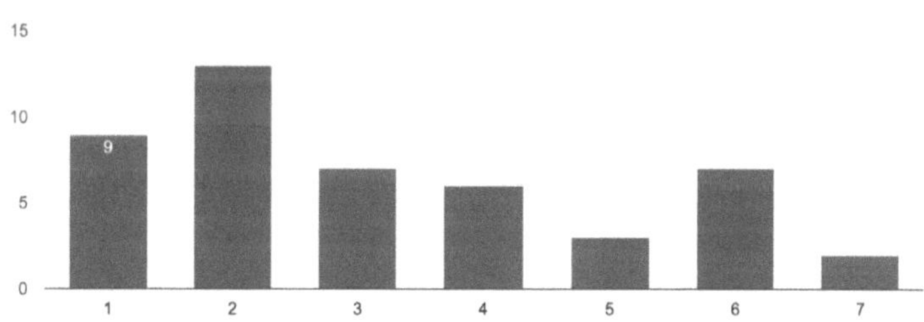

Den Ansprüchen des Berufs im Studium zu entsprechen ...

47 Antworten

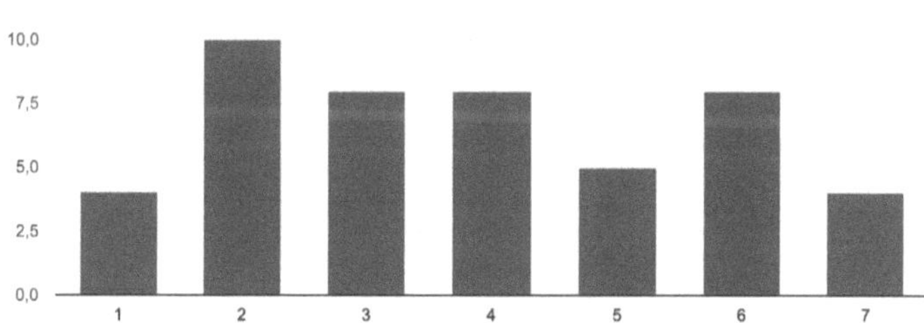

In welchen Bereichen sehen Sie Bedarf an Unterstützung im Studium über das Fachliche hinaus?

Den **größten** Bedarf sehe ich in …

- berufs-reale Projektsituationen, die den Schleier der „Hochschulischen Käseglocke“ einmal lüften; idealerweise kurz vor dem Abschluss und ohne „hochschulisch getrübte“ Verwässerung
- organisatorischer Klärung zum Studium
- Zeitmanagement
- technischer Umgang und Möglichkeiten mit Software
- der Organisation von Terminen: vor allem was Prüfungsanmeldung und dergleichen betrifft
- freie Lernräume – ohne Termin freiwillig nach Bedarf
- Zeit
- finanzielle Unterstützung bzw. Entlastung
- der strukturierten Organisation
- bei der Unterstützung der Studenten in schwierigen Lern-/Studienphasen
- Organisation
- Organisatorisches; Planung; rechtzeitiges Bekanntgeben von Terminen für langfristige Planung (Familie, Job, Studium)
- der Praxis, Bewerbung nach Studienabschluss, Jobfindung, anbieten von Praktika während des Studiums
- Software-Themen
- Feedback zu Arbeiten/Projekten (eventuell durch einen Mentor und oder Paten, der einen beispielsweise durch das Masterstudium begleitet)
- Consulting in Sachen Karriere
- Kommunikation
- Strukturierung des Workloads der laufenden Semester
- bei Vorträgen und freiem Sprechen
- Förderung des berufsbegleitenden Studiums durch Staat/Kommunen und Arbeitgeber (monitär/zeitlich)

- Zeitmanagement
- Tipps und Ratschläge zur Zeiteinteilung
- der Verknüpfung mit dem Berufsleben und zukünftigen Tätigkeiten.
- 1. mehr Zeit für Fragen und Diskussionen 2. ausführliche Informationen zu neuen Fachbereichen (z. B. Computerprogramme) tiefer und individueller je nach Fortschritt erläutern
- Coaching (Softskills) und Praxistransfer
- Austausch (Creative-Camp)
- Zeiteinteilung im Studium
- bessere Möglichkeiten eine verpasste Vorlesung nachzuholen, z. B durch offiziell zugelassene Videoaufzeichnung, die für einen bestimmten Zeitraum zur Verfügung steht
- psychologische Betreuung, Stichwort Druckbewältigung
- steuerliche und wirtschaftliche Themen
- praktischer Bezug und Vorbereitung auf Berufspraxis
- in der Unterstützung der Studierenden bei der sinnvollen Zeiteinteilung des Studiums
- Organisation z. B. Praktikum
- Tutorien für Abschlussarbeiten
- Organisation könnte leichter sein; An-/Abmeldungen, alles Administrative
- im Bereich Selbstorganisation/Zeitmanagement/Schreibprozesse
- Strukturierung der eigenen Arbeitszeit

Einen **mittleren** Bedarf sehe ich in …

- Umgang mit der Creative Suite – vor allem für fachfremde Quereinsteiger; denn ein „professioneller" Umgang mit dem digitalen Handwerkszeug halte ich für ebenso relevant wie das „gestalten lernen" mit Kopf und Stift; den Nimbus des „autodidaktischen Erschließens" (nur weil die Dozenten das auch mal so gemacht haben) – halte ich für verfehlte Berufs-Romantik
- Hilfestellungen und Korrekturen

- der Organisation des Alltags: wie bekommt man alles unter einen Hut, auch in Abgabezeiträumen
- soziale Kontakte
- Jobsuche
- längere Vorbereitungsphasen für lernintensive Fächer
- optimiertem Zeitmanagement
- der Wahrnehmung der Studenten als Individuen durch die Dozenten
- Absprache
- Info über angrenzende Info-Möglichkeiten; Weiterlernen über den Tellerrand hinaus bei zeitlichen Zusatzressourcen oder Interessen
- Unterstützung in der Praxisphase
- Zeit um Arbeiten/Projekte anzufertigen, bzw. in diesem Kontext sich in neue Themenbereiche einzuarbeiten
- Zeitmanagement
- emotionale Unterstützung Vollzeit-Tätiger
- der Vorbereitung, was nach dem Studium kommen kann, für selbstständige
- Arbeitgeber
- nützliche und interessante weiterführende Literatur/Webseiten
- einer einheitlichen Kommunikationsstruktur der Dozenten
- fachliche Voraussetzungen und Quereinsteiger beachten
- Programm-Coaching (falls überhaupt bei den Lehrenden vorhanden)
- Motivation
- Nachhilfeangebote
- mehr Transparenz zu Beginn des Semesters, welche Klausuren und Projektaufgaben auf einen zukommen und was sie in etwa beinhalten
- Ansprechpartner Studienorganisation
- Beratung und Hilfestellung im Finden des eigenen Stils
- Informationsveranstaltungen zu Organisatorischem etc.
- der Unterstützung beim Erlernen des wissenschaftlichen Arbeitens
- regelmäßige Rückmeldungen bei den Projektarbeiten
- Existenzgründungshilfe
- Coaching zum Lernen

- in der Konzeption der Dozenten/-innen
- Fördermöglichkeiten (mehr Bücher/freie Bibliotheken)

Den **kleinsten** Bedarf sehe ich in …

- organisatorischen Dingen rund um das Studium
- Lehrmaterial
- der Rückmeldung nach Projekten, Klausuren, Hausarbeiten als Feedback für zukünftige Arbeiten
- weiterführende Lektüren
- Kommunikationskanäle zum Austausch zwischen Studenten und Dozenten
- der mentalen Unterstützung
- der Hilfe bei der Studienorganisation
- Motivation
- Lernmethoden
- einem besseren Forum der Kommunikation
- Familie
- mögliche zukünftige Jobs/Arbeitgeber (außer Agenturen)
- dem Bereich Networking.
- Theorie und Literatur
- Schulungen Programme und Technik
- der Informationsvermittlung über die Bachelorarbeit
- Selbstorganisation
- Organisationstipps
- nochmalige Wiedergabe der Studienhefte

Was tun Sie zur Erholung, um die Mehrfachbelastung zu schaffen? Nennen Sie spontan Ihre Erfahrungen und Techniken, drei Nennungen sind möglich, bitte priorisieren:

Zur Erholung mache ich **regelmäßig** …

- Power Naps (20 min)
- mit Freunden Zeit verbringen, Rad fahren
- Hobbys nachgehen
- Sport
- Auszeiten, schlafen
- bewusste Zeit mit dem Partner verbringen, Zeit mit Freunden verbringen, einfach entspannen (in der Sonne/auf der Couch)
- Pausen, Wochenenden, Tage, die wirklich nur der Familie, dem Hobby und Freunden gehören
- Sport
- Spaziergänge
- Sport
- Spaziergänge: Weg vom Rechner, raus ins Grüne
- einen Spaziergang
- Sport/Fitness
- Sport
- „Offline“-Pausen
- raus in die Natur
- Sport, Freunde/Familie treffen, Ausflüge, Kurzurlaube
- Sport
- Spaziergänge und Sport
- Sport, Schlafen
- Pilates (1 x wöchentlich)
- trinken mit freunden
- Hobbys
- einen Spaziergang

- Spaziergänge
- Filme/Serien schauen
- eine regelmäßige Erholung ist nicht möglich
- mit Freunden treffen
- Sport
- Musik hören
- kleine Spaziergänge, fachbezogene Zeitschriften studieren, Musik hören
- Sport
- Sport
- Bushcraft/Camping/Outdoor
- Spaziergang mit Hund
- Sport
- Yoga
- Yoga
- Sport
- Pausen, in denen ich nichts mache und nur für mich da bin
- mit der Familie etwas unternehmen
- lange schlafen
- ein heißes Bad, Eis essen, shoppen, lesen
- Tee trinken und Musik hören
- Sport (laufen)
- tatsächlich auch mal gar nichts, ein regelrechter Leerlauftag hilft mir am meisten; ist aber nur einmal im Monat möglich
- Hundespaziergang

Zur Erholung mache ich **häufig** …

- familiäre Unternehmungen
- die Aufgaben aus dem Studium
- Sauna
- Sport, Kochen/Backen
- Sport:. nicht nur allein sondern als Spaziergänge, Fahrrad fahren, jegliche Bewegungsaktivitäten
- kurze Naturspaziergänge

- Ausflüge
- Freunde treffen
- einen Kaffee, Streckübungen, Mittagsschlaf
- Sport
- Treffen/Koch-Sessions mit Freunden/Familie (bewusste Konzentration auf etwas anderes mit leckerem Ergebnis)
- Sport
- Spaziergänge
- Sport
- Pausen unter der Woche, ausschlafen, langes Frühstück
- Lieblingsserie schauen, reisen
- Freunde und Familie
- ein entspanntes Frühstück
- Ausflüge
- Freunde treffen, ausgehen
- Sport (schwimmen, joggen)
- Pausen
- lesen
- Spaziergänge
- Unternehmungen mit der Familie und Freunden, zeichnen
- wandern
- Meditation
- joggen
- abends einfach mal nichts oder nur lesen (Unterhaltung, keine Fachliteratur)
- einfach gar nichts
- etwas mit Freunden
- treffen mit Freunden
- Bücher lesen
- Freunde treffen
- Pause
- Kunsthallenbesuch, Hund ausführen
- Musik hören

Ab und zu erhole ich mich bei/mit …

- sinnloser medialer Berieselung
- Urlaub
- Freunden feiern
- Reisen, Urlaub
- einem Online-Rollenspiel
- Freunden
- dem Hund
- Serien schauen
- „belohne“ ich mich mit einem Goodie: kauf mir was Schönes
- Musik
- bewussten Ruhephasen (Meditieren)
- mit einem guten Film oder Roman
- schlafen
- Urlaub, Familie, … „was anderes sehen“
- Sauna, Liegen, Rad fahren
- mit den Katzen kuscheln und spielen
- in einer Therme beim Saunieren
- Sport
- Digital Detox
- Wellnessurlaub
- Ausflügen/Natur
- Freunden und Familie
- Netflix and chillen
- der Familie
- Meditation
- Ausflüge mit Familie und Freunden
- meinem Partner
- Weißbier
- Wein
- verreisen/Urlaub
- Meditation
- Wellness

- Kaffee
- zeichnen
- Sport
- einem besonderen Essen
- Yoga
- Freunden
- Yoga
- Sport

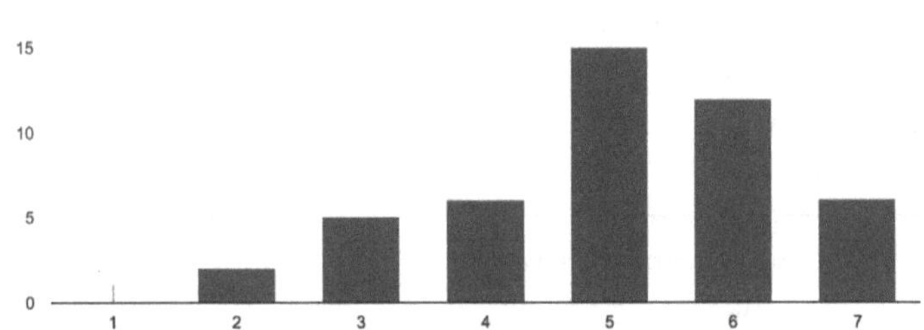

Wie beschreiben Sie Ihre Work-Lern-Life-Balance aktuell?

- Work-Lern-Lastig mit Tendenz zu Life
- ausgeglichen
- ausgeglichen
- verbesserungswürdig
- entspannungsbedürftig
- ausgewogen
- unausgeglichen
- mittelmäßig
- stressig
- unausgeglichen
- herausfordernd
- ausgeglichen
- unausgewogen
- katastrophal
- meist ausgewogen
- unausgeglichen
- ausgeglichen und überwiegend stressfrei
- ausgeglichenen
- anspruchsvoll
- herausfordernd
- unausgeglichen
- risikoreich
- schwankend
- problematisch
- ausgeglichen
- ausgeglichen
- herausfordernd
- unausgeglichen
- gut
- ausgeglichen

- illusorisch
- unausgeglichen
- zielorientiert
- stoisch
- durchwachsen
- ausgeglichen
- optimierungswürdig
- stetig
- stressig
- problematisch
- unausgeglichen
- erfüllend
- ausgewogen
- abwechslungsreich
- schlecht
- sehr berufslastig
- unausgeglichen

Wo spüren Sie dabei **Unzufriedenheit**?

- in der Selbstdisziplin mir Freizeit zu verordnen (klappt aufgrund wirtschaftlich motivierter Leistungsphilosophie nicht immer optimal)
- vor anstehenden Abgabeterminen und Prüfungen
- organisatorische Fragen klären zum Studium
- Procrastination
- letzter Antrieb fehlt
- die freie Zeit könnte ich sicher besser/sinnvoller nutzen
- der Druck des Studiums ist sehr hoch; selbst wenn es berufsbegleitend als Fernstudium durchgeführt wird, möchte man den an sich selbst gestellten Ansprüchen gerecht werden; dabei leidet unweigerlich die Familie; sobald ich versuche, das zu ändern oder, wie aktuell, gezwungen bin, es zu Gunsten der Familie anzupassen, bleibt für das Studium viel liegen oder kommt nur sehr schleppend voran
- zu viele Baustellen parallel

- im Job
- zu viel sitzen, 40 h in der Arbeit, 2 h pendeln pro Tag und bei den Vorlesungen wieder sitzen …
- Zeit ist relativ
- keine
- in meinem Alltag, eines der drei Dinge kippt oftmals hinten weg, sodass ich permanent im Hinterkopf habe „jetzt musst du dich aber mal wieder um xyz kümmern"
- bin jeden Tag viele Stunden am Computer, um meine Aufgaben erfüllen zu können; es ist unangenehm, sein Kind dauernd wegschieben zu müssen, weil das Studium „wichtiger" ist; ich fühle mich dadurch in letzter Zeit oft frustriert und frage mich, ob sich dieser Aufwand überhaupt lohnt
- bei eintretenden Schwankungseinheiten (bspw. mal mehr Gewicht auf das Arbeiten/Lernen mal andersrum)
- Partnerschaft
- keine
- häufig ist es schwierig abzuschalten
- Freunden/Familie/Partner gerecht zu werden
- Familie, Beruf, Studium allen und jedem zu gleichen Teilen gerecht werden zu wollen
- gar nicht
- die Balance halten, ist nicht immer gegeben
- die laufenden Projektarbeiten neben dem Schreiben der Masterthesis sind quantitativ zu hoch angesetzt
- Tutorien gehen meist sehr lang abends, bis 22 Uhr oder länger, wenn man früh um 4 Uhr wieder aufstehen muss, ist das hart
- mangelnde Zeit im (Arbeits-)Alltag
- die fehlende Zeit für soziale Aktivitäten
- zu wenig Zeit für das Leben; Arbeit und Uni beanspruchen ca. 85 % meiner Zeit …
- eigener Anspruch und Zeiteinteilung
- bei der Zeit – die nie reicht

- viel Arbeit, manchmal wenig Zeit zum Verinnerlichen von neuen Themen und Aufgaben
- draußen
- Unzufriedenheit eher weniger, eher Durchhaltewille
- genug Zeit für alles zu haben
- Zeitdruck > das Gefühl nie genug zu tun, da man nie wirklich fertig ist und bis zum Ende des Semesters offenbleibt, ob man alle Projekte und Klausuren neben der Arbeit bewältigt bekommt
- Konsequenz
- keine aktuell
- wenn Veranstaltungen und Projekte so liegen, dass es total entspannte Phasen gibt mit „viel zu viel Zeit" und Phasen, in denen man nur noch arbeitet und lernt
- Pausen fallen immer häufiger weg
- zu viel Lernstoff
- zu hohe Ansprüche an mich selbst
- Stress wegen Abgabeterminen
- wenn ich meine Prioritäten zeitlich falsch gesetzt habe
- in allen Bereichen außer Familie, Partnerschaft
- Studium und Privatleben kommen zu kurz
- Zeitmangel für den Berg an möglichen Weiterbildungen

Fragen zu mentalen Techniken im Studium

In welchen Situationen des Studiums erfahren Sie **Sinn**?

- dann, wenn es weh tut, und man über den „Mimimi-Punkt" hinausgeht – da passiert intellektuelle und fachliche Evolution
- in jeder bisher
- wenn ich voll im Flow bin und meine Aufgabenbearbeitung sich während der Bearbeitung wie von alleine löst und es so scheint, als würde sie ein Eigenleben führen – so als ob die Aufgabe schon im Geistigen gelöst und fertig ist und ich sie nur noch in die materielle Welt bringen muss

- Neues schöpfen, sich neu kennenlernen
- wenn ich etwas Neues lerne, bei dem ich schon weiß, wann und wie ich es einsetzen kann
- Sinn erfahren ist in meinen Augen etwas, was man in jeder Situation hat; egal, ob Prüfungsstress oder entspanntes Begleiten einer Vorlesung; den größten Sinn erfahre ich durch das Erhalten von neuem Wissen für meine Zukunft – egal, ob Fachwissen oder Wissen über mich als Person.
- bei Freiraum für Kreativität
- im vermittelten Wissen
- neue Erkenntnisse; praktische Tipps; interessantes Neues lernen
- Sinn kommt dann, wann man den Kern verstanden und loslegen kann; bei der intensiven Beschäftigung mit Projektarbeiten – ich nenne es die AHA-Momente im Studium, die mir den Sinn des Studiums verdeutlichen
- das Studium macht für mich dann Sinn, wenn ich das hinzugewonnene Wissen an andere weitergeben kann
- Interaktionen; Gruppenarbeiten; persönlicher Austausch (inklusive Camps)
- Beschäftigung mit mir selbst; Erweiterung des Horizontes; weiteres Fachwissen aneignen und praktisch einsetzen; mal losgelöst vom beruflichen „Machen müssen" einfach mal was machen können und ausprobieren
- in der direkten Kommunikation mit einem Dozenten; im Austausch mit Kommilitonen; bei Camps
- Umsetzung im Berufsleben
- Anerkennung und Erkenntnisse durch kreative Projekte
- Wissensvermittlung
- wenn ich Anerkennung für meine Leistung bekomme
- kreative Projektarbeit (selbst auserwählte)
- wenn ich ein Projekt durchführe, das Methoden/eine Umsetzung verfolgt, die ich bis dahin noch nie ausprobiert habe
- gemeinsame Projektentwicklung; Mastercamps; Feedback-Runden
- rückblickend auf erfolgte Arbeiten und die Erkenntnis der eigenen Weiterentwicklung
- bei der Bearbeitung neuer, interessanter Themenfelder wie 2D/3D oder Typografie

- Erweiterung des Fachwissens und der allgemeinen Bildung
- in der Auseinandersetzung mit allen fachlichen Inhalten und neuen Methoden
- Selbstverwirklichung; die Möglichkeit neue Dinge zu lernen und sich selbst zu entwickeln
- während richtig guter Vorlesungen, die erst einmal einen Tag zur Verarbeitung brauchen und beim Erarbeiten praktischer Abgaben, bei dem sich neue Techniken oder Erkenntnisse einschalten
- beim Erkennen von Zusammenhängen
- Nutzen für die Zukunft in Vorlesungen
- wenn man sich bei einer Projektarbeit auf eine Richtung festlegt und zur Umsetzung übergeht > wenn man in den Flow kommt
- im gegenseitigen Austausch und Feedback; Projekte ausarbeiten, die einem am Herzen liegen
- in Projektarbeiten mit Praxisbezug
- wenn sichtbare Erfolge auch im Beruf eintreten und ich das Gelernte anwenden kann
- praktische Übungen
- praxisorientierte Projekte; sich ausprobieren und erkunden, wo die eigenen Präferenzen liegen
- bei guten Noten; nach Erkenntnissen
- wenn sich der eigene Horizont/die eigene Wahrnehmung um die der Kommilitonen/der Dozenten erweitert und ergänzt.; vor allem bei realen Veranstaltungen, bei denen auch die soziale Interaktion stärker ist
- bei der konzentrierten Bearbeitung von Projekten, in denen ich neues Wissen erlange; leider fehlt aber dafür oft die Zeit
- Kontakt mit Mitstudenten; Klausurvorbereitung

Welche **belastenden** Situationen gibt es im Studium?

- wenn Beruf Familie und Studium jeweils 100 % erfordern und man Ressourcen-Lotto spielen muss …
- unklare Aufgabenstellungen bzw. Unklarheit über die Erwartung des Dozenten

- Partnerschaft (Haushalt,Freizeit); es ist schwer, wenn man einen Partner hat der später nach Hause kommt und dann keine Zeit für Einkauf, Kochen usw. hat und es dann alles an mir hängen bleibt; die Erziehung des Partners ist stressig :)
- eigener Anspruch; Zeitdruck
- wenn ich etwas nicht (gleich) verstehe und es dann bei der Arbeit/Privat etwas stressig ist
- das Anmelde-Chaos für Prüfungsleistungen ist leider seit dem 1. Semester nicht weniger geworden, ebenso wie die mangelnde Zeit zum Abgabetermin hin; trotz in meinen Augen hohem Maß an Selbstorganisation sind die „heißen Phasen" unglaublich anstrengend – vor allem, wenn es privat ebenso ist oder gerade wenig Verständnis aufgebracht werden kann von der Familie
- zu komplexe Abgaben in zu wenig Zeit
- Prüfungen
- Gruppenarbeit, man kennt die Leute zu wenig und weiß nicht, ob man sich auf diese verlassen kann
- zu viel auf einmal: mehrere Projekte mit Deadline
- Verantwortungsgefühl für den Job und Zeitmangel durch den beruflichen Alltag stehen im Vordergrund
- offensichtlich die Prüfungssituationen/Abgaben, da das Zeitmanagement/die Organisation nicht von allen Dozenten berücksichtigt wird und wir Studenten nicht „trainiert" werden
- nicht ganz so offensichtlich, aber dennoch präsent ist der eigene Anspruch in Projektarbeiten – der „innere" Druck seine Leistung von Projekt zu Projekt zu steigern und der Vergleich mit Kommilitonen und Externen stellt für mich eine Belastung dar
- mich belasten dauernde Terminwechsel bei Veranstaltungen, weil meine Planung natürlich auch von vielen Faktoren abhängig ist; es gibt auch Situationen, in denen ein Dozent Aufgaben stellt, die schwer nachvollziehbar sind; wenn der Sinn einer Aufgabe darin zu sein scheint, eine Arbeit zu produzieren, ohne eine sinnvolle Anwendung erkennbar zu machen
- Organisation; Absprachen; technische Probleme

- unklare Terminplanungen; kurzfristige Änderungen; unklare Anforderungen und Rahmenbedingungen
- Herr Prof. S. mit seiner durchgehend demotivierenden Art Wissen zu vermitteln
- Urlaub geht für Prüfungsvorbereitung drauf
- Zeit und Geld; Mehrbelastung durch Arbeit und Studium; Zurückstellen privater Angelegenheiten; Stress in Prüfungssituationen kombiniert mit zum Teil langen Fahrt wegen und dem Stress im Autoverkehr
- mehrere Projekte gleichzeitig zu bewältigen
- keine geeignete Idee/Konzept zu einem Projekt zu finden
- der Moment, wenn alle sagen das Ergebnis sei toll, aber man selbst weiß, das geht noch mehr
- Klausuren; Prüfungsleistungen
- unklare Deadlines; Fahrt zu Studienzentren, jede Fahrt sind 2 h hin und zurück, da es in Thüringen kein Zentrum gibt
- Zeitdruck; Prüfungssituationen; (unklar definierte) Kritik
- Gruppenarbeiten, weil man seine Kommilitonen nicht richtig einschätzen kann (Arbeitsweise, Motivation, etc.)
- Nichteinhaltung/Änderung der Vorlesungsplanung seitens der Hochschule
- technische Schwierigkeiten im Umgang mit Connect und „Gruppenforumseinträgen" seitens der Dozenten; Weigerung des Vorlesungsbeginns von Seiten des Dozenten bis alle ihre Webcams eingeschaltet haben – ungeachtet Krankheit, sehr demütigend; Verleumdung der Studenten: Dozent habe Mails an zwei Gruppen verschickt, die bei einer Gruppe jedoch geschlossen nicht ankam, daraufhin wurde behauptet, alle Studenten dieser Gruppe hätten falsche Mailadressen hinterlegt; Heuchelei, wenn es um fehlende Quellenangaben in den Skripten und falsche Reihenfolge von kopierten Skizzen aus Fachbüchern geht – Dozenten sind ja unfehlbar
- die schlechte Internetverbindung (bedingt durch die örtliche Lage)
- auch die Einschränkung der Möglichkeiten; Beschränkung bei Vorgehensweisen und Entwicklungen; manchmal fehlendes Feedback und mangelnde Antworten bei Dozenten

- die Art des Studierens ist nicht belastend; es gibt belastende Situationen, welche auch im Präsenzstudium aufkämen; Aufgabenstellungen, welche in eine falsche Richtung der Erarbeitung führen, weil missverständlich beschrieben und Verwenden von Vokabular, welches in der vorherigen Ausbildung anders lautet und Missverständnisse verursacht
- Projekte, die einem nicht so sehr liegen, dennoch gut zum Abschluss bringen
- Benutzung des Online-Portals …
- die Ungewissheit über die Zeiteinteilung, wenn man nicht genau weiß, was auf einen zukommt
- Überschneidung der Prüfungen ins nächste Semester, abendliches Arbeiten nach Job und Privatleben (Haushalt etc.)
- Abgabe – bzw. Prüfungsphasen
- die Prüfungszeit ist häufig sehr stressig
- Klausur; viele Abgabetermine innerhalb kurzer Zeit
- an Treffen mit Freunden/Familie nicht teilnehmen können und sie dadurch enttäuschen, gegebenenfalls Unverständnis ernten
- Prüfungen; Masterarbeit
- wenn Job und Dozent viel fordert
- nicht zu wissen, wann man die Zeit für ein Projekt finden soll, bzw. für mehrere gleichzeitig
- Studienhefte, die theoretisch nicht geprüft werden, sondern praktisch liegenbleiben und sich anhäufen … wegen Zeitmangel

Beschreiben Sie das **Verhältnis** zu Ihren Kommilitonen:

- Brüder und Schwestern im Geiste
- TOP
- über WhatsApp Gruppe guter Austausch, privat nur mit 2 Leuten Kontakt; insgesamt aber freundlich und hilfsbereit
- wundervoll!
- durchwachsen; einige sehr hilfsbereit, andere nur auf ihr eigenes Wohl aus, teils etwas überheblich

- sehr gut; hätte nicht gedacht, dass man bei einem virtuellen Studium so einen engen Bezug herstellen kann; ich schätze auch sehr, dass wir uns gegenseitig helfen und nicht die Ellenbogen ausfahren bzw. uns gegenseitig als Konkurrenten betrachten
- in jeder großen Gesellschaft bilden sich Grüppchen; als große Gruppe kann ich mich darauf verlassen, dass stets mindestens einer meine Frage korrekt und zuverlässig beantworten kann; in der kleinen Gruppe, dem engsten, tollsten Kreis, erfahre ich Unterstützung, Halt, Verständnis, Motivation, Kraft und bin wahnsinnig froh, auf solch tolle Menschen getroffen zu sein; ohne diese kleine Gruppe wäre ich vermutlich nicht so weit gekommen auf dem Weg
- kollegial
- sehr nette Atmosphäre
- gut dank WA Gruppe
- super!
- anders herum: Ich habe zu keinem Kommilitonen ein schlechtes Verhältnis – ich würde sagen, ein professionelles/berufliches Verhältnis
- zu ein paar wenigen Kommilitonen (3–4 Personen), habe ich ein sehr gutes/freundschaftliches Verhältnis aufgebaut
- ich sehe mich eher als Einzelkämpfer; ich habe losen Kontakt zu wenigen Kommilitonen; oft bekommt man auf Fragen in sozialen Netzwerken auch keine Antworten
- seit Beginn des Studiums war die Verbindung sehr intensiv, diese hat sich auch semesterübergreifend ausgebaut
- sehr gut; hilfreich; unterstützend; wertschätzend
- sehr gut
- gut
- immer sehr angenehm; freundschaftlich; kreativer Austausch; Wiedersehensfreude
- gut
- prima
- geil, wie Familie – inkl. paar ungeliebten Nervensägen, aber sogar die gehören ja dazu
- freundlich und hilfsbereit, aber nicht freundschaftlich

- sehr gut; persönlich und unterstützend
- gestört; es lief nur über WhatsApp, was ich mir extra dafür besorgen musste und auch hier hat keiner richtig zugehört ...; nach dem Studium habe ich keinen Kontakt mehr
- gut bis sehr gut
- sehr gut innerhalb einer kleinen Gruppe, die man regelmäßig auch persönlich trifft; gut zu den anderen, aber wenig persönlich.
- schulisch gut, privat zu unterschiedlich
- vertrauensvoll und kollegial
- auf das Nötigste reduziert
- sehr gut – trotz bedingt digitalem Umstand – guter Austausch zu allen Fragen rund um das Studium mit großer Hilfsbereitschaft
- sehr gut – man versteht sich nicht mit jedem
- offen; aufgeschlossen; auf Augenhöhe; freundlich
- es gibt solche und solche; insgesamt gut
- gut bis distanziert
- sehr hilfsbereit
- herzlich; gemeinschaftlich
- trotz Fernstudium haben sich enge Freundschaften gebildet
- allgemein gut; mit vereinzelten Personen sogar freundschaftlich mit regelmäßigem, auch privatem Kontakt
- gut
- unterstützend
- insgesamt recht distanziert, aber man findet sein eigenes Grüppchen, wie auch im normalen Studium
- gut aber nur per Whatsapp
- das Verhältnis und der Austausch untereinander ist ziemlich gut; wir treffen uns vor allem wenn Prüfungen anstehen in Lerngruppen außerhalb der Vorlesungen
- gut und sehr gut, mit einigen persönlicher Kontakt
- sporadisch, aber unterstützend
- sehr gut und eng

Welche **Schlüsselerlebnisse** im Studium fallen Ihnen spontan ein, die für Ihre Entwicklung als Mensch im Studium wichtig waren?

- CC, Lernphasen mit Kommiliton/innen, Feedback-Runden mit KommilitonInnen Antwort auf nächste Frage: Musik, Benchmarking, manchmal Bier
- bisher noch keine
- die Erfolgserlebnisse; Ergebnisse, die mir vor der Aufgabe unerreichbar schienen, die ich bewältigt habe und jetzt im Nachhinein anschaue und denke: Wow! Das hab ich echt selber vollbracht!
- immer wenn man denkt, es geht nicht mehr, dieses Mal packe ich es wirklich nicht, geht es am Ende doch irgendwie wieder
- sich aktiv einzubringen, auch wenn die Lösung nicht 100 Prozent passt.
- die Organisation des Alltags auch in stressigen Phasen ist ein großer Punkt; ebenso wie die Creative Camps, welche den Bezug zum „Realen“ herstellen
- wenn ich mich etwas getraut habe und damit erfolgreich/kreativ war
- Creative Camp
- Typo 1 und 2, Typografie ist mir nun viel wichtiger als vor dem Studium
- der Austausch; die Phantasie eines jeden Einzelnen bei den Projekten; in kleiner Gruppe macht das Miteinander/Lernen mehr Spaß
- im ersten Semester: fremde Menschen (sowohl Kommilitonen als auch Dozenten) via Computer tatsächlich „wie in echt“ kennenlernen zu können, war für mich eines der ersten Schlüsselerlebnisse
- in den späteren Semestern: durch das Erarbeiten, Präsentieren und Verteidigen der eigenen Projektarbeiten habe ich mein eigenes Kompetenzverständnis, mein Selbstbewusstsein und meinen Selbstwert enorm weiterentwickeln können
- keine
- die physischen Treffen bei den Camps
- Krankheit und Tod meiner Mutter > Pragmatismus und mal Fünf gerade sein lassen, unperfekt sein können; Prüfungsprojekt, dessen Rahmenbedingungen nicht klar waren > gewisse Gleichgültigkeit
- Schnelligkeit des Studiums

- autodidaktisches Lernen mit den Designprogrammen
- die Erkenntnis, dass ich keine Angst vor Präsentationen haben muss, dass mir das Sprechen und Präsentieren vor mehreren Leuten sogar liegt und Spaß macht; dadurch hatte ich einen enormen Selbstvertrauensgewinn; das war sehr wichtig für meine heutige Selbständigkeit, nach dem Motto: Ich kann alles schaffen, wenn ich nur den Mut dazu habe!
- Austausch mit Dozenten/Kommilitonen
- eine Projektarbeit trotz allen Zweifeln und Bedenken von Anfang bis Ende durchzuziehen
- die Worte eines Dozenten, den ich bewundere: „Du bist genauso wie ich, als ich jung war, du kannst alles erreichen."
- egal, wann und wo: Ruhe bewahren
- Studienreise nach Nepal, Entscheidung für das Studium und Kündigung des Jobs im 3. Semester, Neuanfang im neuen Job
- es hat mir Spaß gemacht, mich begeistert
- eigenständige Präsentationen und Verteidigung der Werke/Arbeit
- Wahrnehmung der eigenen Entwicklung
- besseres Auge für Farbe und Typografie
- Zufriedenheit nach Projektabschluss und die Erkenntnis, ich bin gut
- Schweigen statt Unwahrheiten aufzudecken rettet Noten
- Schlüsselerlebnis: Bewertung der Kreativität wie in der Grundschule im Fach Darstellen – negatives Erlebnis (leider)
- n. A.
- großartige Bestätigung von Dozenten
- Beispiel: „… und auf Seite XY hast du dich selbst übertroffen!"
- das motiviert mich als Mensch sehr und spornt sehr an
- Creative Camp
- Creative Camp
- ich fand es bei Projektarbeiten im Team toll zu sehen, wie andere vorgehen und dadurch von diesen zu lernen
- als ich die semantische Lösung für die Darstellung meines Infografikthemas gefunden habe; als bei der Bachelorarbeit Theorie und Praxis miteinander verschmolzen sind; als ich bei Präsentationen immer sicherer wurde; Rede halten während der Abschlussprüfung (vor 500 Menschen)

- Bachelor Thesis; Creative Camps; in Themen durchbeißen, die einem nicht liegen
- leider negativ: als bereits erfahrener Gestalter zeigt sich oft, dass Noten an privaten Schulen gekauft werden; bei einigen Kommilitonen sieht man in fortgeschrittenen Semestern, dass sie so gar kein Gefühl für die Thematik haben; diese werden trotzdem mit guten Noten mit durchgezogen; wissen absolut nicht, was sie überhaupt tun und werden vermutlich nie in der entsprechenden Branche arbeiten können; das demotiviert beim Erbringen eigener Leistungen, wenn es so oder so bei allen gut bewertet wird
- Unterhaltungen im Creative Camp; Anerkennung der Leistung durch Dozenten
- Spezialbereiche kennen lernen
- Neues schnell lernen
- das gegenseitige Analysieren und Diskutieren der Arbeiten innerhalb der Gruppe hat mir sehr geholfen einen anderen Blick auf die eigenen Arbeiten zu bekommen; prägend ist auch das Gefühl beim Durchgehen von Arbeiten, die wenige Monate bis mehrere Semester zurückliegen, und den Fortschritt zu beobachten, den man bislang verzeichnen kann
- Zusammenarbeit und Unterstützung
- als Designer sei man mehr in der Verantwortung für zukünftige (Problem-)Themen; das hat mich nachdenklicher im Bezug auf meine Projekte gemacht
- Gespräche mit anderen! das Miteinander statt gegeneinander trotz selber Branche wird hier im Gegensatz zum Berufsalltag sichtbar

Wie stellen Sie die – zum Lernen notwendigen – **Emotionen** her?

- warten bis sie da sind
- gute Frage das Schwierigste ist, nach Job, Einkauf und Kochen noch die Motivation und die Energie aufzubringen; trinke dann Espresso und zwinge mich vor den PC; wenn ich DAS geschafft habe, dann geht's eigentlich von allein

- indem ich mir immer wieder sage, ich mache das Studium nur für mich; meinen Job habe ich bereits und ich mache es, weil ich es wollte
- indem ich den praktischen Bezug für mein zukünftiges Schaffen herstelle
- durch Abschalten von allen anderen „Störfaktoren"; es gibt feste Zeiten, in denen die Persönlichkeitsrollen von Mutter, Ehefrau, Freundin, Hausfrau usw. auf Studentin reduziert werden – mit Absprache natürlich; dann wird der Raum gewechselt (es gibt einen Uniraum) und der Smalltalk mit den Kommilitonen stellt die restliche Atmosphäre her
- Pause und Ruhe kurz davor
- Verantwortungsbewusstsein
- Büro >> Tür zu
- mein Gewissen: Es sagt mir, tue was; wenn nicht, fühle ich mich schlecht; kommt automatisch; aufgeschoben ist nicht ausgehoben
- zunächst einmal: die Emotionen, die ich zum überzeugten Lernen brauche sind u. a. Freude, Neugier und Faszination
- diese stelle ich durch die Fokussierung auf mein Ziel her: entweder in der Mikro-Ansicht, d. h., „ich möchte wissen, wieso etwas so funktioniert, wie es funktioniert" oder „ich möchte das hinbekommen"; oder in der Makro-Ansicht: „ich möchte den Kurs bestehen" oder „ich möchte meinen Abschluss erreichen …"
- ich erinnere mich an mein Ziel; mit jeder gelösten Aufgabe komme ich diesem einen Schritt näher; „heiter weiter"
- daran bin ich leider gescheitert
- intrinsische Motivation
- Austausch mit Kommilitonen
- zunächst schaffe ich mir eine angenehme Lernatmosphäre, z. B. ungestört, gemütlich, evtl. mit einem Lieblingstee, mein Schreibtisch muss dazu absolut ordentlich sein, so das nichts Nebensächliches stört; wichtig ist auch, dass ich einen multimedialen Mix zum Lernen verwende, Bücher, Videos usw., so dass dem Kopf immer neue Reize geboten werden und ihm nicht langweilig wird ;-); da mich in meinem Studium alles sehr interessiert hat, hat mir das Lernen immer sehr viel Spaß gemacht
- eigenen Anspruch/Motivation

- indem ich das tue, wonach mein Herz brennt – gestalten und Neues ausprobieren
- das ist immer da – Feuer kann man nicht abstellen
- sorgfältige Themenwahl beim Projekt – Themen, die mein persönliches Interesse wecken
- ich habe es rein für mich selbst getan, das hat gereicht
- Konzentration, Zeitfenster schaffen/ggf. Organisation von „Helfern", Arbeitsplatz aufräumen/vorbereiten
- solange die Freude an den Inhalten und das Interesse an Weiterbildung vorhanden ist, sind auch die notwendigen Emotionen dafür vorhanden
- in Ruhe – allein – im Büro
- Abschluss als Ziel anvisieren
- zum Lernen an sich: Ruhe suchen und stupides Abarbeiten der Aufgaben; zu kreativen Aufgaben: alles egal werden lassen
- das Bedürfnis zu lernen und das Wissen anzuwenden und dabei die Grenzen zur Disziplin zu überwinden, die innere Struktur finden
- Musik, Liebe, Selbstverwirklichung; und lernen bei den Kreativen ist doch irgendwie nicht wirklich „Lernen", mehr entwickeln oder sowas
- je nach Aufgabenstellung mit Hilfe von absoluter Ruhe, Musik oder Sport
- durch Antizipation der kommenden Erfolge; „Durch die Finsternis des zukünftig Vergangenen sehnt der Magier sich nach Licht, nach einem Weg heraus zwischen zweierlei Welten Feuer, zieh mit mir" Twin Peaks
- Ruhe und Kaffee
- leider meist eher durch Druck, statt Begeisterung
- ich mache mir bewusst, wofür ich das tue und wie glücklich ich über das Ergebnis sein werde
- ich stelle mir vor, wie ich mich fühle, nachdem ich es gelernt habe oder wie ich mich nach der Prüfung fühlen möchte
- Leidenschaft bei Projekten ist bereits vorhanden; es ist eine tolle Abwechslung zu meinem Job auch mal nur genau das gestalten zu können, was mir selbst zusagt, ohne Kundenwünsche; sobald ich mich mit Projekten identifizieren kann, machen sie mir Spaß; Zeitdruck hilft bei der Vorbereitung auf Klausuren
- Ehrgeiz

- durch intrinsische Motivation
- Freude am Lernen allgemein; hohe Ziele und Ansprüche an mich selbst erhalten mich motiviert
- mental und mit Post-its an der Wand
- Konzentration, die richtige Umgebung schaffen
- ich habe grundsätzlich Spaß am Lernen
- Musik
- bewusst Zeit nehmen und Raum lassen für Neugierde

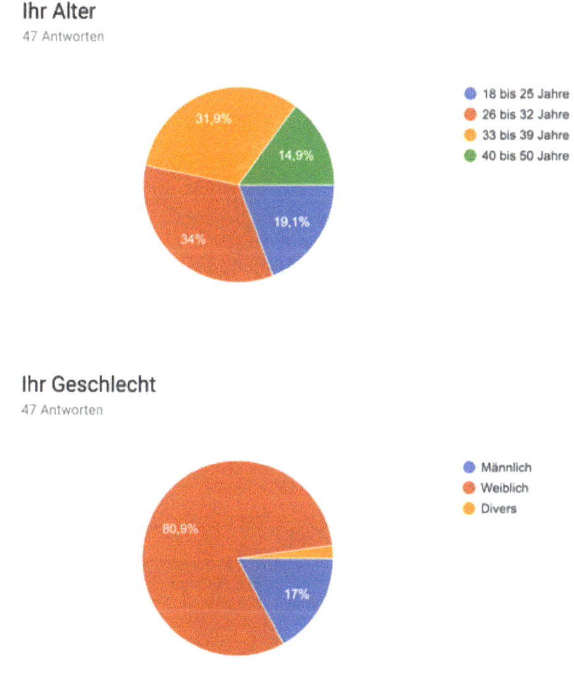

Ihre Arbeitssituation
47 Antworten

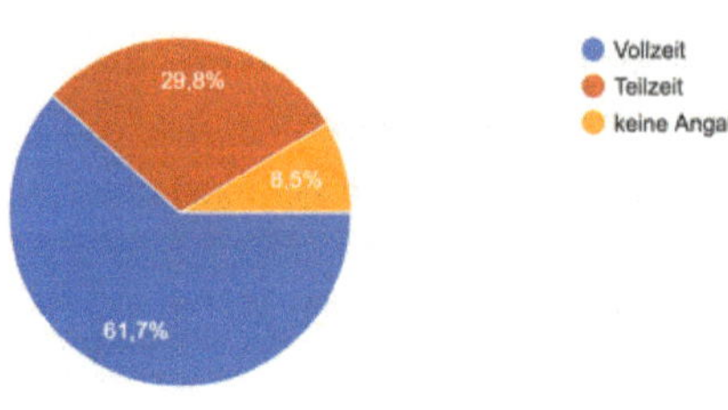

Ihre familiärer Status
47 Antworten

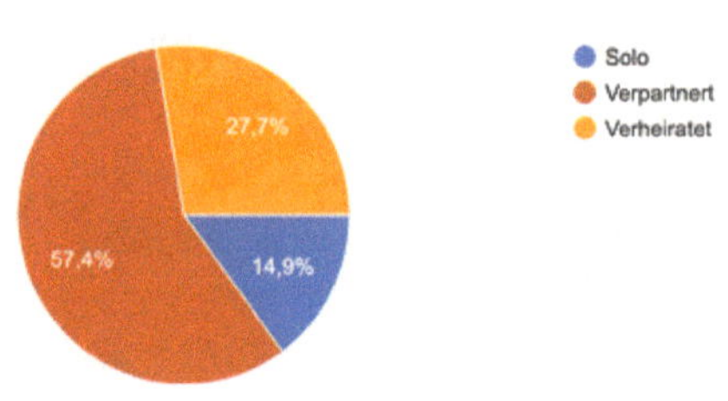

Ihre Studienphase
46 Antworten

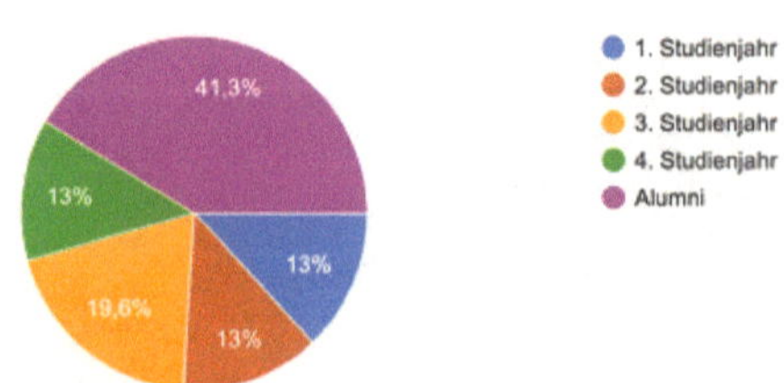

Über die Autoren

Dr. Thomas Hanstein

www.coaching-hanstein.de

Jahrgang 1971; Diplom-Theologe, Seelsorger; berufsbildender Oberstufenlehrer; Vorerfahrungen in der freien Wirtschaft; Hochschuldozent für Ethik, Interkulturelle Kompetenz, Teamführung, Leadership; Fortbildungsreferent und Business-Coach, Schwerpunkte: Führung, Werte, Nachhaltigkeit, Selbst- und Veränderungsmanagement; Promotion mit der Arbeit: „Ästhetische Kompetenz und religiöse Lernprozesse"; Forschungsschwerpunkte: Kompetenzerwerb und Resilienz, Milieu und Sprache; verheiratet und dreifacher Vater.

Prof. Dr. Andreas Ken Lanig

www.ken.de

Jahrgang 1975; Diplom-Designer, M. A., als solcher seit über zwei Jahrzehnten selbstständig; Hochschullehrer und Professor für gestalterische Fächer: Unternehmenskommunikation, Gestaltungsgrundlagen, Designmanagement auf Bachelor- und Masterebene; Promotion mit der Arbeit: „Virtualisierte Fernlehre in gestalterischen Fachbereichen"; Arbeits- und Forschungsschwerpunkte: Virtuelle Designdidaktik, Unternehmenskommunikation, Medien- und Designkonzepte; verheiratet und Vater von zwei Söhnen.

Gemeinsam lehren die Autoren in den bundesweit einzigartigen virtuellen Bachelor- und Masterstudiengängen „Grafik-Design" und „Creative Direction" an der DIPLOMA Hochschule. Dort verantworten sie u. a. auch das methodisch-didaktische Schulungsprogramm für virtuell Lehrende sowie das Kollegiale Coaching für Dozierende.

Zeitfracht Medien GmbH
Ferdinand-Jühlke-Straße 7
99095 Erfurt, Deutschland
produktsicherheit@kolibri360.de